Elmar Brähler, Hermann J. Berberich (Hg.)
Sexualität und Partnerschaft im Alter

Folgende Titel sind bisher im Psychosozial-Verlag in der Reihe »Beiträge zur Sexualforschung« erschienen:

Band 69 Gunter Schmidt: Jugendsexualität. Sozialer Wandel, Gruppenunterschied, Konfliktfelder. 2000.
Band 71 Sonja Düring, Margret Hauch (Hg.): Heterosexuelle Verhältnisse. 2000.
Band 72 Ulrich Gooß: Sexualwissenschaftliche Konzepte der Bisexualität von Männern. 2002.
Band 73 Bettina Hoeltje: Kinderszenen. Geschlechterdifferenz und sexuelle Entwicklung im Vorschulalter. 2001.
Band 74 Heinrich W. Ahlemeyer: Geldgesteuerte Intimkommunikation. Zur Mikrosoziologie heterosexueller Prostitution. 2002.
Band 75 Carmen Lange: Sexuelle Gewalt gegen Mädchen. Ergebnisse einer Studie zur Jugendsexualität. 2001.
Band 76 Gunter Schmidt, Bernhard Strauß (Hg.): Sexualität und Spätmoderne. Über den kulturellen Wandel der Sexualität. 2002.
Band 77 Gunter Schmidt (Hg.): Kinder der sexuellen Revolution. Kontinuität und Wandel studentischer Sexualität 1966–1996. Eine empirische Untersuchung. 2000.
Band 78 Eberhard Schorsch, Nikolaus Becker: Angst, Lust, Zerstörung. Sadismus als soziales und kriminelles Handeln. Zur Psychodynamik sexueller Tötungen. 2000.
Band 79 Hermann Berberich, Elmar Brähler (Hg.): Sexualität und Partnerschaft in der zweiten Lebenshälfte. 2001.
Band 80 Jannik Brauckmann: Die Wirklichkeit transsexueller Männer. Mannwerden und heterosexuelle Partnerschaften von Frau-zu-Mann-Transsexuellen. 2002.
Band 81 Hertha Richter-Appelt, Andreas Hill (Hg.): Geschlecht zwischen Spiel und Zwang. 2004.
Band 82 Estela V. Welldon: Perversion der Frau. 2003.
Band 83 Hertha Richter-Appelt (Hg.): Verführung – Trauma – Missbrauch. 2002.
Band 84 Sabine zur Nieden: Weibliche Ejakulation. 2004.
Band 85 Rainer Herrn: Schnittmuster des Geschlechts. Transvestitismus und Transsexualität in der frühen Sexualwissenschaft. 2005.
Band 86 Martin Dannecker, Agnes Katzenbach (Hg.): 100 Jahre Freuds »Drei Abhandlungen zur Sexualtheorie«. Aktualität und Anspruch. 2005.
Band 87 Volkmar Sigusch: Sexuelle Welten. Zwischenrufe eines Sexualforschers. 2005.
Band 88 Norbert Elb: SM-Sexualität. Selbstorganisation einer sexuellen Subkultur. 2006.
Band 89 Silja Matthiesen: Wandel von Liebesbeziehungen und Sexualität. Empirische und theoretische Analysen. 2007.
Band 90 Andreas Hill, Peer Briken, Wolfgang Berner (Hg.): Lust-voller Schmerz. Sadomasochistische Perspektiven. 2008.

Band 91

Reihe »Beiträge zur Sexualforschung«

Organ der Deutschen Gesellschaft zur Sexualforschung
Herausgegeben von Martin Dannecker,
Gunter Schmidt und Volkmar Sigusch.

Elmar Brähler, Hermann J. Berberich (Hg.)

Sexualität und Partnerschaft im Alter

Mit Beiträgen von Hermann J. Berberich, Manfred E. Beutel, Michael Bochow, Elmar Brähler, Anette Bruder, Thomas Bucher, Silja Matthiesen, Kirsten Plötz, Susanna Re, Astrid Riehl-Emde, Gunter Schmidt, Friederike Siedentopf und Kirsten von Sydow

Psychosozial-Verlag

Bibliografische Information der Deutschen Nationalbibliothek
Die Deutsche Nationalbibliothek verzeichnet diese Publikation in der Deutschen Nationalbibliografie; detaillierte bibliografische Daten sind im Internet über <http://dnb.ddb.de> abrufbar.

Originalausgabe

Walltorstr. 10, D-35390 Gießen.
Tel.: 0641/969978-18; Fax: 0641/969978-19
E-Mail: info@psychosozial-verlag.de
www.psychosozial-verlag.de

Umschlagabbildung: Pablo Picasso: »Der Kuss, 26.10.1969«

Satz & Gestaltung: Hanspeter Ludwig, Wetzlar
www.imaginary-world.net
Satz: Barbara Brendel
Printed in Germany
ISBN 978-3-89806-760-7

Inhalt

Vorwort

Mit der ständig steigenden Lebenserwartung und dem immer größeren Anteil älterer Menschen an der Gesamtbevölkerung in den Industrieländern steigt das Interesse an deren Lebensqualität. Dazu gehört zweifellos auch die Qualität von Partnerschaft und Sexualität.

Bis vor wenigen Jahren gab es nur wenige Untersuchungen zu diesem Thema. Alterssexualität war lange ein Tabuthema. Dies hat sich auch auf die wissenschaftliche Forschung ausgewirkt. Alfred Kinsey hat in seine Befragungen zum sexuellen Verhalten der Amerikaner (1948, 1953) kaum ältere Menschen einbezogen. Sogar die große repräsentative Studie von Laumann et al. (1994) tat dies nicht. Das Alter der Probanden betrug 18 bis 59 Jahre. Ein amerikanischer Sexualwissenschaftler bemerkte hierzu in einer Diskussion. »Weil wir dachten ältere Menschen hätten keine Sexualität, haben wir sie nicht befragt. Und weil wir sie nicht befragt haben, dachten wir, sie hätten keine.« Eine mögliche Erklärung hierfür mag das sogenannte Inzesttabu sein. Ältere Menschen sind in der Regel Elternfiguren. Auch junge Wissenschaftler können sich ihre Eltern nur schwer beim Geschlechtsverkehr vorstellen, obwohl sie überzeugt davon sind, dass sie dieser Tatsache ihr Leben zu verdanken haben.

Inzwischen sind die Protagonisten der »sexuellen Revolution« der 60er Jahre selbst in die Jahre gekommen und werden, wie im Beitrag *»Spätmoderne 60-Jährige«* von *Gunter Schmidt und Silja Matthiesen*, selbst zum Untersuchungsgegenstand. Die Ergebnisse zeigen, dass die Sexualität älterer Menschen so unterschiedlich ist wie die jüngerer und wie bei diesen einer Vielzahl von Einflüssen und Umständen unterliegt. Soziale Faktoren beeinflussen das sexuelle Verhalten zumindest bis zum Alter von 60 Jahren wesentlich stärker als das Alter selbst. Es gibt keine Alterssexualität an sich. Jeder wird mit seiner Sexualität alt.

Zu keiner Zeit gab es längere Partnerschaften als heute, gleichzeitig ist die unmittelbare Familienphase, d. h. das Zusammenleben eines Paares mit Kindern, kürzer als je zuvor.

Frauen bekommen heute später ihr erstes und früher ihr letztes Kind. »Nachzügler«-Kinder gibt es kaum noch. Gleichzeitig ist durch die steigende

Lebenserwartung die Phase der nachelterlichen Partnerschaft länger als zuvor. Den daraus resultierenden Anforderungen an die partnerschaftliche Beziehungsqualität werden zahlreiche Paare nicht gerecht, 10,5% aller Scheidungen betreffen Ehen, die länger als 26 Jahre bestanden haben (*Susanne Re, »Entwicklungsformen der Partnerschaft im Alter«*).

Ob Männer und Frauen im höheren Alter noch sexuell aktiv sind, hängt in erster Linie vom Vorhandensein einer Partnerschaft ab. Ältere Männer und Frauen, die in einer Partnerschaft leben, sind fast zu 2/3 sexuell aktiv, Senioren ohne Partner nur zu 7%. Dies geht aus der Untersuchung von *Manfred E. Beutel, Friederike Siedentopf und Elmar Brähler* zur *»Sexuellen Aktivität und Zufriedenheit mit Sexualität und Partnerschaft im Alter«* hervor, der eine repräsentative Befragung von 2.426 Personen aus der deutschen Bevölkerung im Alter von 14 bis 93 Jahren zugrunde liegt.

Dass die weitverbreitete Annahme, sexuelle Zufriedenheit nehme im Alter generell ab, unzutreffend ist, legt *Thomas Bucher* in seinem Beitrag *»Altern und Sexualität«* überzeugend dar. Altersbedingte hormonale, anatomische und neuronale Veränderungen der sexuellen Funktionen müssen nicht zwangsläufig eine Verminderung der sexuellen Zufriedenheit zur Folge haben, wenn die Paare in der Lage sind, ihre Erwartungen entsprechend anzupassen und Copingstrategien zu entwickeln.

Leider sprechen Paare zu wenig über ihre sexuellen Bedürfnisse. Nicht selten ziehen sich männliche Partner als Folge von beginnenden Erektionsstörungen sexuell zurück und meiden jegliche Form der intimen Körperkommunikation. Mangel an Zärtlichkeit und an sexuellem Kontakt in bestehenden Paarbeziehungen ist das zweitwichtigste sexuelle Problem älterer Frauen (*Kirsten von Sydow, »Sexuelle Probleme im höheren Lebensalter – die weibliche Perspektive«*).

Einen Überblick über die vielfältigen Ursachen von *sexuellen Funktionsstörungen beim älteren Mann* gibt *Hermann J. Berberich* in seinem Buchbeitrag. Er unterstreicht, dass immer das Paar der Patient ist, unabhängig davon, welcher Partner der Symptomträger einer sexuellen Funktionsstörung ist. An einem Fallbeispiel wird erläutert, welche Möglichkeiten eine Therapie bietet, die nicht in erster Linie die Reparatur einer Funktionsstörung, sondern die Verbesserung der sexuellen Beziehungsqualität zum Fokus hat. Er zeigt die Überlegenheit eines salutogenetischen ressourcenorientierten gegenüber einem rein defizitorientierten pathogenetischen Behandlungsansatz. Dass vor allem die Beziehungsdimension von Sexualität im Alter von zentraler Bedeutung ist, verdeutlichen auch die beiden Arbeiten, die sich mit gleichgeschlechtlichen Partnerschaften auseinandersetzen. *Kirsten Plötz* lässt in ihrem Beitrag *»Lesbi-*

sche Intimität in der zweiten Lebenshälfte« zahlreiche Frauen mit ihren Wünschen und Erfahrungen zu Wort kommen, darunter eine Frau, deren langjährige Partnerin unerwartet verstorben war und die ihren Wunsch nach einer neuen Freundin folgendermaßen formuliert: »Also, was ich mir so wünschen würde, wäre eine wirkliche Nähe, also emotional, geistig, körperlich und trotzdem auch die Fähigkeit, eben für sich sein zu können, ne?« *Michael Bochow* untersucht in seinem Beitrag *»Schwule Männer im dritten Lebensalter«* deren Lebenssituation in dieser Lebensphase. Auch in den Paarbeziehungen älterer schwuler Männer gewinnt das Gefühl der Zugehörigkeit sowie der Wunsch nach Sicherheit und Loyalität an zentraler Bedeutung. Auch wenn bei älteren schwulen Männern sexuelle Betätigung nicht unbedingt vom Vorhandensein einer festen Partnerschaft abhängig zu sein scheint, wird das Fehlen einer Paarbeziehung von vielen schwulen Männern als Mangel empfunden.

In ihrem Beitrag *»Paartherapie mit älteren Paaren: Das schwierige Thema Sexualität«* sprechen sich *Astrid Riehl-Emde und Anette Bruder* dafür aus, auch bei älteren Paaren Fragen zur Sexualität aktiv anzusprechen, unter anderem um herauszufinden, ob das Paar noch in sexuellem Kontakt zueinander steht und um zu signalisieren, dass dieses Thema in der Paartherapie einen Platz haben kann. Unabhängig vom Lebensalter nehme die Sexualität eine zentrale Bedeutung zur Regulierung des Selbstwertgefühls, für das Erleben von Geborgenheit, Nähe und Bindung ein und sei eine wichtige Quelle von Vitalität, Wohlbefinden und Partnerbezug. An Fallbeispielen wird aufgezeigt, wie die »sexuelle Sprachlosigkeit« bei Paaren überwunden werden kann.

Sexualität ist nur als bio-psycho-soziales Phänomen begreifbar. Sie wird in ihrer Ausgestaltung sowohl von biologischen als auch psychologischen und sozialen Faktoren bestimmt. In der intimen Begegnung mit einem anderen Menschen wird das grundlegende Bedürfnis eines jeden Menschen nach Nähe, Akzeptanz und Geborgenheit am intensivsten erfüllt. Wird dieses Bedürfnis nicht oder nur in unzureichendem Maße erfüllt, kann dies die Entwicklung verschiedenster Krankheiten fördern. Deshalb ist die Beziehungsdimension von Sexualität von zentraler Bedeutung

Leipzig / Frankfurt a. M. im November 2008

Elmar Brähler
Hermann J. Berberich

Entwicklungsformen der Partnerschaft im Alter

Susanna Re

Einleitung

Ehe und Partnerschaft haben in unserer Gesellschaft bis heute eine hohe Bedeutung. Die Ehe gilt nach wie vor als vorherrschendes Lebenskonzept: Nach Daten des Statistischen Bundesamtes (2007) stellen in der Gruppe der 40- bis 45-Jährigen trotz sich wandelnder Bedeutung der Ehe und gestiegener Scheidungszahlen die verheirateten Personen immer noch zahlenmäßig die größte Gruppe dar. So sind 60,2% der Männer und 67% der Frauen verheiratet, 12,3% der Männer und 14,2% der Frauen geschieden. Ledig sind 27,1% der Männer und 17,2% der Frauen. Die Verwitweten bilden mit 0,5% (Männer) und 1,6% (Frauen) in dieser Altersgruppe noch die zahlenmäßig kleinste Gruppe.

Mit zunehmendem Lebensalter steigt der Anteil Verwitweter, insbesondere bei den Frauen. Nur ein kleinerer Teil der älteren Bevölkerungsgruppe (Männer und Frauen) ist heute geschieden oder war nie verheiratet. Bei den bestehenden Ehen im Alter handelt es sich überwiegend um langjährige Partnerschaften, viele Paare verbringen also nach der Phase der Kindererziehung und nach dem Ende der Erwerbstätigkeit noch viele Jahre in ihrer Beziehung (s. Tabelle 1).

Historisch gesehen stellen langjährige Partnerschaften ein relativ neues Phänomen dar: Durch die Verdopplung der durchschnittlichen Lebenserwartung innerhalb der letzten 100 Jahre kam es auch zu einer Verlängerung der durchschnittlichen Ehedauer. Über den Lebenslauf gesehen ist der Familienanteil heute jedoch dennoch geringer als noch vor hundert Jahren, als dieser über die Hälfte des Lebens ausmachte. Die durchschnittliche Lebensspanne vor einer Familiengründung hat sich zeitlich ausgeweitet, das Alter der Frauen bei Geburt des ersten Kindes ist gestiegen, die unmittelbare Familienphase ist durch eine geringere Kinderzahl pro Familie kürzer geworden, während die nachelterliche Phase durch die gestiegene Lebenserwartung länger geworden ist (Imhof, 1981).

Tabelle 1 Familienstand der über 65-jährigen Männer und Frauen 2005 in der Bundesrepublik in Prozent (Statistisches Jahrbuch, 2007)

Altersgruppen	Ledig	Verheiratet	Verwitwet	Geschieden
Männer				
65–70	6,2	80,5	6,0	7,2
70–75	4,9	80,2	9,8	5,1
75–80	3,9	75,9	16,5	3,6
80 und älter	4,4	59,3	33,1	3,2
Frauen				
65–70	4,8	64,7	21,9	8,6
70–75	5,6	53,2	34,7	6,6
75–80	7,1	38,3	49,1	5,5
80 und älter	9,0	16,5	69,8	4,8

Beim Familienstand zeigen sich klare Geschlechts- und Altersunterschiede. Gut drei Viertel der über 65- bis 70-jährigen Männer, aber nur etwa ein Drittel der Frauen gleichen Alters sind verheiratet. Noch deutlicher zeigt sich der Unterschied bei den heute über 80-Jährigen: In dieser Altersgruppe sind über die Hälfte der Männer und nur 16,5% der Frauen verheiratet. Noch vor zehn Jahren, war der größte Teil der nichtverheirateten über 80-jährigen Männer und Frauen verwitwet. Heute trifft diese Aussage nur noch für die Frauen zu: Von ihnen sind 69,8% verwitwet (33,1% der Männer). Aufgrund der höheren Lebenserwartung der Frauen und der Tatsache, dass bei Ehepaaren die Frau meist jünger ist, haben verheiratete Frauen ein höheres Verwitwungsrisiko als verheiratete Männer, wobei sich dieses zunehmend in höhere Altersgruppen verlagert.

Noch vor 10 Jahren galt die Wiederverheiratungswahrscheinlichkeit bei Verwitwung von Frauen im Vergleich zu Männern als gering. Dieser Unterschied hat sich zwischenzeitlich deutlich verringert, die Zahlen sind sehr gering. Auch bei der Wiederheirat nach Scheidung gibt es keine großen Unterschiede mehr. Von den über 60-jährigen Frauen, die im Jahr 2005 geheiratet haben, waren 72,8% zuvor geschieden, bei den Männern waren es 61,9% (Statistisches Jahrbuch, 2007).

Erwartete Trends und Entwicklungen

Sinkende Heiratsneigung und steigende Scheidungsquoten. Bei der heute jüngeren und mittleren Generation sind eine sinkende Heiratsneigung und steigende Scheidungsquoten zu verzeichnen. Damit wird der Anteil unverheiratet lebender älterer Menschen ansteigen. Für die Männer wird jedoch vermutlich der Familienstand »verheiratet« oder »in einer Partnerschaft lebend« (weiterhin) typisch im mittleren und höheren Erwachsenenalter bleiben, während die Frauen insbesondere im hohen Alter aufgrund der längeren Lebenserwartung vielfach allein leben werden.

Scheidung langjähriger Ehen. Neben dem allgemeinen Anstieg der Scheidungsquote ist ein überdurchschnittlicher Anstieg bei der Auflösung langjähriger Ehen zu erwarten. Inzwischen ist bereits bei 10,5% aller Scheidungen eine Ehe mit einer Dauer von 26 und mehr Jahren betroffen (Statistisches Jahrbuch, 2007). Die meisten Scheidungen gibt es nach vier bis acht Jahren Ehedauer.

Zunahme nichtehelicher Lebensgemeinschaften. Nichteheliche Lebensgemeinschaften haben in den letzten Jahrzehnten an Bedeutung gewonnen. Vermutlich wird die Anzahl nichtehelicher Lebensgemeinschaften im Alter zunehmen, es gibt bisher jedoch wenig gesichertes Wissen über die Gestaltung und Qualität dieser Beziehungsform, da sich vorhandene Studien auf die eheliche Partnerschaft beziehen. Auch über die Zahlen nichtehelicher Lebensgemeinschaften nach Scheidung sowie die Trennung von nichtehelichen Partnerschaften ist wenig bekannt. Die Auflösung solcher statistisch bislang kaum erfasster Lebensformen vollzieht sich in der Regel schneller und lässt sich nicht in Zahlen fassen.

Sinkende Verwitwungszahlen bei Frauen zwischen 65 und 80 Jahren. In den vergangenen Jahren hat sich bereits eine Abnahme der Verwitwungszahlen unter 80-jähriger Frauen ergeben. Während im Jahr 1997 noch 52% der 65- bis 70-jährigen Frauen verwitwet waren, betrifft diese im Jahr 2005 nur noch 21,9%. Auch bei den über 80-jährigen ist die Zahl von 80% auf 69,8% gesunken (Statistisches Jahrbuch 1999 und 2007). Damit verlagert sich das Verwitwungsrisiko (in etwas geringerem Maße gilt das auch für Männer) immer mehr in höhere Altersgruppen (über 85 Jahre). Dies kann mit der zahlenmäßigen Zunahme über 80-jähriger Männer erklärt werden, die nun zunehmend weniger noch von den Kriegsjahren betroffen sind.

Abnahme langjähriger Ehen. Angesichts gestiegener Scheidungsraten in der Gruppe der Menschen im jungen oder mittleren Erwachsenenalter sind für die Zukunft seltener lange Ehezeiten zu erwarten. Stattdessen sind verschiedene Partnerschaftsformen im Alter denkbar, die möglicherweise gleichrangig nebeneinander stehen werden.

Zunahme der Variabilität von Familienkonstellationen. Wenn man davon ausgeht, dass Ein-Eltern-Familien sowie Scheidungen und Wiederverheiratungen zunehmen, so bedeutet dies, dass in Zukunft über den Lebenslauf mehrere Familienkonstellationen durchlaufen werden und dies auch den Familienbezug in der nachelterlichen Phase verändert. Hinzu kommen Zeiten im Lebenslauf, die zwar »familienartigen Charakter« haben, die jedoch nicht der unmittelbaren Familienphase zugerechnet werden, wie beispielsweise das Zusammenleben von erwachsenen Kindern mit den Eltern (z. B. während der Ausbildungszeit) oder auch das Zusammenleben ältere Ehepaare mit den eigenen Eltern oder einem Elternteil (z. B. bei Pflegebedürftigkeit im Alter). So wird es insgesamt auch in der Gruppe der älteren Menschen mehr nichteheliche Lebensgemeinschaften geben, häufigere Wiederheirat nach der Scheidung vom ersten Lebenspartner bzw. Partnerschaften, die erst im Alter neu beginnen. Auch wird ein deutlicher Anstieg von Singles im mittleren und höheren Erwachsenenalter erwartet (Baas, Schmitt & Wahl, 2008).

Es ist anzunehmen, dass die in den letzten Jahrzehnten stattgefundenen und zukünftigen Veränderungen sich auf die Dauer und Struktur der Partnerschaften auswirken werden.

Ehezufriedenheit und Beziehungsqualität langjähriger Partnerschaften

Betrachtet man langjährige Partnerschaften im mittleren Alter, so zeigt sich, dass von der Stabilität einer Beziehung auf ihre Qualität und die Ehezufriedenheit nicht zu schließen ist. Die Partnerschaftszufriedenheit wird in der Regel zwar in einer gewissen Stabilität resultieren; umgekehrt gilt dies jedoch nicht unbedingt.

Selbst bei über den Lebenslauf stabilen langjährigen Beziehungen unterliegt die Zufriedenheit erheblichen Schwankungen. So zeigen sich in Untersuchungen zum Verlauf langjähriger Partnerschaften drei unterschiedliche Befundgruppen: Eine Gruppe geht von einer kontinuierlichen Verschlechterung der Beziehungsqualität aus. Andere nehmen einen eher statischen Verlauf der Ehequalität entweder auf hohem, mittlerem oder niedrigem Niveau an. Weitere Studien zeigen eine U-förmige Beziehung zwischen der Ehedauer bzw. dem Stadium im Familienzyklus und der Ehezufriedenheit (vgl. Schmitt & Re, 2004). Sie beschreiben eine hohe Ehezufriedenheit nach der Heirat und stellen ein Absinken nach der Geburt der Kinder sowie in der Phase der Betreuung von jüngeren und jugendlichen Kindern fest. In dieser Phase gibt es jedoch weniger Scheidungen, da die Kosten einer Trennung, die nicht nur finanziell zu verstehen sind, besonders hoch sind. Häufig werden auch das Ende dieser Phase und eine Verbesserung der ehelichen Qualität nach Auszug der Kinder erhofft. Man verspricht sich nach Beendigung der Elternpflichten größere Freiräume und mehr Zeit für die Partnerschaft. Entsprechend steigt diesem Ansatz zufolge nach dem Auszug der Kinder die Zufriedenheit mit der Partnerschaft erneut an.

Grundsätzlich können die Ergebnisse von Studien zur Ehezufriedenheit bei jüngeren Paaren nicht ohne weiteres auf langjährige Partnerschaften übertragen werden. Verschiedene Autoren betonen qualitative Unterschiede zwischen kurzen und langjährigen Partnerschaften, vor allem hinsichtlich zu bewältigender Aufgaben in der Ehe (vgl. Schmitt, 2001). Nach Abschluss der Familienphase (Elternrolle) gewinnt die Gestaltung der Ehebeziehung für die Partner an Bedeutung (Fooken & Lind, 1997). Keine Erkenntnisse gibt es über die Zufriedenheit und Qualität langjähriger kinderloser Beziehungen.

Insgesamt beläuft sich nach Fooken (1995) der Anteil der sich als »glücklich verheiratet« bezeichnenden älteren Paare in verschiedenen Studien meist auf etwa 80 bis sogar 90 Prozent. Dabei gewinnen in alten Ehen die Aspekte »emotionale Sicherheit« und »Loyalität« in der Regel größere Bedeutung als sexuelle Intimität. Auch zeigt sich, dass Männer und Frauen die Beziehung unterschiedlich wahrnehmen und bewerten, generell äußern sich Männer zufriedener als Frauen (Heil, 1991). Es können geschlechtstypische Versionen der Beziehung beschrieben werden, was nahe legt, dass eine Beziehung aufgrund unterschiedlicher Kriterien von Männern und Frauen auch verschieden beurteilt wird. Die geringere Zufriedenheit der Frauen wird damit erklärt, dass ihr subjektives Wohlbefinden stärker vom Verhalten des Partners abhängt, als dies bei Männern der Fall ist. Damit ist beispielsweise das Ausmaß gemeint, in dem sich Frauen bei der Verwirklichung ihrer Ziele von Ihrem Partner unterstützt fühlen.

Ergebnisse internationaler und auch nationaler Studien – wie z. B. der Interdisziplinären Längsschnittstudie des Erwachsenenalters (ILSE) – zeigen, dass ein Großteil, nämlich ca. 60–70% der Paare im mittleren Erwachsenenalter mit ihrer Ehe zufrieden ist. Diese zunächst optimistisch stimmende Nachricht bedeutet jedoch auch, dass 30–40% ihre Ehe ambivalent erleben, unzufrieden sind und mit Schwierigkeiten und Problemen kämpfen. ILSE bietet die Möglichkeit, in zwei 1930–1932 und 1950–1952 geborenen Kohorten von Frauen und Männern Bedingungen gesunden und zufriedenen Alterns zu untersuchen (vgl. Schmitt, 2000; Martin & Schmitt, 2000). Die Ergebnisse zur Ehezufriedenheit beziehen sich auf eine Stichprobe von n = 183 Männern und n = 112 Frauen der Geburtsjahrgänge 1930/32 sowie n = 143 Männern und n = 127 Frauen der Geburtsjahrgänge 1950/52, die seit 10 und mehr Jahren verheiratet sind. In ihren Analysen gehen die Autoren unter anderem der Frage nach, in welchem Ausmaß Persönlichkeitsfaktoren oder interaktionsspezifische Faktoren dazu geeignet sind, die Zufriedenheit mit der Ehe im mittleren und höheren Alter vorherzusagen. Sie bestätigen die Befunde zur ehelichen Realität bei Männern und Frauen, wonach Frauen über eine geringere Ehezufriedenheit berichten als Männer. Als Erklärung wird angenommen, dass Frauen in ihrer Beziehung insgesamt mehr Gefühle (sowohl positive als auch negative) zum Ausdruck bringen und sich stärker mit Problemen in der Beziehung auseinandersetzen, während sich Männer zurückhaltender verhalten. Die beschriebenen Befunde legen nahe, »dass eine geschlechts- und altersspezifische Betrachtungsweise der Komponenten der Ehequalität durchaus angezeigt ist und dass diese Komponenten je spezifische Veränderungen über die Zeit erfahren« (Schmitt, 2000, S. 107).

In einer Studie, in der der Zusammenhang von Sexualität, Intimität und Partnerschaft untersucht wurde, identifiziert Fooken (1995) vier verschiedene Partnerschaftsverlaufsmuster auf der Grundlage intradyadischer Beziehungsverläufe. Dabei betont sie, dass Beziehungsqualitäten nicht als »statische Gebilde« interpretiert werden dürfen, sondern Teil einer Beziehungsdynamik darstellen. Fooken beschreibt die folgenden Verlaufsmuster: a) Wandel von Konflikthaftigkeit zu emotionaler Distanzierung (emotionale Entfremdung und geringe Reziprozität in der alten Beziehung), b) Erreichen von Autonomie und gegenseitiger Bezogenheit (bei Beibehaltung individueller Ansprüche und Bedürfnisse), c) fortgesetzte Aufgabenorientierung, die mit einer zunehmenden gegenseitigen Anteilnahme einhergeht (eher im Sinne einer Kameradschaftsehe) und d) Aufrechterhaltung starker Bezogenheit und Verschmelzung (hohe Stabilität und Konstanz in Nähe, Harmonie und Zärtlichkeit bis ins hohe Alter). Die Autorin beschreibt, dass Sexualität im höheren Alter an Bedeutung für Intimität in der Partnerschaft verliert, während das Wissen um die gemeinsame sexuelle Biographie in der Beziehung als wichtig erlebt wird. Weiterhin stellt nicht das Vorhandensein versus Nichtvorhandensein von Sexualität, sondern die Fähigkeit, über Sexualität zu kommunizieren, einen Prädiktor für eine als zufriedenstellend erlebte Beziehung im Alter dar. Auch die Ergebnisse aus ILSE weisen in diese Richtung.

Wenige Forschungsergebnisse liegen bislang zur Interaktion und Kommunikation in langjährigen Ehen vor. Doch gerade »die Art und Weise, wie die Partner miteinander kommunizieren, sich gegenseitig unterstützen und ihr Leben teilen«, trägt nach Martin und Schmitt (2000) wesentlich zur Ehezufriedenheit bei. Besondere Bedeutung kommt der gegenseitigen Unterstützung der Partner in der Beziehung zu. Die soziale Unterstützung und unterstützende Kommunikation kann die Bindung zwischen den Partnern erheblich stärken und damit zu einem positiven Erleben der Beziehung beitragen.

In der familienpsychologischen Literatur wurden eheliche Beziehungen lange Zeit eher unter dem Aspekt ihrer Entstehung und Auflösung untersucht als unter der Perspektive der Aufrechterhaltung. Dies gilt insbesondere für die Zeit nach den Jahren der Kindererziehung. Dieser Abschnitt, oft als Zeit der »nach-elterlichen Gefährtenschaft« (Imhof, 1981) beschrieben, wurde lediglich als eine Zwischenstation zwischen dem »empty nest« und der Verwitwung interpretiert, somit also als eine Phase mit Übergangscharakter beschrieben. Tatsächlich kann diese Zeit jedoch für eine beträchtliche Anzahl von Paaren durchaus die Hälfte der gesamten Beziehungszeit ausmachen. Trotz gestiegener Scheidungszahlen auch langjähriger Ehen in den letzten Jahren lebt ein Großteil der Paare mittleren und höheren Alters in einer stabilen Ehe. Allerdings bleiben vermutlich zahlreiche Ehen über die Jahrzehnte stabil, obwohl sie von beiden Partnern als unbefriedigend erlebt werden.

Fragt man allgemein nach der Zufriedenheit mit der Ehe, so finden sich häufig eher keine oder nur geringe Unterschiede zwischen den Geschlechtern. Fragt man jedoch nach verschiedenen Aspekten der Zufriedenheit, so zeigt sich, dass Frauen mit der Kommunikation, mit der Sexualität und mit der Unterstützung in der Ehe unzufriedener sind. Die Unzufriedenheit mit diesen Bereichen der Partnerschaft scheint sich besonders dann zu verstärken, wenn die Partnerschaft eher als belastend wahrgenommen wird. Dies scheint daran zu liegen, dass sich Frauen mit Beziehungsproblemen stärker auseinandersetzen und mehr Gefühle zum Ausdruck bringen, während Männer Probleme weniger wahrnehmen oder ihnen häufig aus dem Weg gehen.

Insgesamt finden sich sehr unterschiedliche und individualisierte Entwicklungsverläufe in Paarbeziehungen, die sich in Prozessen des Zusammenwachsens, Prozessen der Differenzierung, aber auch in Prozessen der Abnahme und Verringerung (in den Bereichen Zärtlichkeit und Sexualität) ausdrücken lassen. Für die zukünftige Forschung wird vor allem die Untersuchung von Bedingungen zur Aufrechterhaltung langjähriger Beziehungen und die Untersuchung anderer Entwicklungsformen der Partnerschaft im Alter (Nicht-eheliche Lebensgemeinschaften oder Beziehungen nach Scheidung) von besonderem Interesse sein.

Scheidung nach langjähriger Ehe

In den vergangenen Jahrzehnten hat die Zahl der Scheidungen deutlich zugenommen. Im gleichen Zeitraum sind die Heiratszahlen insgesamt eher rückläufig. Im früheren Bundesgebiet standen 1960 knapp 49.000 Scheidungen etwa 521.500 Eheschließungen gegenüber, das Verhältnis betrug also weniger als 1:10. Im Jahr 2005 kamen für die gesamte Bundesrepublik 4.037 Scheidungen auf 10.000 Eheschließungen (Statistisches Jahrbuch 2007), was bereits einem Verhältnis von etwa 1:2,5 entspricht.

Dabei muss jedoch berücksichtigt werden, dass die absoluten Heirats- und Scheidungszahlen nur bedingt aussagefähig sind, da sie zeitversetzt der Entwicklung der absoluten Geburtenzahlen folgen. So wurde von der Enquete Kommission »Demographischer Wandel« im Jahr 1998 angenommen, dass sich das Verhältnis von Scheidungen zu Eheschließungen im Jahr 2005 auch demografiebedingt zugunsten der Scheidungen verändert, ohne dass dies wesentlich durch eine Verhaltenskomponente bewirkt sein muss.

Tabelle 2 Geschiedene Ehen nach Ehedauer im Jahr 2005 (Statistisches Jahrbuch, 2007)

Ehedauer in Jahren	Geschiedene Ehen insgesamt	Anteil in % aller Scheidungen
0–10	91.052	45,1
11–15	37.877	18,8
16–20	31.344	15,5
21–25	20.230	10,0
26 und mehr	21.190	10,5
	201.693	

Es wird davon ausgegangen, dass von den heute geschlossenen Ehen jede dritte innerhalb von 25 Jahren geschieden wird. Bei den 1950 geschlossenen Ehen betraf dies nur jede zehnte (Deutscher Bundestag, 1998).

Die Zahl derjenigen, die nach einer geschiedenen Ehe erneut heiraten, ist deutlich angewachsen. Im Jahr 2005 waren in der Bundesrepublik insgesamt 25,2% der Männer und 26,5% der Frauen, die eine neue Ehe eingingen, geschieden. Dies galt 1997 für 21,3% der Männer und 23,7% der Frauen, 1960 galt dies nur für 8% der Männer und 7% der Frauen.

Waren früher langjährig bestehende Ehen nur selten von Scheidung betroffen, so ist die Scheidungsrate dieser Partnerschaften in den letzten Jahren deutlich gestiegen. Nach Fooken und Lind (1997) gibt es bisher in der Bundesrepublik keine Ergebnisse aus Studien, die explizit den Fragen nach Ursachen und Auswirkungen sowie nach Formen der Bewältigung von Scheidung nachgehen. Damit resultiert der derzeitige Kenntnisstand zum Thema »Scheidung nach langjähriger Ehe« überwiegend aus allgemeinen Scheidungsstudien. Warum manche Ehen im höheren und hohen Alter geschieden werden und andere nicht, muss somit weitgehend unbeantwortet bleiben. Erklärungsansätze nehmen an, dass erst im mittleren und höheren Erwachsenenalter bestimmte Eigenschaften oder Bedürfnisse entdeckt bzw. entwickelt werden, so dass es bei einer starren Rollenfixierung (häufig an traditionellen Geschlechterrollen) zu Konflikten kommen muss. Diese Annahme wird durch die im vorherigen Abschnitt beschriebene Bedeutung des Interaktionsverhaltens für die Zufriedenheit in langjährigen Beziehungen gestützt. Männer scheinen sich mit zunehmendem Alter verstärkt auf die Beziehung zu konzentrieren, während sich bei Frauen eine stärkere Autonomieorientierung entwickelt (Bodenmann, Bradbury & Maderasz, 2002). Die Orientierung an traditionellen Geschlechterrollen scheint in langjährigen Ehen (im Gegensatz zu jüngeren Ehen) mit einem erhöhten Scheidungsrisiko einherzugehen, da die Fähigkeit oder Bereitschaft, sich an eine sich verändernde Lebenssituation anzupassen, in diesen Beziehungen verringert ist.

Kruse und Wahl (1999) nennen folgende Punkte als Risiken für den Bestand der Partnerschaft: a) außereheliche Beziehungen eines oder beider Partner, b) die unzureichende Fähigkeit, ein ausreichendes Maß an verbaler Kommunikation zu entwickeln und aufrechtzuerhalten, c) das intensive Verfolgen der beruflichen Karriere durch einen oder beide Partner, d) die ausgeprägte Dominanz eines Partners, e) unzureichender Respekt vor der Individualität des Partners und f) ein unzureichendes Vertrauen zum Partner.

Welche Aussagekraft die heutigen Daten zum Scheidungsverhalten älterer Menschen nach langjährigen Ehen für zukünftige Generationen älterer Menschen haben, ist unklar. Es ist davon auszugehen, dass die zukünftigen älteren Paare von anderen Rollenvorgaben geprägt sein werden als dies noch heute der Fall ist.

Partnerschaft und Pflegebedürftigkeit

Partnerschaft und Pflegebedürftigkeit sind in der Altersgruppe der 65- bis 84-Jährigen ein Thema der der häuslichen Pflege. Denn insgesamt 98% dieser Altersgruppe leben in privaten Haushalten, davon ein Drittel in Einpersonenhaushalten. 18% der Bevölkerung ab dem 85. Lebensjahr leben in einem Pflegeheim. Von der Bevölkerung ab 85 Jahren, die in privaten Haushalten lebt, leben zwei Drittel in Einpersonenhaushalten (Deutsches Zentrum für Altersfragen, 2008). Nur ein kleiner Teil der Bewohner in Pflegeheimen ist verheiratet, der überwiegende Teil ist alleinstehend, wobei der Anteil lediger Menschen größer ist als in der Allgemeinbevölkerung. Verheiratete leben also deutlich seltener im Heim als Alleinstehende. Bei den in Privathaushalten lebenden Menschen sind 50% in Pflegestufe 1, während in Pflegeheimen 65% in den Pflegestufen 2 und 3 sind. Insgesamt leben sehr viel weniger Männer in stationären Einrichtungen als Frauen. Dies lässt sich mit den eingangs dargestellten Daten zum Familienstand erklären: ein sehr viel größerer Prozentsatz über 80-jähriger Männer ist im Gegensatz zu Frauen (noch) verheiratet (59,3% gegenüber 16,5%).

Tabelle 3 Anteil Pflegebedürftiger in den jeweiligen Altersgruppen in Prozent (Statistisches Bundesamt, 2007)

Altersgruppen	Gesamt	Männer	Frauen
65–70 Jahre	2,6	2,8	2,4
70–75	4,9	4,9	4,9
75–80	9,6	8,5	10,3
80–85	20,3	15,8	22,3
85–90	36,3	26,9	39,7
90–95	60,8	43,6	65,6
95 +	58,5	29,0	69,3

Eine Beziehung verändert sich in nahezu jeder Hinsicht grundlegend, wenn eine Pflegesituation auftritt. Dies trifft auch dann zu, wenn nicht die Partnerin oder der Partner, sondern andere Personen (z. B. Kinder) die Hauptpflege übernehmen. Häufig stehen erwachsene Kinder im mittleren und höheren Erwachsenenalter mit der Versorgung und Betreuung alter Eltern vor völlig neuen Anforderungen. Viele geraten in die so genannte »Sandwich-Position«, aus der heraus sie sowohl für die nachfolgende als auch für die vorangegangene Generation Sorge tragen müssen. Sie müssen in eine neue Rolle herein wachsen, aus der heraus sie Mutter und/oder Vater Hilfe und Unterstützung geben können. Nicht selten leben in der Pflegesituation alte Konflikte zwischen den Generationen wieder auf und führen zu neuen Spannungen zwischen den Generationen und in der eigenen Partnerschaft. Während für einen der Partner die Pflege der Eltern selbstverständlich sein mag, kann dies für den Anderen unvorstellbar sein. Gleichzeitig konfrontiert die Betreuung pflegebedürftiger Eltern unmittelbar mit dem eigenen Älterwerden und den Schattenseiten des Alters. Damit wird das Alter plötzlich erlebbar und ist nicht mehr nur ein Ereignis in ferner Zukunft (vgl. Bruder, 1998).

Pflege in Deutschland ist, je nach Alter und Familienstand der betroffenen Personen, noch immer Sache der (Ehe-)Frau. Je nach Alter des zu Pflegenden ist der pflegende oder betreuende Partner selbst nicht »gesund«, sondern leidet an funktionellen Einschränkungen, die die Unterstützung des zu Pflegenden deutlich erschweren. In der Regel wird die Hauptpflege von Ehefrauen, Töchtern und Schwiegertöchtern geleistet, seltener pflegen auch Ehemänner oder Söhne.

Aufgrund der steigenden Zahl berufstätiger Frauen wird sich zukünftig verstärkt die Frage nach der Vereinbarkeit von Erwerbstätigkeit und Pflege stellen. Es ist außerdem anzunehmen, dass aufgrund reduzierter Kinderzahlen zukünftig die Sorge für Eltern und Schwiegereltern auch auf den Schultern der Männer liegen wird. Wenn man bedenkt, dass für viele Menschen der Übergang in der Ruhestand zunächst mit dem Wunsch nach Freiheit und dem Leben neuer Möglichkeiten verbunden ist, erfordert die Pflege alter Eltern oder Schwiegereltern verstärkt die intensive Auseinandersetzung mit eigenen Lebenszielen und Wünschen bzw. oft auch deren Aufgabe. Wegen der geringeren Kinderzahl und des damit verbundenen zurück gehenden familiären Pflegepotenzials ist anzunehmen, dass stationäre Betreuungsformen in ihrer Bedeutung als Wohnform im Alter zunehmen werden (wie Betreutes Wohnen, Wohn- und Hausgemeinschaften sowie Pflegeheime).

Im Gegensatz zur vergleichsweise großen Zahl von Studien, die sich mit den Belastungen pflegender Angehöriger befassen oder die die Rolle der sozialen Unterstützung für das Belastungserleben untersuchen (vgl. Holz, 2004), gibt es nur wenig Studien dazu, wie sich eine Pflegesituation auf die Ehebeziehung, Nähe und Intimität auswirkt. Ein möglicher Grund könnte darin liegen, dass Probleme, die mit der Pflege verbunden sind (wie beispielsweise der Umgang mit Inkontinenz oder schweren Verhaltensauffälligkeiten bei Demenz), so offenkundig im Vordergrund stehen, dass Fragen, die die Qualität der Beziehung betreffen, ausgeblendet werden. In Bezug auf die Reziprozität erlebter Unterstützung liegt in Pflegebeziehungen häufig ein Ungleichgewicht vor, da der zu Pflegende durch seine Einschränkungen oft nicht in der Lage ist, die ihm zukommende Unterstützung zurückzugeben. Es ist zu vermuten, dass ein Zusammenhang zwischen der erlebten Ehezufriedenheit und der Art der für die Pflege verantwortlichen Erkrankung besteht, da beispielsweise die Pflege eines Demenzkranken völlig andere Anforderungen stellt als die eines geistig unbeeinträchtigten Partners mit körperlichen Einschränkungen.

Wright und Aquilino (1998) untersuchten den Einfluss emotionaler Unterstützung in der Ehe auf das Belastungserleben pflegender Ehefrauen. Die beschriebenen Ergebnisse beruhen auf der Analyse von Interviews mit 110 pflegenden und 100 nicht-pflegenden Ehefrauen, deren Durchschnittsalter bei ca. 70 Jahren lag. Das Durchschnittsalter der zu pflegenden Ehemänner lag bei ca. 75 Jahren, die zugrundeliegenden Erkrankungen variierten erheblich (15,5% Alzheimer, 12,4% Asthma, 11,6% Schlaganfall, 10,9% Herz-Kreislauferkrankungen und andere). Nach Aussage der Autoren ist der Austausch von Unterstützung für das subjektive Wohlbefinden der pflegenden Frauen sehr bedeutsam. Das Erleben von Unterstützung durch den Ehemann reduziert das Belastungserleben und erhöht die Ehezufriedenheit. Allerdings haben, wie vermutet, geistige Beeinträchtigungen stärkere negative Auswirkungen auf die Ehezufriedenheit als rein körperliche Erkrankungen. Beim Vergleich der beiden Gruppen »Pflegende« und »Nicht-Pflegende« hat die erlebte gegenseitige emotionale Unterstützung auf pflegende Frauen einen stärkeren Effekt als auf nicht-pflegende Frauen. Damit scheint die wahrgenommene Reziprozität der Unterstützung im Falle einer Pflegesituation an Bedeutung zu gewinnen. Die Autoren weisen jedoch darauf hin, dass der Effekt der emotionalen Unterstützung auf die Reduzierung des Belastungserlebens dann sehr gering ist, wenn die Beeinträchtigungen des zu Pflegenden eine sehr intensive Pflege erfordern. Dies bestätigt die Annahme, dass im Fall einer intensiven Pflege der Alltag von der Pflegesituation und den damit verbundenen Belastungen dominiert wird, so dass auch eine ursprünglich zufriedenstellende Ehebeziehung mit gegenseitiger Unterstützung diese Belastungen nicht abpuffern kann.

Schließlich treten bei pflegenden Angehörigen im Verlauf der Pflege auch eigene Erkrankungen bzw. Einschränkungen auf. Dabei handelt es sich zum einen um Erkrankungen, die durch das fortgeschrittene Alter der Pflegenden erklärt werden können, zum anderen aber auch um (psychosomatische) Beschwerden, die aus der Belastung resultieren können.

In einer Arbeit von Adler et al. (1996) wurden Ergebnisse einer Untersuchung von 70 pflegenden Angehörigen demenziell erkrankter Menschen berichtet. Untersuchungsgegenstand waren das Erleben von Beeinträchtigungen in verschiedenen Lebensbereichen, subjektive Körperbeschwerden und Depressionen. Die von den pflegenden Angehörigen berichteten Beeinträchtigungen und Belastungen standen überraschenderweise in keinem Zusammenhang zum Schweregrad der demenziellen Erkrankung, zur Pflegebedürftigkeit der Patienten und zu Ausmaß und Dauer der geleisteten Pflege. Dagegen zeigten sich deutliche Unterschiede zwischen ehelicher und intergenerativer Pflege. Pflegende Ehepartner wiesen vor allem ein höheres Ausmaß an Körperbeschwerden und depressiver Symptomatik auf. Dieses Ergebnis weist auf den deutlichen Unterschied zwischen der Pflege eines Ehepartners im Vergleich zur Pflege eines Elternteils hin.

Eine biographische Betrachtung der emotionalen Beziehung zwischen der Pflegeperson und dem Demenzkranken zeigt häufig Probleme auf, die eine Gestaltung der Pflegebeziehung erschweren oder verhindern können. So müssen zum Beispiel im Falle einer demenziellen Erkrankung des Partners frühere Rollenverteilungen aufgegeben und neu gestaltet werden. Die Vertrautheit mit dem erkrankten Menschen wird durch die demenzielle Symptomatik in Frage gestellt, es entsteht der Wunsch, wieder mehr Zeit für sich zu haben. Die Aufarbeitung der emotionalen Beziehung zwischen Pflegenden und demenziell erkrankten Patienten stellt somit eine zentrale Aufgabe der Angehörigenberatung dar (Bruder, 1998). Wright und Aquilino (1998) fordern, im Rahmen der Angehörigenberatung, der emotionalen Unterstützung innerhalb der Partnerschaften als potentielle Ressource für pflegende Ehefrauen mehr Beachtung zu schenken.

Was bedeutet die Pflege eines Ehepartners für die Sexualität in der Beziehung? Besonders schwierig stellt sich die Situation für die Partner von Demenzkranken dar, die sich zusätzlich zur pflegerischen Aufgabe mit Persönlichkeitsveränderungen des Kranken auseinandersetzen müssen. Häufig pflegen sie eine Person, die ihnen völlig fremd geworden ist, sie müssen von ihren Wünschen und Träumen, die sie für das gemeinsame Alter hatten, Abschied nehmen. Unabhängig von den schweren Belastungen, die ein pflegender Angehöriger zu tragen hat, ist eine erfüllte Sexualität und Erotik in der Partnerschaft mit der Erkrankung nicht mehr möglich, auch der Bereich gegenseitiger Zärtlichkeit ist meist schon sehr früh betroffen. Externe Hilfen und Unterstützungsmaßnahmen durch beratende Institutionen konzentrieren sich oft auf den Bereich der Pflege und Betreuung des Erkrankten, da es sich hier um den Bereich handelt, in dem Handlungsbedarf besteht. Darüber hinaus ist es für die heute älteren und alten pflegenden Menschen nicht selbstverständlich, eigene Bedürfnisse bzw. unerfüllte Sehnsüchte zu formulieren, so dass Wünsche und Sehnsüchte nach Zärtlichkeit und Sexualität meist unausgesprochen bleiben. Für die Intervention wäre eine zugehende Form der Beratung notwendig, die es Pflegenden ermöglicht, sich mit den verlorengegangenen Aspekten der Beziehung trauernd auseinander zu setzen (vgl. Bruder, 1998).

Bei allen Belastungen berichten Pflegende jedoch auch darüber, dass sie die Pflege des Partners als Austausch für früher empfangene Hilfe, Unterstützung und Liebe erleben und weiterhin starke Gefühle der Nähe und Zuneigung empfinden. Zugleich kann durch eine Pflegesituation und die Notwendigkeit, nun Aufgaben selbst zu übernehmen, für die früher der Partner zuständig war, eine neue, durchaus befriedigende Selbstständigkeit entstehen. Der Austausch mit anderen Betroffenen kann dabei eine wichtige Rolle spielen. Er gründet vielfach darauf, sich mit den eigenen Sorgen und Gedanken nicht alleine zu wissen. So kann das gemeinsame Leben des (Ehe-)Paares trotz im Alter neu auftretender Einschränkungen, die nicht mehr alles erlauben, was bis zu diesem Zeitpunkt das gemeinsame Leben geprägt hat, um neue Perspektiven bereichert werden. Diese kommen letztlich auch der Paarbeziehung zu Gute.

Abschluss

Die vereinfachte Vorstellung von Partnerschaft im Alter (im Sinne einer stabilen, langjährigen Ehe) greift zu kurz, vielmehr müssen dynamische Entwicklungsverläufe vor dem Hintergrund langjähriger Beziehungsbiographien betrachtet werden. Es lassen sich Problemkonstellationen, wie beispielsweise die Pflegebedürftigkeit im höheren Alter, die Partnerschaften und Ehen im Alter grundlegend verändern können, beschreiben.

Langfristig muss jedoch, auch auf der Grundlage der demographischen Daten, berücksichtigt werden, dass sich in Zukunft neue Modelle von Partnerschaften im Alter bilden werden und vermutlich für nachfolgende Generationen die langjährige Ehe als dominante Lebensform im Alter an Bedeutung verlieren wird. Für die Forschung zum Thema Ehezufriedenheit (bzw. Zufriedenheit in langjährigen Partnerschaften) bedeutet dies, dass sie sich verstärkt auch mit anderen Formen der Partnerschaft als der Ehe befassen wird. Es wird insbesondere auch den Fragen nach den Bedingungen für die Auflösung von Partnerschaft, für Wieder-Heirat bzw. das Eingehen neuer Partnerschaften im Alter nachgegangen werden.

Literatur

Adler, C., Gunzelmann, T., Machold, C., Schumacher, J. & Wilz, G. (1996). Belastungserleben pflegender Angehöriger von Demenzpatienten. *Zeitschrift für Gerontologie und Geriatrie, 29,* 143–149.

Baas, S., Schmitt, M. & Wahl, H.-W. (2008). *Singles im mittleren und höheren Erwachsenenalter. Sozialwissenschaftliche und psychologische Befunde.* Stuttgart: Kohlhammer.

Bodenmann, G., Bradbury, T. & Maderasz, S. (2002). Scheidungsursachen und -verlauf aus der Sicht der Geschiedenen. *Zeitschrift für Familienforschung, 14,* 5–20.

Bruder, J. (1998). Beratung und Unterstützung von pflegenden Angehörigen demenzkranker Menschen. In A. Kruse (Hrsg.), *Jahrbuch Medizinische Psychologie, Psychosoziale Gerontologie, Bd. 2: Intervention* (S. 275–295). Göttingen: Hogrefe.

Deutscher Bundestag (Hrsg.). (1998). *Demographischer Wandel: Zweiter Zwischenbericht der Enquete-Kommission »Demographischer Wandel« – Herausforderungen unserer älter werdenden Gesellschaft an den einzelnen und die Politik.* Bonn: Dt. Bundestag, Referat Öffentlichkeitsarbeit.

Deutsches Zentrum für Altersfragen (2008). *Report Altersdaten, GeroStat 03/2007.* Berlin: DZA.

Fooken, I. (1995). Geschlechterdifferenz oder Altersandrogynität? Zur Beziehungsentwicklung in langjährigen Ehebeziehungen. In A. Kruse & R. Schmitz-Scherzer (Hrsg.), *Psychologie der Lebensalter* (S. 231–239). Darmstadt: Steinkopff.

Fooken, I. & Lind, I. (1997). *Scheidung nach langjähriger Ehe im mittleren und höheren Erwachsenenalter.* Stuttgart: Kohlhammer.

Heil, F. E. (1991). Ehe und Partnerschaft als Gegenstand psychologischer Forschung. In M. Amelang, H.-J. Ahrens & H. W. Bierhoff (Hrsg.), *Partnerwahl und Partnerschaft* (S. 1–30). Göttingen: Hogrefe.

Holz, P. (2004). *Prävention bei pflegenden Angehörigen.* Hamburg: Verlag Dr. Kovac.

Imhof, A. E. (1981). *Die gewonnenen Jahre.* München: Beck.

Kruse, A. & Wahl, H.-W. (1999). III. Soziale Beziehungen. *Zeitschrift für Gerontologie und Geriatrie, 32,* 333–347.

Martin, M. & Schmitt, M. (2000). Partnerschaftliche Interaktion als Prädiktor von Zufriedenheit bei Frauen und Männern in langjährigen Beziehungen: Ergebnisse der Interdisziplinären Längsschnittstudie des Erwachsenenalters (ILSE). In P. Perrig-Chiello & F. Höpflinger (Hrsg.), *Nach dem Zenit – Frauen und Männer in der zweiten Lebenshälfte.* Berlin: Haupt.

Schmitt, M. (2000). Ehequalität in langjährigen Beziehungen. In P. Martin, M. Martin, M. Schmitt, U. Sperling, K. U. Ettrich, A. Fischer-Cyrulies, D. Roether & U. Lehr (Hrsg.), *Interdisziplinäre Längsschnittstudie des Erwachsenenalters (ILSE). Abschlußbericht über den 2. Untersuchungsdurchgang.* Forschungsbericht Nr. 8. Heidelberg: DZFA.

Schmitt, M. (2001). *Zur Bedeutung intrapersonaler und beziehungsspezifischer Merkmale für die erlebte Ehequalität im mittleren Erwachsenenalter.* Frankfurt/M.: Lang.

Schmitt, M. & Re, S. (2004). Partnerschaften im höheren Erwachsenenalter. In A. Kruse & M. Martin (Hrsg.), *Lehrbuch der Gerontologie: Alternsprozesse in multidisziplinärer Sicht* (S. 373–386). Bern: Huber.

Statistisches Jahrbuch für die Bundesrepublik Deutschland (1999). Wiesbaden: Statistisches Bundesamt.

Statistisches Jahrbuch für die Bundesrepublik Deutschland (2007). Wiesbaden: Statistisches Bundesamt.

Statistisches Bundesamt (2007). *Pflegestatistik 2005. Deutschlandergebnisse.* Wiesbaden: Statistisches Bundesamt.

Wright, D. L. & Aquilino, W. S. (1998). Influence of Emotional Support Exchange in Marriage on Caregiving Wives Burden and Marital Satisfaction. *Family Relations, 47,* 195–204.

Sexuelle Aktivität und Zufriedenheit mit Sexualität und Partnerschaft im Alter

Manfred E. Beutel, Friederike Siedentopf und Elmar Brähler

Sexuelle Aktivität und sexuelles Verlangen waren Gegenstand einer Reihe von groß angelegten Bevölkerungsstudien (Bacon et al., 2003; Beutel, Schumacher, Weidner & Brähler, 2002; Holden et al., 2005; Laumann, Paik & Rosen, 1999; Mercer et al., 2003; Moreira, Hartmann, Glasser & Gingell, 2005). Sexuelle Dysfunktionen des *alternden Mannes* wurden aktuell im repräsentativen Men in Australia Telephone Survey (MATeS) untersucht. Von 5.990 über 40-jährigen Männern berichteten 37% ein reduziertes sexuelles Interesse (verglichen mit ihrem früheren sexuellen Interesse). Dieser Anteil stieg von 25% im Alter von 40–49 Jahren auf 58% ab 70 Jahren an (Holden et al., 2005). Im Verlauf der groß angelegten Health Professionals Follow-up Studie befragten Bacon et al. (2003) 31.742 Männer im Alter zwischen 53 und 90 Jahren. Als »schwach« oder »sehr schwach« schätzten nur 8% der Studienteilnehmer unter 60 Jahren ihr sexuelles Verlangen ein, dieser Anteil stieg auf 13% zwischen 60 und 69 Jahren, auf 26% zwischen 70 und 79 Jahren und 40% der über 80-Jährigen.

In einer Repräsentativerhebung zur sexuellen Aktivität und Zufriedenheit von Männern in der deutschen Bevölkerung (Beutel et al., 2002) konnten wir zeigen, dass der Anteil sexuell aktiver Männer bis zum Alter von 60 Jahren mit 84 bis 85% weitgehend konstant war, bei den über 60-Jährigen nahm der Anteil auf 51% ab. Dabei war der Anteil der sexuell aktiven Männer ohne Partnerin mit 17% weit geringer als bei Männern mit einer Partnerin (61%). Sexuelle Aktivität beeinflusste die sexuelle Zufriedenheit maßgeblich. Die sexuelle und Partnerschaftszufriedenheit war darüber hinaus vor allem bei den Männern beeinträchtigt, die mit ihrer Gesundheit unzufrieden waren, somatoforme Beschwerden und interpersonelle Probleme berichteten.

Basierend auf Telefoninterviews umfasste das Global Survey of Sexual Attitudes and Behaviors (GSSAB) 27.500 *Männer und Frauen* im Alter zwischen 40 und 80 Jahren aus 29 Ländern. Unter den 1.500 deutschen Teilnehmern gaben 18% der Frauen ein zumindest »gelegentlich« vermindertes sexuelles Interesse an. Nur 4% gaben ein »häufig« vermindertes Interesse an, verglichen mit 8% der Männer (1.9% »häufig«). Aus bisher unklaren Gründen werden sexuelle Probleme in Deutschland seltener angegeben als in anderen europäischen Ländern.

Das repräsentative National Health and Social Life Survey (NHSLS) ist eine der am häufigsten zitierten Studien. Im Jahr 1992 wurden 1.410 in den USA lebende Männer und 1.749 Frauen im Alter von 18 bis 59 Jahren befragt (Laumann et al., 1999). Bezogen auf eine Teilstichprobe sexuell aktiver Probanden wurde ein »Mangel an sexuellem Verlangen« von 32% der Frauen und von 15% der Männer angegeben.

Eine Vielzahl psychosozialer und medizinischer Risikofaktoren kann das sexuelle Verlangen von *Männern* nachteilig beeinflussen (Meulemann & Lankveld, 2005). Diese umfassen neben dem Alter hormonelle Parameter (geringes Testosteron, Hyperprolaktinaemie), Beziehungskonflikte, psychische Störungen (Depression, PTBS, Angst- und Essstörungen), allgemeine medizinische Erkrankungen (Niereninsuffizienz, koronare Herzkrankheit und Herzinfarkt, Schlaganfall, HIV-Infektion), urogenitale Erkrankungen (LUTS, Beckenschmerzen) und Medikamenteneinnahme (z. B. Antidepressiva). Die NHSLS-Studie (Mercer et al., 2003) identifizierte die folgenden Risikofaktoren für ein geringeres sexuelles Verlangen bei *Männern* (Odds Ratios in Klammern): einen schlechten Gesundheitszustand (2.25), frühere homosexuelle Aktivität (2.11), vorangegangenen Schwangerschaftsabbruch bei der Partnerin (1.83), vor der Pubertät sexuell berührt worden zu sein (1.80), jemals eine Frau sexuell genötigt zu haben (1.74), Harnwegs-Symptome (1.67), jemals sexuell belästigt worden zu sein (1.43) und Verringerung des Haushaltseinkommens (1.41). Bei *Frauen* (Odds Ratios in Klammern) waren dies: emotionale Probleme oder Stress (2.70), Verringerung des Haushaltseinkommens (1.66), jemals sexuelle Nötigung von einem Mann erfahren zu haben (1.45), frühere sexuell übertragbare Krankheit (1.44), schlechter Gesundheitszustand (1.44), vorangegangener Schwangerschaftsabbruch (1.34). Geringes sexuelles Verlangen war zudem nach Leiblum et al. (2006) assoziiert mit geringerer sexueller und Partnerschaftszufriedenheit.

In einigen Beiträgen wird davon ausgegangen, dass geringes sexuelles Verlangen mit geringer *sexueller Aktivität* zusammenhängt (American Psychiatric Association, 2000; Leiblum et al., 2006). Ebenso wie sexuelles Verlangen nimmt auch die sexuelle Aktivität mit dem Alter ab. In unserer früheren Studie in der deutschen Bevölkerung war das Vorhandensein einer Partnerschaft der wichtigste Prädiktor sexueller Aktivität des alternden Mannes. Andere Determinanten seltener sexueller Aktivität waren eine geringe Zufriedenheit mit der sexuellen Funktion, eine beschränkte Fähigkeit über Sexualität zu sprechen, geringer Bildungsstand und bestimmte Persönlichkeitseigenschaften, insbesondere geringe Offenheit und ein Mangel an sozialer Resonanz (Beutel et al., 2002; Beutel, Weidner & Brähler, 2006; Beutel et al., 2007, 2008).

Zusammenfassend schwanken Schätzungen der Prävalenz hinsichtlich des Fehlens sexuellen Verlangens weit, von 10 bis 41% bei Frauen und von 2 bis 15% bei Männern. Insgesamt gaben Frauen häufiger einen Mangel an sexuellem Verlangen an als Männer. Die Prävalenz der erektilen Dysfunktion als der bei Männern am häufigsten untersuchten Sexualstörung stieg ab dem 40. Lebensjahr (bis zu 9.5% zwischen 40 und 49 Jahren); Schätzungen der 60- bis 69-jährigen lagen zwischen 11% und 55%; bei den 70- bis 79-jährigen zwischen 15 und 40% und über 80 Jahre zwischen 64 und 76% (Beutel et al., 2006). Allerdings sind die Aussagen vorliegender Studien durch verschiedene Faktoren einzuschränken: Viele Studien beinhalteten entweder Männer oder Frauen, selten beide Geschlechter; Alterszusammensetzungen waren kaum vergleichbar, und nur wenige Studien erfasste systematisch ältere Teilnehmer über 60 Jahren. In einer Vielzahl von Befragungen (Leiblum et al., 2006; Moreira et al., 2005), waren die Antwortraten gering (17%) mit dem Risiko einer Überrepräsentation sexuell aktiver Individuen. Im Vordergrund stand die Erfassung von Störungen sexueller Funktionen (z. B. gestörtes sexuelles Verlangen, Erektionsstörungen); deren Definition variierte jedoch stark (vgl. kritische Stellungnahmen von Balon et al., 2007; Moynihan, 2003; Meulemann & van Lankveld, 2005). Die Wichtigkeit und auch die Zufriedenheit mit Partnerschaft und Sexualität fanden hingegen wenig Beachtung.

Bisherige Studien berücksichtigten beim Vergleich von sexueller Aktivität, Verlangen und Zufriedenheit von Männern und Frauen im höheren Lebensalter bislang nicht, dass der Anteil der verheirateten Männer bis ins hohe Lebensalter nahezu unverändert hoch bleibt (nach den Daten des Statistischen Bundesamtes 2007 immerhin 76% der 75- bis 79-jährigen), während dieser Anteil bei den Frauen ab dem 60. Lebensjahr kontinuierlich absinkt von 71% der 60- bis 64-jährigen auf 38% in der Altersspanne zwischen 75 und 79 Jahren. Über 80 Jahre sind noch 59% der Männer, aber nur 17% der Frauen verheiratet. Entsprechend steigt der Anteil der Verwitweten bei den Frauen kontinuierlich und weit stärker als bei den Männern (von 5% bei den 50- bis 54-jährigen, gegenüber 1% bei den Männern auf 70%, bei den über 80-jährigen (gegenüber 33% bei den Männern). Da das Vorhandensein einer Partnerschaft sexuelle Aktivität und Zufriedenheit am Maßgeblichsten beeinflusst, ist beim Geschlechtervergleich die unterschiedliche Verfügbarkeit eines Partners oder einer Partnerin zu berücksichtigen.

Ziele dieser Arbeit sind an Hand einer Repräsentativerhebung der deutschen Bevölkerung zu bestimmen, 1. wie sich die sexuelle Aktivität von Männern und Frauen im höheren Lebensalter entwickelt, 2. wie sich die Wichtigkeit und Zufriedenheit mit Partnerschaft/Sexualität bei Männern und Frauen im höheren Lebensalter verändert und 3. welche Einflussgrößen sexuelle Aktivität und Wichtigkeit bzw. Zufriedenheit mit der Partnerschaft bestimmen.

1. Methodik

1.1 Stichprobe

Zu Grunde liegt eine Stichprobe von 2.426 Personen aus der deutschen Bevölkerung, darunter 1.118 Männer und 1.308 Frauen im Alter von 14 bis 93 Jahren. Tabelle 1 schlüsselt die Angaben für die Teilgruppe der über 60-jährigen Männer (N = 329) und Frauen (N = 444) auf. Von den Männern waren immerhin 74% verheiratet; dies traf aber nur auf 43% der Frauen zu; umgekehrt betrug der Anteil der Verwitweten bei den Frauen 49%, fast 3 mal häufiger als bei den Männern (19%). Die Daten wurden von Usuma (Unabhängiger Service für Umfragen, Methoden und Analysen, Berlin) erhoben und basieren auf 210 »sample-Points« in Ost- und Westdeutschland. Die Interviews wurden von geschulten Interviewern von zu Hause durchgeführt (»face to face«), die Auswahl der Haushalte erfolgte mittels der Random-Route-Verfahren; die Zielperson jedes Haushaltes wurde per Zufall ausgewählt. Die Stichprobe war repräsentativ für die deutsche Bevölkerung (wie aufgrund der ADM-Stichprobe bestätigt wurde, Arbeitsgemeinschaft ADM-Stichproben 1994). Die Ausschöpfungsquote der Stichprobe lag bei 65%, dies entspricht, wie in anderen repräsentativen Bevölkerungsstichproben erzielt, relevanten Quoten (Koch 1997).

Tabelle 1 Soziodemographische Merkmale der Untersuchungspopulation

	Gesamtwert (N = 2426)		**männlich** (N = 1118)		**weiblich** (N = 1308)	
Alter						
MW	49,56		48,85		50,17	
Std	17,92		17,38		18,36	
Spanne	14–93		14–93		14–91	
	Anzahl	**%**	**Anzahl**	**%**	**Anzahl**	**%**
14–40 Jahre	816	33,6	373	33,4	443	33,9
41–60 Jahre	837	34,5	416	37,2	421	32,2
älter 60 Jahre	773	31,9	329	29,4	444	33,9
West	1927	79,4	881	78,8	1046	80,0
Ost	499	20,6	237	21,2	262	20,0
Familienstand						
verheiratet/zusammenlebend	1326	54,7	658	58,9	668	51,1
verheiratet/getrennt lebend	27	1,1	8	0,7	19	1,5
ledig	534	22,0	297	26,6	237	18,1
geschieden	226	9,3	89	8,0	137	10,5
verwitwet	313	12,9	66	5,9	247	18,9
leben mit Partner zusammen	1475	60,8	732	65,5	743	56,8
leben nicht mit Partner zusammen	951	39,2	386	34,5	565	43,2
Bildung						
ohne Haupt-/Volksschulabschluss	45	1,9	9	0,8	36	2,8
Haupt-/Volksschulabschluss	1091	45,0	487	43,6	604	46,2
Mittlere Reife/Realschule	642	26,5	275	24,6	367	28,1
Abschluss der POS (10. Klasse)	215	8,9	102	9,1	113	8,6
FS-Abschluss (ohne FHS-Abschluss)	57	2,4	30	2,7	27	2,1
HS-Reife/Abitur ohne abgeschlossenes Studium	144	5,9	77	6,9	67	5,1
abgeschlossenes Uni-/Hoch- bzw. FHS-Studium	166	6,8	101	9,0	65	5,0
Schüler(in) einer allg. Schule	66	2,7	37	3,3	29	2,2

1.2 Methoden

Die Teilnehmer füllten jede Frage während des Interviews selbst aus. Zusätzlich zu den soziodemographischen Fragen wurden mehrere psychologische Variablen mittels standardisierter Selbstbeurteilungsfragebogen erfasst, einschließlich des Lebens in einer Partnerschaft. Häufigkeit sexueller Aktivität wurde anhand der folgenden Frage erhoben: »Sind Sie in den letzten 12 Monaten mit jemandem intim gewesen« (»Ja/Nein«). Diese Formulierung soll dem Teilnehmer ermöglichen, sich auf verschiedene Formen auch nicht-genitaler Sexualität zu beziehen. Die Befragung wurde 2005 bundesweit repräsentativ durchgeführt. Da die Frage nach der sexuellen Aktivität bereits in vorangegangenen Repräsentativerhebungen gestellt wurde, wurde sexuelle Aktivität auch im Zeitverlauf mit Daten aus den vergleichbar angelegten Repräsentativerhebungen von 1989 und 1994 verglichen (Unger & Brähler, 1995, 1998).

In einer weiteren Repräsentativbefragung an 1.402 Personen aus der deutschen Bevölkerung im Jahre 2006 wurden Wichtigkeit und Zufriedenheit mit Sexualität bzw. Zufriedenheit mit Sexualität und Partnerschaft im Alter mit dem Fragebogen zur Lebenszufriedenheit (FLZ) erhoben. Dabei handelt es sich um ein mehrdimensionales Selbstbeschreibungsverfahren (Henrich & Herrschbach, 2000). Teilnehmer schätzen die subjektive Bedeutung jeder Dimension auf einer Skala von 1 (»nicht wichtig«) bis 5 (»extrem wichtig«) ein. Anschließend schätzen sie ihre Zufriedenheit mit dieser Dimension auf einer Skala von 1 = »unzufrieden« bis 5 = »sehr zufrieden« ein.

1.3 Auswertung

Die statistische Auswertung erfolgte mit SPSS 15.0 mit parametrischen (t-Test, Varianzanalyse) und nicht-parametrischen Faktoren (Chi²). Aufgrund der Literaturübersicht und früherer eigener Studienergebnisse wurden als Prädiktoren von sexueller Aktivität und Wichtigkeit bzw. Zufriedenheit mit Partnerschaft und Sexualität folgende Merkmale in die multiplen Regressionsanalysen einbezogen: Sozialmerkmale wie Partnerschaft, Bildung, Haushaltseinkommen, frühere Arbeitslosigkeit, religiöse Zugehörigkeit, Wohnort (Stadt/Land; Ost/West), sowie biographische Faktoren (Ausbombung im 2. Weltkrieg, vaterloses Aufwachsen, Opfer sexuellen Missbrauchs) in der Befragung 2005.

2. Ergebnisse

2.1 Sexuelle Aktivität von Männern und Frauen im höheren Lebensalter

Abbildung 1 zeigt die sexuelle Aktivität in Abhängigkeit vom Lebensalter. Demnach war bei den unter 60-Jährigen die große Mehrzahl (93% der 18- bis 40-Jährigen, 86% der 41- bis 60-Jährigen) nach eigenen Angaben sexuell aktiv; dies galt über 60 Jahre nur noch für knapp 40%.

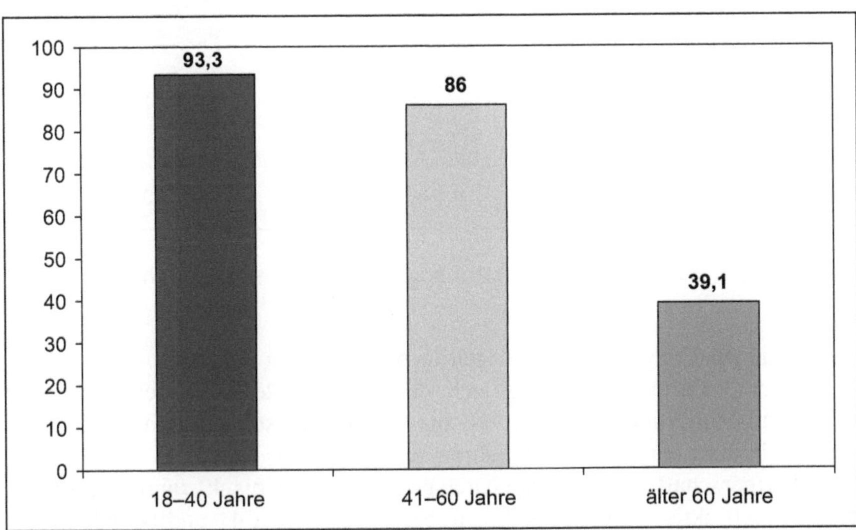

Abbildung 1: Sexuelle Aktivität in Abhängigkeit vom Lebensalter

Differenziert man sexuelle Aktivität nach Geschlecht und Alter (Abb. 2), so zeigt sich, dass geringfügig mehr Frauen zwischen 18 und 40 Jahren sexuell aktiv waren als Männer. Bereits zwischen 41 und 60 Jahren zeigte sich eine Entwicklung zu Ungunsten der Frauen (83% gegenüber 89% sexuell aktiv), dies wird am deutlichsten bei den über 60-Jährigen, hier waren nur 25% der Frauen und 58% der Männer sexuell aktiv.

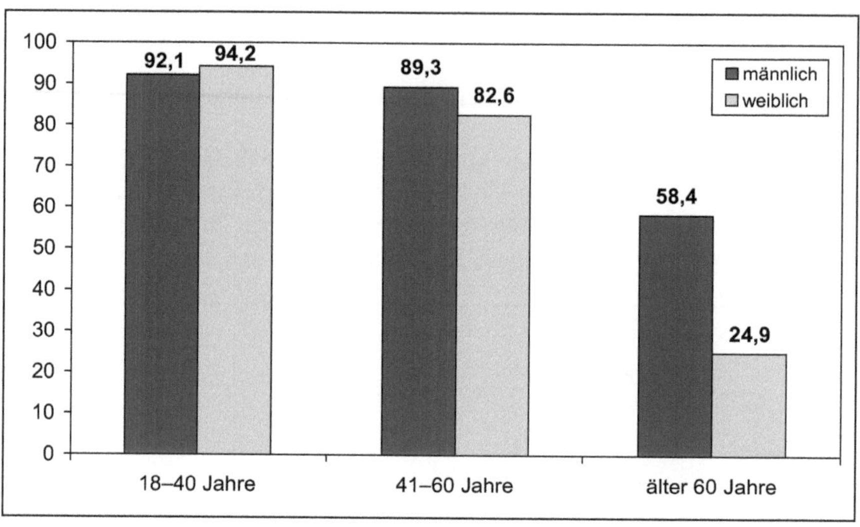

Abbildung 2: Sexuelle Aktivität in Abhängigkeit von Geschlecht und Alter

Vergleicht man die sexuelle Aktivität in Abhängigkeit von Alter und Vorhandensein einer Partnerschaft, zeigt sich, dass nahezu alle Studienteilnehmer *mit Partner* bis zur Altersgruppe der 41- bis 60-Jährigen sexuell aktiv waren; dieser Anteil sinkt jenseits von 60 Jahren auf knapp 2/3. Unter den Teilnehmern *ohne* Partnerschaft waren in der Altersgruppe von 18 bis 40 Jahren immerhin 88% sexuell aktiv, dieser Anteil sank bereits zwischen 41 und 60 Jahren auf unter 2/3; bei den über 60-Jährigen waren nur noch 7% sexuell aktiv, nahezu 1/10 verglichen mit den älteren Menschen mit Partner (vgl. Abb. 3).

Um die unterschiedlichen Häufigkeiten bestehender Partnerschaften zu berücksichtigen, wurde die sexuelle Aktivität von Frauen und Männern *ohne Partner* oder Partnerin in verschiedenem Lebensalter verglichen (Abb. 4). Auch hier zeigten sich starke Geschlechtseffekte: Während in der jüngeren Altersgruppe mit 90% mehr Frauen sexuell aktiv waren als Männer (85%), so kehrte sich das Zahlenverhältnis bereits um die Lebensmitte zu Ungunsten der Frauen ohne Partner um. Hier waren nur noch 54% gegenüber 75% der Männer sexuell aktiv; bei den über 60-Jährigen waren immerhin 17% der Männer ohne Partner sexuell aktiv, aber nur noch 4% der Frauen.

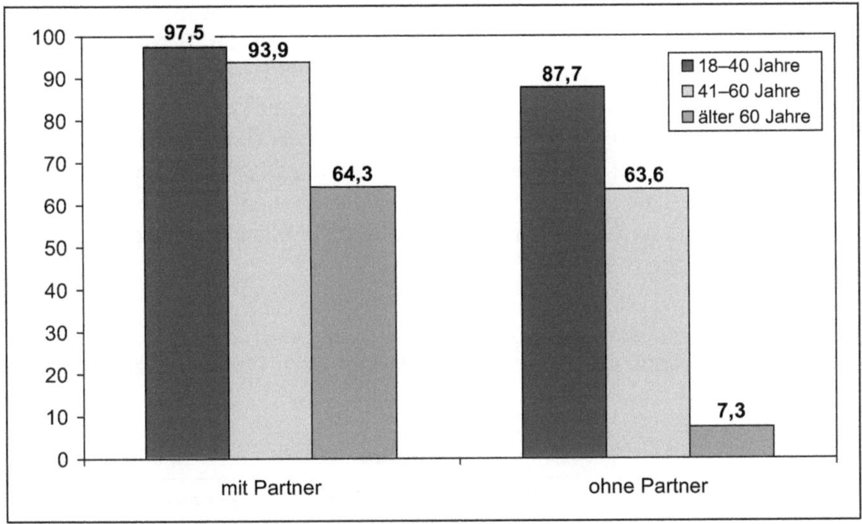

Abbildung 3: Sexuelle Aktivität in Abhängigkeit vom Alter und Vorhandensein einer Partnerschaft

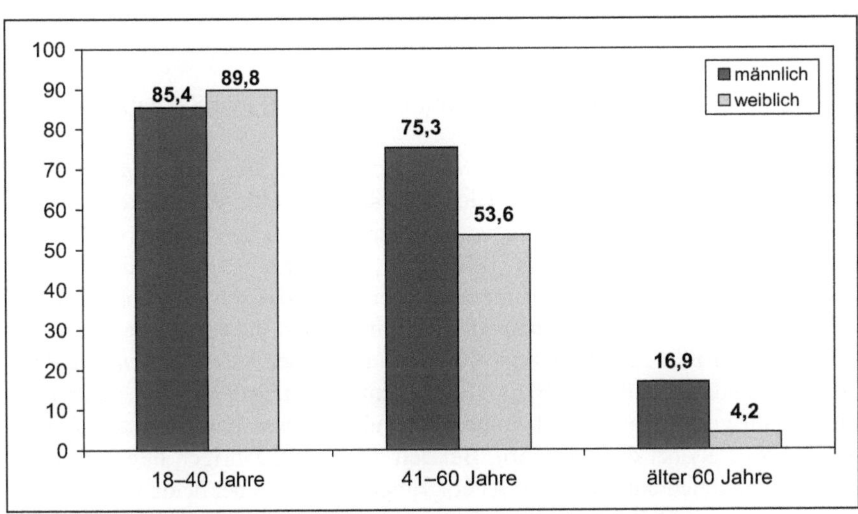

Abbildung 4: Sexuelle Aktivität in Abhängigkeit von Geschlecht und Alter in der Subgruppe der Personen ohne Partner bzw. Partnerin

Vergleicht man den zeitlichen Trend der sexuellen Aktivität in der Subgruppe der Personen *mit Partner*, so zeigt sich im Vergleich der Befragungen von 1989, 1994 (Unger & Brähler, 1995, 1998) und 2005 bei Westdeutschen, dass der Anteil der sexuell aktiven Männern und Frauen mit Partner bei den 61- bis 70-Jährigen etwas zwischen den Erhebungen variiert (bei den Männern zwischen 67 und 85%, bei den Frauen zwischen 58 und 64%); hingegen bleibt bei den über 70-Jährigen sexuelle Aktivität bei den Frauen weitgehend konstant (zwischen 29 und 31%), der Anteil sexuell aktiver Männer verdoppelt sich in dieser Altersgruppe (von 28 auf 54%).

Tabelle 2 Sexuelle Aktivität in Abhängigkeit von Geschlecht und Alter in der Subgruppe der Personen mit Partner bzw. Partnerin bei Westdeutschen

		61–70 Jahre		**> 70 Jahre**	
		Männer	**Frauen**	**Männer**	**Frauen**
sexuelle Aktivität	**1989**	85,3%	63,8%	27,9%	31,3%
	1994	67,0%	58,3%	38,2%	28,6%
	2005	79,0%	62,6%	54,2%	31,4%

2.2 Wichtigkeit und Zufriedenheit mit Partnerschaft und Sexualität

Abbildung 5 zeigt die *Wichtigkeit von Partnerschaft bzw. Sexualität* im Vergleich von Männern und Frauen. Hier zeigt sich, dass die Wichtigkeit von den jüngeren Frauen leicht höher angegeben wird als von den Männern, dies gilt bis zur Altersgruppe der 40- bis 50-Jährigen; darüber hinaus sinkt die Wichtigkeit bei den Frauen deutlich stärker als bei den Männern; bei den über 80-Jährigen finden sich entsprechend die deutlichsten Unterschiede zwischen Männern und Frauen. Ähnlich ist der Verlauf mit der *Zufriedenheit* mit Partnerschaft und Sexualität (Abb. 6). Hier nimmt die Zufriedenheit bis zu den 31- bis 40-jährigen Männern und Frauen zu und liegt wiederum bei den Frauen etwas höher als bei den Männern. Bei den 41- bis 50-Jährigen liegen Männer und Frauen gleich auf; ab dieser Altersgruppe kommt es bei beiden Geschlechtern zu einem Abfall, der bei den Männern wiederum sehr viel deutlicher ist als bei den Frauen; mit steigendem Alter vergrößern sich wiederum die Unterschiede zwischen den Geschlechtern.

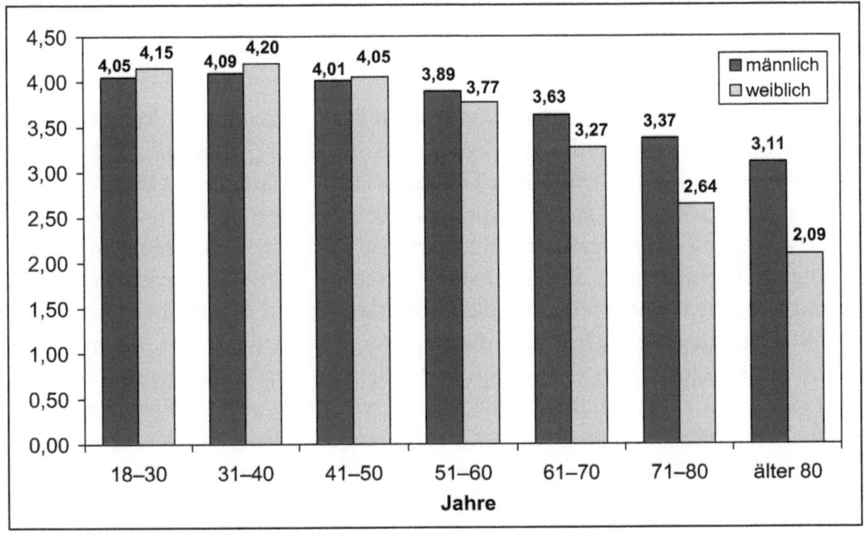

Abbildung 5: Wichtigkeit von Partnerschaft/Sexualität in den verschiedenen Altersgruppen

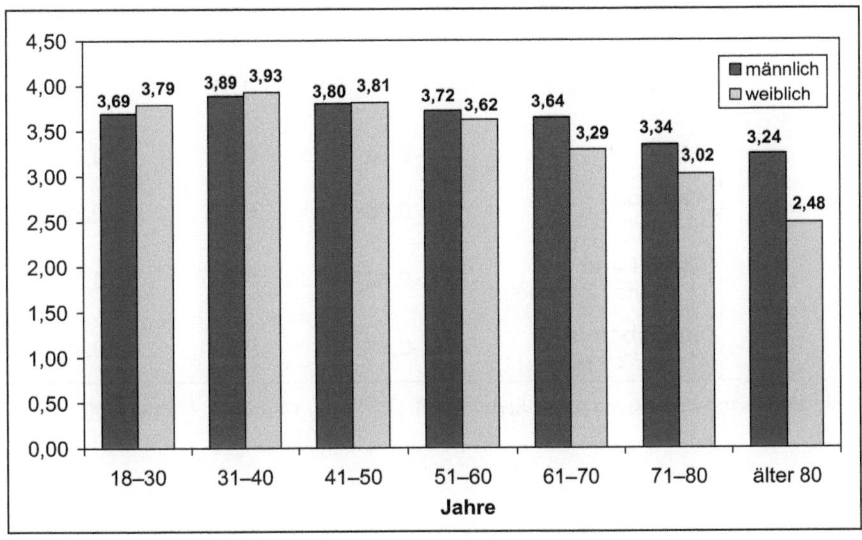

Abbildung 6: Zufriedenheit mit Partnerschaft/Sexualität

2.3 Einflussfaktoren auf sexuelle Aktivität, Wichtigkeit und Zufriedenheit von Sexualität / Partnerschaft

Zur Bestimmung der Determinanten sexueller Aktivität bei Männern und Frauen wurden Sozialmerkmale (Vorhandensein einer Partnerschaft, Bildung, Zugehörigkeit zu einer religiösen Gemeinschaft, Wohnort im Osten oder im Westen, in Stadt oder Land, Einkommen) sowie Belastungsfaktoren in Kindheit und Jugend (Ausbombung, vaterloses Aufwachsen, Vertreibung, sexueller Missbrauch) einbezogen. Determinanten sexueller Aktivität werden wiederum getrennt für die älteren (60 Jahre und älter) Männer und Frauen, berechnet.

Wie Tabelle 3 zeigt, ließ sich die *sexuelle Nichtaktivität* von *Männern* mit einem Varianzanteil von 41% durch folgende Faktoren vorhersagen: Das Fehlen einer Partnerschaft, höheres Lebensalter, vaterloses Aufwachsen, Leben im ländlichen Umfeld und die Erfahrung ausgebombt zu sein. Die Vorhersage der sexuelle Aktivität bei den *Frauen* über 60 Jahre (Tab. 4) gelang etwas schwächer ($R^2 = 0{,}35$) und zwar ausschließlich durch die Faktoren Vorhandensein einer Partnerschaft und geringeres Alter.

Tabelle 3 Determinanten der sexuellen Aktivität bei Senioren (> 60 Jahre)

		Beta	Multiples R	Adjusted R^2
Männer	**Partnerschaft** (1 = mit Partner / 2 = ohne)	0,40	0,51	0,26
	Alter	-0,32	0,61	0,36
	vaterlos (0 = nein / 1 = ja)	0,10	0,62	0,38
	Stadt/Land (1 = Land / 2 = Stadt)	-0,12	0,63	0,39
	ausgebombt (1 = ja / 2 = nein)	-0,11	0,64	0,40

Nicht signifikant: Bildung, Kirchenzugehörigkeit, Ost/West, vertrieben, Einkommen

Tabelle 4 Determinanten der sexuellen Aktivität bei Seniorinnen (> 60 Jahre)

		Beta	Multiples R	Adjusted R^2
Frauen	**Partnerschaft** (1 = mit Partner / 2 = ohne)	0,48	0,56	0,31
	Alter	0,22	0,60	0,35

Nicht signifikant: Bildung, Kirchenzugehörigkeit, Ost/West, Stadt/Land, ausgebombt, vertrieben, vaterlos, Einkommen, missbraucht

Nach dem gleichen Verfahren wurde die *Wichtigkeit von Partnerschaft und Sexualität* bestimmt. Wie Tabelle 5 zeigt, ließ sich die Wichtigkeit von Partnerschaft und Sexualität bei älteren *Männern* nur zu 15% vorhersagen durch das Vorhandensein einer Partnerschaft, geringeres Alter und höheres Haushaltseinkommen. Nicht signifikant waren Bildung, Kirchenzugehörigkeit, Wohnort (Ost/West, Stadt/Land) und frühere Arbeitslosigkeit. Bei den älteren *Frauen* (Tab. 6) ließ sich die Wichtigkeit von Partnerschaft und Sexualität zu 26% vorhersagen. Die Wichtigkeit war höher bei jüngeren Frauen mit einer Partnerschaft und denen, die im Westen (vs. Osten) lebten. Nicht signifikant waren Bildung, Kirchenzugehörigkeit, Haushaltseinkommen, Wohnung in Stadt bzw. Land und frühere Arbeitslosigkeit.

Tabelle 5 Determinanten der Wichtigkeit von Partnerschaft und Sexualität bei Senioren (> 60 Jahre)

		Beta	Multiples R	Adjusted R^2
Männer	**Partnerschaft** (1 = mit Partner / 2 = ohne)	-0,33	0,37	0,14
	Alter	-0,11	0,39	0,15
	Haushaltseinkommen (1 = niedrig … 3 = höher)	0,08	0,40	0,15

Nicht signifikant: Bildung, Kirchenzugehörigkeit, Ost/West, Stadt/Land, frühere Arbeitslosigkeit (0–1x/mehrmals)

Tabelle 6 Determinanten der Wichtigkeit von Partnerschaft und Sexualität bei Seniorinnen (> 60 Jahre)

		Beta	Multiples R	Adjusted R^2
Frauen	**Partnerschaft** (1 = mit Partner / 2 = ohne)	-0,42	0,48	0,23
	Alter	-0,17	0,51	0,26
	Ost/West (1 = West / 2 = Ost)	-0,07	0,51	0,26

Nicht signifikant: Bildung, Kirchenzugehörigkeit, Haushaltseinkommen, Stadt/Land, frühere Arbeitslosigkeit (0–1x/mehrmals)

Welche Faktoren sagen die *Zufriedenheit mit Partnerschaft und Sexualität* vorher? Wiederum waren es bei *Männern* (Tab. 7) das Vorhandensein einer Partnerschaft und ein geringeres Alter. Ein negatives Vorhersagemerkmal war eine frühere Arbeitslosigkeit; die gesamte erklärte Varianz betrug aber nur 20%. Nicht signifikant waren Bildung, religiöse Zugehörigkeit, Wohnort und Haushaltseinkommen. Bei älteren *Frauen* waren Einflussgrößen wiederum das Vorhandensein einer Partnerschaft (Tab. 8), ein höheres Haushaltseinkommen und Wohnort im Westen. Nicht signifikant waren Alter, Bildung, Kirchenzugehörigkeit, Stadt/Land und frühere Arbeitslosigkeit.

Tabelle 7 Determinanten der Zufriedenheit mit Partnerschaft und Sexualität bei Senioren (> 60 Jahre)

		Beta	Multiples R	Adjusted R^2
Männer	**Partnerschaft** (1 = mit Partner / 2 = ohne)	-0,41	0,43	0,18
	Alter	-0,11	0,44	0,19
	Frühere Arbeitslosigkeit (1 = 0–1x / 2 = mehrmals)	-0,08	0,45	0,20

Nicht signifikant: Bildung, Kirchenzugehörigkeit, Ost/West, Haushaltseinkommen, Stadt/Land

Tabelle 8 Determinanten der Zufriedenheit mit Partnerschaft und Sexualität bei Seniorinnen (> 60 Jahre)

		Beta	Multiples R	Adjusted R^2
Frauen	**Partnerschaft** (1 = mit Partner / 2 = ohne)	-0,47	0,53	0,28
	Haushaltseinkommen (1 = niedrig … 3 = höher)	0,11	0,54	0,29
	Ost/West (1 = West / 2 = Ost)	-0,07	0,54	0,29

Nicht signifikant: Alter, Bildung, Kirchenzugehörigkeit, Stadt/Land, frühere Arbeitslosigkeit (0–1x/mehrmals)

3. Schlussfolgerungen

In der deutschen Bevölkerung nimmt die sexuelle Aktivität mit voranschreitendem Alter ab; dies betrifft Männer und Frauen allerdings im unterschiedlichen Maße. Während in den jüngeren Altersgruppen mehr Frauen sexuell aktiv sind als Männer, kommt es bei ihnen bereits um die Lebensmitte (41–60 Jahre), im Unterschied zu den Männern, zum früheren Rückgang sexueller Aktivität. Dieser Unterschied vergrößert sich deutlich im Alter: Während mehr als die Hälfte der Männer über 60 Jahren sexuell aktiv bleibt, trifft dies nur für jede 4. Frau zu.

Ob sexuelle Aktivität bis ins hohe Alter fortgeführt wird, hängt in erster Linie vom Vorhandensein einer Partnerschaft ab; ältere Männer und Frauen, die in einer Partnerschaft leben, waren nahezu zu 2/3 sexuell aktiv, Senioren ohne Partner nur zu 7%. Der mit dem Alter zunehmende Geschlechtsunterschied könnte darauf zurückgeführt werden, dass ältere Männer weit häufiger in einer Partnerschaft leben als Frauen, die zunehmend von Verwitwung betroffen sind. Allerdings zeigten sich auch in der Subgruppe der Personen ohne Partner mit dem Lebensalter zunehmende Geschlechtsunterschiede zu Ungunsten der Frauen: Männer ohne Partner waren bereits um die Lebensmitte zwischen 41 und 60 Jahren weitaus häufiger sexuell aktiv als Frauen ohne Partner. Mit 17% waren Männer im höheren Lebensalter viermal häufiger sexuell aktiv, wenn sie keinen Partner hatten als Frauen ohne Partner, von denen nur noch 4% sexuell aktiv waren. Da sexuelle Aktivität nur mit selbst berichteten Angaben erfasst werden kann, sind Antworttendenzen im Sinne sozialer Erwünschtheit (entsprechend männlicher Geschlechtsstereotypen sexueller Potenz und Aktivität) nicht sicher auszuschließen. Allerdings zeigt sich auch bei der Erhebung sexuellen Verlangens ein ähnlich zunehmendes Auseinanderklaffen zwischen Männern und Frauen (Beutel et al., 2007, 2008). Möglicherweise spielt bei der Erklärung der zunehmenden Geschlechtsunterschiede auch die Tendenz von Männern jüngere Frauen zu heiraten (bzw. umgekehrt für Frauen) eine Rolle. Zwar fehlen auch hierzu konkrete Daten; es ist aber auch zu vermuten, dass für allein stehende ältere Männer sexuelle Kontakte durch Prostitution eher zugänglich bzw. akzeptabel sind als für ältere Frauen.

Negative Einflussfaktoren bei den *Männern* auf eine sexuelle Aktivität im höheren Lebensjahr waren widrige Lebenserfahrungen (Vaterlosigkeit, ausgebombt werden), sowie Sozialmerkmale wie ein ländlicher Wohnort bzw. höheres Alter. Für die *Frauen* spielten Partnerschaft und geringeres Alter eine ganz maßgebliche Rolle, noch deutlicher als bei den Männern.

Verfolgt man die *Wichtigkeit von Partnerschaft und Sexualität* mit zunehmendem Alter, so zeigt sich bei den jüngeren Befragten, dass den Frauen eher Partnerschaft und Sexualität wichtiger sind. Dieser Trend kehrt sich ab dem 51. Lebensjahr um zu Ungunsten der Frauen, für die die Wichtigkeit von Partnerschaft und Sexualität mit zunehmendem Alter, vermutlich auch mit der steigenden Verwitwungsrate, an Wichtigkeit abnimmt. Analog zeigt sich nach initial höherer Zufriedenheit mit Partnerschaft und Sexualität der Frauen in jüngeren Jahren ab der Lebensmitte eine zunehmende Unzufriedenheit, während die Zufriedenheit mit Partnerschaft und Sexualität bei den Männern bis ins höhere Lebensalter recht gut erhalten bleibt. Hier zeigt sich als maßgebliche Einflussfaktoren bei den Männern neben dem Vorhandensein einer Partnerschaft und einem jüngeren Alter auch ein höheres Haushaltseinkommen. Bei den Frauen tritt an die Stelle des Haushaltseinkommens neben die Partnerschaft und das Alter auch der Wohnsitz in den alten Bundesländern.

Bei den Einflussgrößen der *Zufriedenheit* mit Partnerschaft und Sexualität zeigt sich bei den Männern neben dem Vorhandensein einer Partnerschaft und jüngerem Alter als positive Prädiktoren die frühere Arbeitslosigkeit als negativer Prädiktor, bei den Frauen sind neben dem Vorliegen einer Partnerschaft, hohes Haushaltseinkommen und Wohnsitz in den alten Bundesländern positive Prädiktoren.

Zusammenfassend zeigt sich, dass die sexuelle Aktivität beider Geschlechter im höheren Lebensalter nachlässt, bei Frauen deutlich früher und stärker als bei den Männern. Maßgeblich für den Verlust von sexueller Aktivität ist vor allem das Fehlen einer Partnerschaft; negativen Einfluss auf sexuelle Aktivität, Wichtigkeit und Zufriedenheit mit Partnerschaft und Sexualität haben aber auch soziale Benachteiligung (frühere Arbeitslosigkeit, geringes Haushaltseinkommen bei den Männern), Faktoren des Wohnsitzes und biographische Belastungsfaktoren (Männer). Bei den Merkmalen vaterloses Aufwachsen und Ausbombung handelt es sich um lange zurückliegende Belastungsfaktoren, die nichtsdestotrotz zumindest bei den Männern sexuelle Aktivität im hohen Lebensalter beeinträchtigen können. Dies verwundert nicht auf dem Hintergrund aktueller Studien zum Einfluss biographischer Belastungsfaktoren in Kindheit und Jugend auf die Lebensqualität im Alter (Beutel et al., 2007).

Am deutlichsten ist aber das zunehmende Auseinanderklaffen von sexueller Aktivität, Wichtigkeit und Zufriedenheit mit Partnerschaft und Sexualität zwischen Männern und Frauen. Auch wenn man berücksichtigt, dass weit weniger Frauen mit steigendem Lebensalter in einer Partnerschaft leben als alternde Männer und sie immer häufiger verwitwet sind, nimmt der Anteil sexuell Aktiver bei den Frauen rascher und früher ab als bei den Männern. Dies gilt auch für die Wichtigkeit und die Zufriedenheit mit Partnerschaft und Sexualität; hierzu wurden eine Reihe von Hypothesen aufgestellt.

Literatur

Arbeitsgemeinschaft ADM-Stichproben, Bureau Wendt (1994). Das ADM-Stichprobensystem (Stand 1993). In S. Gabler, J. H. P. Hoffmeyer-Zlotnik & D. Krebs (Hrsg.), *Gewichtung in der Umfragepraxis* (S. 188–202). Opladen: Westdeutscher Verlag.

American Psychiatric Association (2000). *Diagnostic and Statistical Manual of Mental Disorders.* Washington, DC: American Psychiatric Association.

Bacon, C. G., Mittleman, M. A., Kawachi, I., Giovannucci, E., Glasser, D. B. & Rimm, E. B. (2003). Sexual function in men older than 50 years of age: Results from the Health Professionals Follow-up study. *Annals of Internal Medicine, 139,* 161–168.

Balon, R., Segraves, R. T. & Clayton, A. (2007). Issues for DSM-V: Sexual dysfunction, disorder, or variation along normal distribution: Toward rethinking DSM criteria of sexual dysfunctions. *The American Journal of Psychiatry, 164,* 198–200.

Beutel, M. E., Decker, O. & Brähler, E. (2007). Welche Auswirkungen haben Flucht und Vertreibung auf Lebensqualität und Befindlichkeit? Repräsentative Erhebungen mit den vor 1946 Geborenen in Deutschland. *Zeitschrift für Psychosomatische Medizin und Psychotherapie, 53,* 203–215.

Beutel, M. E., Schumacher, J., Weidner, W. & Brähler, E. (2002). Sexual activity, sexual and partnership satisfaction in ageing men – results from a German representative community study. *Andrologia, 34,* 22–28.

Beutel, M. E., Stöbel-Richter, Y. & Brähler, E. (2008). Sexual desire and sexual activity of men and women across their lifespans: results from a representative German community survey. *BJU International, 101,* 76–82.

Beutel, M. E., Weidner, K. & Brähler, E. (2006). Epidemiology of sexual dysfunction in the male population. *Andrologia, 38,* 115–121.

Henrich, G. & Herschbach, P. (2000). Questions on Life Satisfaction (FLZ^M) – A short questionnaire for assessing subjective quality of life. *European Journal of Psychological Assessment, 16,* 150–159.

Holden, C. A., McLachlan, R. I., Pitts, M., Cumming, R., Wittert, G., Agius, P. A., Handelsman, D. J. U. & de Kretser, D. (2005). Men in Australia Telephone survey (MATeS): A national survey of the reproductive health and concerns of middle-aged and older Australian men. *The Lancet, 366,* 218–224.

Koch, A. (1997). ADM-Design und Einwohnermelderegister-Stichprobe. Stichproben bei mündlichen Bevölkerungsumfragen. In S. Gabler & J. H. P. Hoffmeyer-Zlotnik (Hrsg.), *Stichproben in der Umfragepraxis.* Opladen: Westdeutscher Verlag.

Laumann, E. O., Paik, A. & Rosen, R. C. (1999). Sexual dysfunction in the United States: Prevalence and predictors. *JAMA, 281,* 537–544.

Leiblum, S. R., Koochaki, P. E., Rodenberg, C. A., Barton, I. P. & Rosen, R. C. (2006). Hypoactive sexual desire disorder in postmenopausal women: US results from the Women's International Study of Health and Sexuality (WISHeS). *Menopause, 13,* 46–56.

Mercer, C. H., Fenton, K. A., Johnson, A. M., Wellings, K., Macdowall, W., McManus, S., Nanchahal, K. & Erens, B. (2003). Sexual function problems and help seeking behaviour in Britain: national probability sample survey. *British Medical Journal, 327,* 426–427.

Meuleman, E. J. H. & van Lankveld, J. D. M. (2005). Hypoactive sexual arousal disorder: An underestimated condition in men. *BJU International, 95,* 291–296.

Moreira, E. D. Jr., Hartmann, U., Glasser, D. B. & Gingell, C. (2005). A population survey of sexual activity, sexual dysfunction and associated help-seeking behaviour in middle-aged and older adults in Germany. *European Journal of Medical Research, 10,* 434–443.

Moynihan, R. (2003). The making of a disease: female sexual dysfunction. *British Medical Journal, 326,* 45–47.

Unger, U. & Brähler E. (1995). Sexuelle Aktivität im höheren Lebensalter im Kontext von Geschlecht, Familienstand und Persönlichkeitsaspekten. In G. Heuft, A. Kruse, H.-G. Nehen & H. Radebold (Hrsg.), *Interdisziplinäre Gerontopsychosomatik* (S. 120–131). München: MMV Medizin Verlag Vieweg.

Unger, U. & Brähler, E. (1998). Sexuelle Aktivität im Alter – Ergebnisse einer Repräsentativbefragung. In A. Kruse (Hrsg.) *Psychosoziale Gerontologie. Band I: Grundlagen. Jahrbuch der Medizinischen Psychologie 15* (S. 238–252). Göttingen: Hogrefe.

Altern und Sexualität

Thomas Bucher

»Alte Liebe rostet nicht« lautet der Titel eines populären Buches über den Umgang mit Sexualität im Alter (Butler & Lewis, 1996). Ganz so einfach, wie es dieser Titel suggeriert, ist es jedoch nicht. Die körperlichen Grundlagen der Sexualität unterliegen wie alle anderen Organe und Körperfunktionen degenerativen Alterungsprozessen. Sexualität ist jedoch ein Prozess, der aus der Interaktion biologischer, psychologischer, sozialer, ökonomischer, politischer, kultureller, ethischer, gesetzlicher, historischer, religiöser und spiritueller Faktoren resultiert (WHO, 2005). Deshalb lassen sich auf der Basis altersbedingter hormoneller, anatomischer und neuronaler Veränderungen keine zuverlässigen Prognosen über sexuelles Erleben und Verhalten ableiten. Andere Autoren sind der Meinung, dass der Begriff »Alterssexualität« am besten abgeschafft würde (Schmidt & Matthiesen, 2003, S. 16) da er nahelegt, dass die Sexualität Älterer klar von der anderer Erwachsener abgrenzbar, essenziell vorgegeben und historisch unveränderbar sei, weil er Vielfalt einschränkt und suggeriert, dass die Sexualität im höheren Lebensalter vor allem durch das »physiologische« Merkmal Alter bestimmt sei.

Zwei Hauptschwierigkeiten sind damit angesprochen, die sich beim Thema Sexualität und Altern stellen: Wann beginnt das Alter oder das Altern? Und welches sind die Normen für die Sexualität alternder Menschen? Eindeutige Antworten gibt es auf beide Fragen nicht. Empirische Studien zur Sexualität alternder Menschen setzen meist bei 40 oder 45 Jahren an und umschreiben die untersuchte Zeitspanne, die meist bei 80 Jahren aufhört, mit mittlerem und höherem Erwachsenenalter, zweiter Lebenshälfte oder ähnlich. Diese Unschärfe kann auch dieser Beitrag nicht ausräumen. »Ist es normal, mit 75 Jahren so oft sexuelle Lust zu haben?« – »Wie häufig haben 70-Jährige noch Geschlechtsverkehr?« Die Beantwortung solcher Fragen anhand von Mittelwertsangaben aus empirischen Studien bietet nur eine vermeintliche Orientierung. Die Varianz sexuellen Erlebens und Verhaltens wird mit zunehmendem Alter größer, die Aussagekraft von Durchschnittswerten entsprechend geringer (Bucher, Hornung & Buddeberg, 2003; von Sydow, 1991). Statistisch gesicherte Normen zur Sexualität im Alter gibt es deshalb nicht.

Dieser Beitrag[1] gibt einen einführenden Überblick zur Sexualität alternder Menschen. Zuerst werden altersbedingte körperliche Veränderungen beschrieben, die die Sexualität betreffen. Der Fokus richtet sich dann auf sexuelles Erleben und Verhalten. Diesbezügliche Grundlage sind die wichtigsten Forschungsergebnisse aus unserer Studie zu sexuellem Interesse, sexueller Aktivität und Zufriedenheit in der zweiten Lebenshälfte (Bucher et al., 2003; Bucher, Hornung, Gutzwiller & Buddeberg, 2001). Es handelt sich dabei um eine Fragebogenstudie, an der 641 Männer und 857 Frauen aus der deutschsprachigen Schweiz im Alter zwischen 45 und 91 Jahren teilnahmen. Die Sexualität wurde im Rahmen von psychosozialen Ressourcen und Belastungen, Gesundheit und Partnerschaft untersucht. Die wichtigsten demographischen Merkmale der Stichprobe sind in Tabelle 1 aufgeführt. Auf weitere methodische Aspekte wird hier nicht eingegangen, da diese bereits detailliert veröffentlicht sind (Bucher et al., 2003; Bucher et al., 2001). Gesundheitliche Einflüsse auf sexuelles Interesse und sexuelle Aktivität sowie Gründe für das Einstellen der koitalen Aktivität werden dargestellt. Im letzten Abschnitt wird die »Medikalisierung« der Sexualität im Alter kritisch thematisiert. Ein kurzes Resümee mit Empfehlungen für die Praxis schließt diesen Beitrag ab.

Altersbedingte körperliche Veränderungen bei der Frau

Die Wechseljahre beginnen bei Frauen in westlichen Gesellschaften etwa im 50. Altersjahr (± 4 Jahre). Die Östrogenproduktion verringert sich um 90%, der Menstruationszyklus wird unregelmäßig und bleibt schließlich ganz aus, womit die reproduktive Phase beendet ist. Begleitet werden die Wechseljahre oft von Beschwerden, die als klimakterisches Syndrom beschrieben werden: Hitzewallungen, Herzbeschwerden, Schlafstörungen, Stimmungsschwankungen (Depressivität, Nervosität), allgemeine Leistungsminderungen (Gedächtnis, Konzentration), Harnwegsbeschwerden, Trockenheit der Scheide sowie Gelenk- und Muskelbeschwerden (Hauser, 1997). Nicht alle Frauen sind davon

[1] Der Beitrag wurde erstmals im Bundesgesundheitsblatt – Gesundheitsforschung – Gesundheitsschutz 2006 (Heft 49, S. 567–574) veröffentlicht. Der Nachdruck erfolgt mit freundlicher Genehmigung von Springer Science+Business Media.

gleichermaßen betroffen, rund 30–40% haben kaum klimakterische Beschwerden (Schultz-Zehden, 2004). Durch den dauerhaft tiefen Östrogenspiegel schrumpfen Eierstöcke, Eileiter, Uterus und Scheide. Die Vaginalhäute werden dünner, und die Scheidenschleimhaut wird trockener (Maake, 2005). Als Folge davon können Schmerzen beim Geschlechtsverkehr auftreten. Der Lubrikationsmangel beim Geschlechtsverkehr kann aber auch auf mangelnde Stimulation oder psychische Ursachen wie fehlende Nähe zurückzuführen sein (Rosemeier & Zerdick, 1995).

Tabelle 1 Soziodemographische Merkmale der Stichprobe

		Frauen n = 857	**Männer** n = 641
Alter	▪ Spanne	45–86	45–91
	▪ M (SD)	58,2 (8,9)	61,8 (10,5)
Altersgruppen[a]	▪ 45–64 Jahre	73,5%	57,4%
	▪ 65–84 Jahre	26,4%	40,6%
	▪ 85 und mehr Jahre	0,1%	2,0%
Wohnort	▪ Dorf/Kleinstadt	64,7%	68,4%
	▪ Großstadt/Vorort	35,3%	31,6%
Zivilstand	▪ Ledig	9,4%	6,4%
	▪ Verheiratet	56,8%	72,1%
	▪ Geschieden	18,4%	13,6%
	▪ Verwitwet	15,4%	7,8%
Partnerschaft	▪ Mit fester Partnerschaft	70,5%	86,0%
	▪ Ohne feste Partnerschaft	29,5%	14,0%
Berufsbildung	▪ Keine abgeschlossene Berufsbildung	19,2%	5,8%
	▪ Berufslehre	44,6%	50,3%
	▪ Fachschule, Lehrerseminar	21,4%	23,7%
	▪ Hochschule	4,9%	12,9%
	▪ Anderes	9,9%	7,3%
Berufliche Situation	▪ Berufstätig	40,4%	47,7%
	▪ Pensioniert	30,3%	46,3%
	▪ Hausfrau/-mann	23,9%	0,5%
	▪ Arbeitslos/anderes	5,5%	5,5%

[a] Da nur sehr wenige Untersuchungsteilnehmer älter als 85 Jahre sind, wird für die Darstellung von Ergebnissen von 45- bis 64-Jährigen (mittleres Erwachsenenalter) und 65-Jährigen und älteren (höheres Erwachsenenalter) unterschieden.

Klimakterium und Sexualität

Wie sich das Klimakterium auf die Sexualität auswirkt, ist unklar. In unserer Untersuchung berichten 41% der Frauen, dass ihr sexuelles Interesse während der Wechseljahre schwächer geworden ist, 51%, dass es gleich geblieben ist, und 8%, dass es zugenommen hat. Veränderungen in der Sexualität können jedoch nicht allein auf das Ausbleiben von Hormonen zurückgeführt werden. Negative Stereotypen über klimakterische oder postmenopausale Frauen sind weit verbreitet (Verlust von Weiblichkeit, negative Emotionen, Launenhaftigkeit) und können zu sich selbst erfüllenden Prophezeiungen führen (Marcus-Newhall, Thompson & Thomas, 2001; Rosemeier, 2001). Studien, die psychosoziale Variablen berücksichtigen, zeigen, dass Stress, psychische Gesundheit, Einstellungen, Beziehungs- und situationale Faktoren, teilweise Merkmale des Partners die Sexualität oft stärker beeinflussen als die Menopause selbst (Cain et al., 2003; Deeks & McCabe, 2001; Hartmann, Philippson, Heiser & Rüffer-Hesse, 2004). Einige Frauen betonen gar die positiven Aspekte der Menopause: die Befreiung von Verhütungsproblemen, von der monatlichen Regelblutung sowie von der Angst vor unerwünschten Schwangerschaften (Schultz-Zehden, 1998).

Körperliche Veränderungen beim Mann

Die altersbedingten körperlichen Veränderungen verlaufen beim Mann graduell, einen klar markierten Einschnitt wie bei den Frauen gibt es nicht. Die hormonellen Veränderungen sind mit diagnostischem Aufwand mess-, für den Mann im Normalfall aber nicht spürbar. Etwa ab dem 40. Altersjahr nimmt das im Blut frei verfügbare Testosteron jährlich um 1% ab, das Sexualhormone bindende Globulin nimmt zu, wobei die individuellen Unterschiede sehr groß sind (Schiavi, 1999; Feldman, Goldstein, Hatzichristou, Krane & McKinlay, 1994). Die wenigsten Männer entwickeln aufgrund der verringerten Hormonproduktion Symptome, die klinisch relevant werden (Ludwig, 2001). Nur ein Fünftel der Männer mit Hypogonadismus (Testosteronspiegel geringer als 12 nmol/l) weisen eine PADAM-Symptomatik[2] auf (Schatzl et al., 2000).

[2] PADAM = Partielles Androgendefizit des alternden Mannes. Die Symptome sind Müdigkeit, Abgeschlagenheit, Stimmungsschwankungen, Depressionen, Kraftlosigkeit,

Ab dem 65. Lebensjahr treten erste degenerative Veränderungen in Samenkanälchen des Hodens auf, die Elastizität der Samenwege lässt nach, in Nebenhoden und an deren Geschlechtsdrüsen werden Dysfunktionen häufiger. Die Spermienproduktion nimmt ab, die Qualität der Spermien wird schlechter (geringere Motilität, mehr Missbildungen), und das Volumen des Ejakulats wird kleiner. Die häufig auftretende gutartige Vergrößerung der Prostata kann unter Umständen Probleme bei der Harnentleerung und beim Ejakulieren mit sich bringen (Maake, 2005). In der Regel bleibt der Mann aber bis ins höchste Alter zeugungsfähig.

Veränderung der sexuellen Reaktionen beim Mann

Etwa ab dem 40. Altersjahr verändern sich die sexuellen Reaktionen beim Mann langsam, aber merklich: Es dauert länger, bis eine Erektion zustande kommt, sie ist weniger hart, und manchmal fehlt sie ganz. Mehr und stärkere Stimulation ist notwendig, um eine Erektion zu erreichen. Der Drang zu ejakulieren ist kleiner, die Kontrolle über die Ejakulation besser. Der Orgasmus ist weniger intensiv; die Bulbourethral-Drüsen produzieren bei sexueller Erregung weniger Sekret (Lusttropfen); der Penis erschlafft nach der Ejakulation schneller, und die Refraktärphase ist länger (Schiavi, 1999).

Diese Veränderungen werden unterschiedlich wahrgenommen: Für manche Männer sind sie eine Kränkung, da sie nicht ihrem Selbstbild als Mann entsprechen. Andere nehmen sie gelassen hin oder sehen darin sogar Vorteile, da die verlangsamten Reaktionen und die bessere ejakulatorische Kontrolle den Bedürfnissen der Partnerin entgegenkommen (Bucher, 2003). Wie die Reaktionen auf die altersbedingten Veränderungen ausfallen, hängt von verschiedenen Faktoren ab: Wichtigkeit der Sexualität für Selbstwert, Wohlbefinden und Partnerschaft, Angemessenheit von Standards oder Referenzgruppen für die eigenen sexuellen Reaktionen, Fähigkeit, sich auf erotische Stimuli zu konzentrieren und nicht durch Selbstbeobachtung die Angst vor Versagen zu verstärken, Häufigkeit und Bandbreite von sexueller Aktivität in jüngeren Jahren, Motivation und Fähigkeit, andere Praktiken als nur vaginalen Geschlechts-

---

Muskelschwund, Bildung von Fettpolstern in der Hüftgegend, Gewichtszunahme, Vergrößerung der Brustdrüsen, Nachlassen der Libido, selten auch Erektionsstörungen und Gliederschmerzen durch Osteoporose (Ludwig, 2001).

verkehr auszuprobieren, unterstützende Haltung und funktionierende sexuelle Kommunikation mit der Partnerin (Schiavi, 1999).

Gewünschte und erlebte sexuelle Aktivität

Als Indikator für die Sexualität wird in vielen Studien lediglich die Koitusfrequenz verwendet. Diese Reduktion auf eine Sexualpraktik ist wenig zutreffend für die Sexualität älterer Menschen (von Sydow, 1991). Deshalb haben wir in unserer Studie zwischen sexuellem Interesse, sexueller Aktivität und Zufriedenheit unterschieden (Bucher et al., 2003; Bucher et al., 2001).

Sexuelles Interesse

Die sexuellen Wünsche untersuchten wir mit der Frage: »Stellen Sie sich vor, Sie könnten wünschen. Wie häufig hätten Sie gerne, dass Folgendes vorkommen würde?« Die Teilnehmer/-innen konnten sich zu Zärtlichkeiten im Alltag wie Streicheln, in den Arm nehmen oder Küssen, Petting, d. h. Schmusen, Streicheln und sexuelle Stimulation, ohne anschließend Geschlechtsverkehr zu haben, sowie Geschlechtsverkehr äußern.

Die Korrelationen in Tabelle 2 zeigen, dass die gewünschte Häufigkeit von sexuellen Aktivitäten mit steigendem Alter abnimmt; am deutlichsten trifft dies für den Wunsch nach Geschlechtsverkehr zu. Sexuelle Aktivitäten werden weniger oft gewünscht, die Wünsche bleiben aber bei sehr vielen Menschen grundsätzlich bis ins höchste Alter erhalten (Abb. 1). Ist eine feste Partnerschaft vorhanden, trifft dies für Männer wie Frauen gleichermaßen zu. Frauen der älteren Gruppe ohne festen Partner haben öfter kein sexuelles Interesse, bei den Männern hat der Partnerschaftsstatus keinen Einfluss auf die sexuellen Wünsche. Wie kann dieser Unterschied erklärt werden? Der Partnermangel aufgrund demographischer Verhältnisse ist sicher ein Grund: Ohne Aussicht auf einen akzeptablen Partner bringt es mehr Frustration als Befriedigung mit sich, große sexuelle Bedürfnisse zu hegen. Diese Erklärung genügt jedoch nur teilweise. Die Frageformulierung (stellen Sie sich vor, Sie könnten wünschen ...) würde erlauben, diese Anpassung an die Umstände zu ignorieren. Vermutlich stehen hier mehr kohorten- als altersspezifische Gründe im Vordergrund.

Die meisten Frauen der älteren Generation wurden dahingehend sozialisiert, sich Kinder, nicht aber eine lustvolle und befriedigende Sexualität zu wünschen. Viele von ihnen gingen Versorgungsehen ein, in denen Liebe und Zärtlichkeit eine geringe Rolle spielten und die Sexualität eheliche Pflicht zwecks Familiengründung und Befriedigung des Mannes war. Alter und Menopause sind für viele Frauen dieser Generation deshalb ein willkommener Vorwand, die Sexualität einstellen zu können (von Sydow, 1991; Schultz-Zehden, 1998). Die Frauen im mittleren Lebensalter hingegen erlebten die sexuelle Revolution in jungen Jahren (»Pille« und Liberalisierung) und konnten von den Errungenschaften der Frauenbewegung profitieren. Das ermöglichte ihnen, gleichberechtigte und selbstbestimmte (sexuelle) Beziehungen einzugehen (oder sie aufzulösen, falls sie nicht ihren Vorstellungen entsprachen). Diese Frauen können ihre sexuellen Bedürfnisse heute auch ausdrücken. Es ist anzunehmen, dass dieser Anteil an selbstbestimmten Frauen zunehmen wird (Schultz-Zehden, 1998).

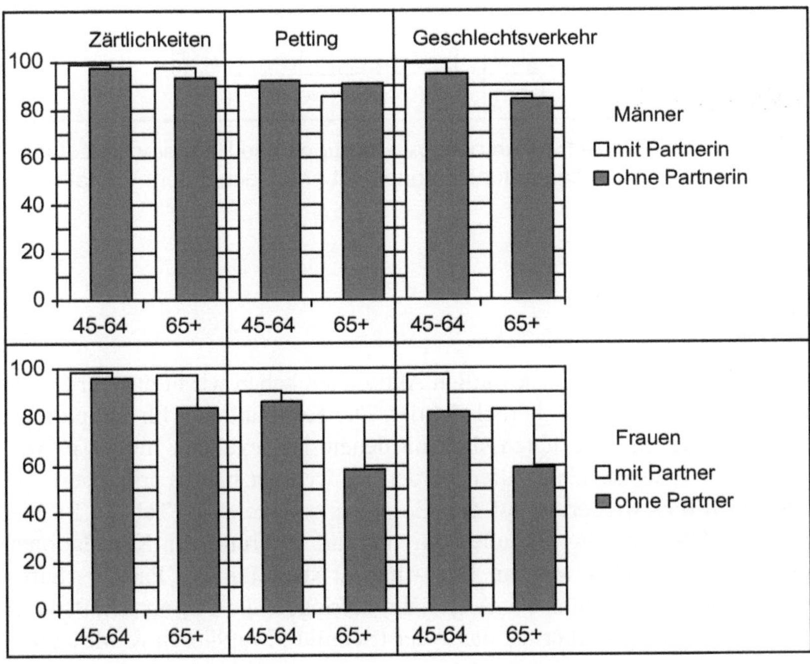

Abbildung 1: Sexuelle Wünsche nach Altersgruppe und Partnerstatus (Prozentangaben für Personen mit entsprechendem Wunsch)

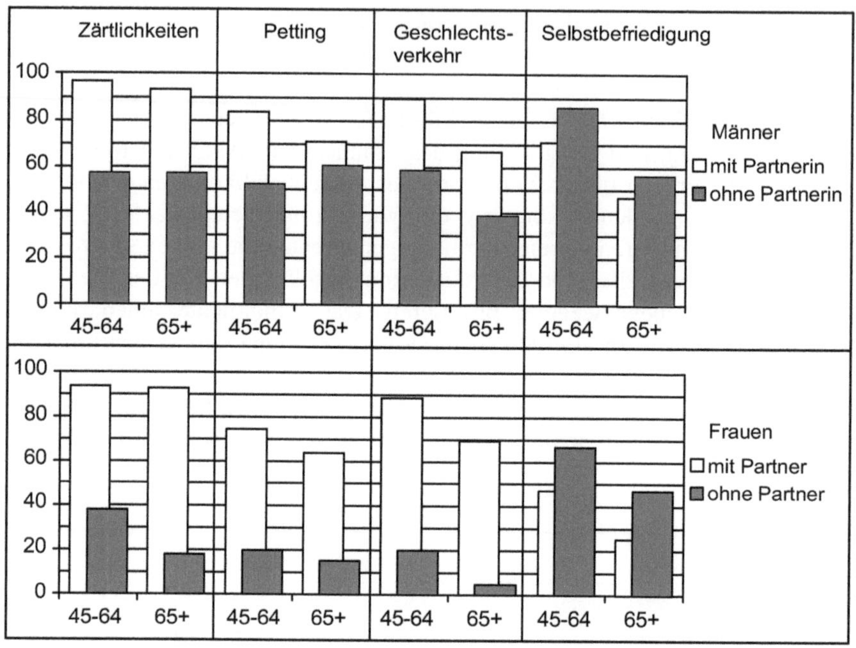

Abbildung 2: Sexuelle Aktivitäten nach Altersgruppe und Partnerschaftsstatus (Prozentangaben für Personen mit entsprechendem Verhalten)

Sexuelle Aktivität

Neben den partnerbezogenen sexuellen Aktivitäten haben wir in unserer Studie auch die Selbstbefriedigung berücksichtigt. Die Korrelationen für die partnerbezogenen sexuellen Aktivitäten sind mit denen des sexuellen Interesses vergleichbar: Mit zunehmendem Alter werden sie weniger häufig praktiziert, am stärksten trifft dies wiederum auf den Geschlechtsverkehr zu (Tabelle 2). Der Einfluss des Alters auf die sexuelle Aktivität darf aufgrund von Korrelationen jedoch nicht überschätzt werden. Das Alter ist stark mit der Partnerschaftsdauer konfundiert. Bis zum 60. Altersjahr verringert die Partnerschaftsdauer die sexuelle Aktivität stärker als das Alter (Schmidt, Matthiesen & Meyerhof, 2004).

Wird der Partnerschaftsstatus berücksichtigt, ergeben sich Differenzierungen: Ist eine feste Partnerschaft vorhanden, sind keine bedeutenden Unterschiede zwischen Männern und Frauen zu beobachten (Abb. 2). Zärtlichkeiten kommen in beiden Altersgruppen sehr häufig vor, während Petting und Geschlechtsverkehr in der älteren Gruppe häufiger fehlen. Ist keine Partnerschaft vorhanden, sind partnerbezogene sexuelle Aktivitäten deutlich seltener, bei den Frauen sind sie dann die Ausnahme. Mehr Alleinstehende als fest Liierte praktizieren Selbstbefriedigung, für Frauen ohne festen Partner ist sie die häufigste Sexualpraktik.

Die Ergebnisse zeigen, dass eine feste Partnerschaft die wesentliche Voraussetzung ist, um im mittleren und höheren Alter das Bedürfnis nach Zärtlichkeiten, Petting und Geschlechtsverkehr leben zu können. Aufgrund der kürzeren Lebenserwartung der Männer und der Altersdifferenz zwischen Ehepartnern (die Frauen sind meist jünger) ist für Frauen diese Voraussetzung mit steigendem Alter immer weniger gegeben. Aus denselben demographischen Gründen ist es für alleinstehende Frauen sehr schwierig, einen passenden Partner zu finden, während dies den Männern eher zu gelingen scheint: Immerhin etwa die Hälfte berichtete über sexuelle Aktivitäten mit einer Partnerin.

Gesundheitliche Einflüsse auf sexuelles Interesse und sexuelle Aktivität

Verschiedene Gesundheitsindikatoren (subjektive Gesundheit, Beschwerden, Medikamentenkonsum) weisen bei Männern stärkere Korrelationen mit sexuellem Interesse und sexueller Aktivität auf als bei Frauen (Bucher et al., 2003; Bucher et al., 2001; Buddeberg, 2005). Vermutlich spielen hier Krankheiten eine wesentliche Rolle, die durch einen ungesunden Lebensstil verstärkt werden und sich negativ auf die Erektionsfähigkeit auswirken (Alkohol- und Nikotinkonsum, Bewegungsmangel und Übergewicht). Folgende Krankheiten und Medikamente werden mit Libidoverlust und Erektionsstörungen in Verbindung gebracht: Herz-Kreislauf-Erkrankungen, Bluthochdruck, Diabetes, Nieren- und Leberinsuffizienz, Störungen der Nebennierenfunktionen (Addison-Krankheit, Cushing-Syndrom), Adipositas, Störungen der Schilddrüsen, Arteriosklerose, Arthritis, Parkinson, multiple Sklerose, Alzheimer, Depression, Hirnschlag. Medikamente: Bluthochdruckmittel, Herz-Kreislauf-Medikamente, Beruhigungsmittel, Psychopharmaka, Entwässerungsmittel (Diuretika), Kortison,

Mittel zur Magenentsäuerung (H_2-Antagonisten) und Antiandrogene (Schiavi, 1999; Fröhlich, 2001).

Altersbedingte Gebrechen, chronische Krankheiten, allgemeine Schwäche und die Folgen von Operationen vermindern das sexuelle Verlangen und die sexuelle Aktivität auch bei Frauen. Die Gesundheit scheint aber für Frauen eine weniger große Rolle zu spielen als für Männer. Die Korrelationen mit unterschiedlichen Gesundheitsindikatoren sind ziemlich gering (Bucher et al., 2003; De Lamater & Sill, 2005; Laumann et al., 2005).

Tabelle 2 Sexuelles Interesse, sexuelle Aktivität und Zufriedenheit: Korrelationen mit dem Alter[a]

	Männer	**Frauen**
Wunsch nach Zärtlichkeiten	-.24	-.29
Wunsch nach Petting	-.22	-.30
Wunsch nach Geschlechtsverkehr	-.53	-.40
Häufigkeit von Zärtlichkeiten	-.20	-.29
Häufigkeit von Petting	-.18	-.21
Häufigkeit von Geschlechtsverkehr	-.45	-.40
Selbstbefriedigung	-.33	-.16
Sexuelle Zufriedenheit	-.18	-.07 (n.s.)

[a] Wenn nicht anders vermerkt: $p<.01$.

Tabelle 3 Gründe für sexuelle Inaktivität (Mehrfachantworten waren möglich)

Grund	**Männer**	**Frauen**
Kein(e) Partner(in) vorhanden	21,9%	60,4%
Partner(in) kann nicht mehr (Alter, Krankheit etc.)	18,2%	18,7%
Ich habe keine Lust mehr	14,6%	19,4%
Anderes	17,5%	13,9%
Ich bin zu alt dazu	9,5%	6,2%
Partner(in) will nicht mehr	29,9%	6,2%
Ich kann nicht mehr (Impotenz)	20,4%	[a]
Es bereitet mir Schmerzen	0,7%	4,0%
Partner(in) ist zu wenig attraktiv	2,2%	1,5%
Ich bin zu wenig attraktiv	0,0%	1,8%

[a] Diese Antwort konnte nur von Männern gegeben werden.

Gründe für die sexuelle Inaktivität

Bisherige Untersuchungen zeigen, dass das Alter per se selten der Grund für sexuelle Inaktivität ist. Der Partnermangel ist meist dafür verantwortlich. Bei Paaren sind die Ursachen häufiger beim Mann als bei der Frau zu suchen: Gesundheitliche Gründe sowie Erektionsprobleme werden am häufigsten genannt (von Sydow, 1991; Cain et al., 2003; Schultz-Zehden, 1998; Pfeiffer, Verwoerdt & Davis, 1974). Ähnliche Ergebnisse finden wir in unserer Studie. 137 Männer (45–89 Jahre; M = 68,6 Jahre) und 237 Frauen (45–86 Jahre; M = 62,5 Jahre) beantworteten die Frage, weshalb sie in den 3 Monaten vor der Befragung keinen Geschlechtsverkehr hatten (Tabelle 3). Für Frauen ist der Hauptgrund der Partnermangel (über 60%), gefolgt von der eigenen Lustlosigkeit und Gründen, die beim Partner liegen (Alter, Krankheit etc.). Männer gaben am häufigsten an, dass die Partnerin nicht mehr will (30%), Partnermangel und Impotenz (je ca. 20%) sind weitere oft genannte Gründe. Weniger als 10% machen ihr Alter für die koitale Inaktivität verantwortlich. Zur Antwortkategorie »Anderes« konnten zusätzliche Angaben gemacht werden. Die Antworten unterscheiden sich stark je nach Geschlecht. Die meisten Männer führen hier gesundheitliche Probleme an, sehr selten erwähnen sie aktuelle Beziehungsschwierigkeiten. Frauen geben differenziertere Antworten, die meist auf ihre soziale Situation als Frau verweisen. Die inhaltsanalytische Auswertung ergab 6 Kategorien. Sie sind stichwortartig mit je einem Beispiel in Tabelle 4 aufgeführt. Nicht alle Kategorien sind geschlechts-, alters- oder generationenspezifisch. Die traditionelle Sexualmoral beispielsweise richtet sich an alle; nur ist sie für Frauen viel restriktiver und wurde wie die anderen Kategorien in diesem Zusammenhang nur von Frauen genannt. Lediglich eine Antwort eines verwitweten, 54-jährigen Mannes, der seit 9 Jahren keine sexuellen Kontakte mehr hatte, verweist auf das soziale Geschlechterverhältnis. Sie deutet jedoch darauf hin, dass er mit der sich wandelnden Rolle der Frau Schwierigkeiten hat. Er schrieb: »Es gibt keine unkomplizierten, normal denkenden Frauen mehr. Alle, nicht nur Frauen, versuchen nur noch, ihre Zwänge auszuleben.«

Insgesamt zeigt sich, dass der Partnermangel der Hauptgrund für das Einstellen der sexuellen Aktivität ist. Nur in wenigen Fällen ist das Alter für das sexuelle Disengagement der Grund. Körperliche Ursachen werden eher von Männern genannt, während Frauen öfter biographische Erfahrungen aufgrund ihrer gesellschaftlich definierten Rolle und Stellung anführen. Ob sich dies in Zukunft ändern wird, wenn die bei Jugendlichen beobachtete Angleichung im Sexualverhalten auch die älteren Generationen erreicht, kann zum heutigen Zeitpunkt nicht gesagt werden.

Tabelle 4 Gründe für sexuelle Inaktivität: 6 Kategorien in offenen Antworten von Frauen

1. Missbrauchserfahrungen 53-jährig, ohne Partner, seit 7 Jahren geschieden und sexuell inaktiv: *»Nach sehr langer Beziehung mit einem Gewalttätigen habe ich weder das Vertrauen zu einem Mann gefunden, noch irgendetwas empfunden. Ein Ekel, Angst vor Gewalt, Ausnutzung oder Nichtbestehenbleiben der Beziehung.«*
2. Traditionelle Rollenaufteilung in der Partnerschaft 57-jährig, seit 36 Jahren verheiratet, seit 5 Monaten sexuell inaktiv: *»Ich bin für meinen Mann nur noch Haushälterin, Sekretärin, Kindermädchen. Mit denen geht man nicht ins Bett. Das ist meine Begründung, dass ich keine Lust mehr habe. Ein anderer Mann kommt nicht in Frage wegen des Dorfklatsches. Daran habe ich auch schon gedacht.«*
3. Befolgung traditioneller Normen 75-jährig, seit 30 Jahren geschieden, seither ohne sexuelle Kontakte: *»Als gläubige Christin gibt es für mich keinen Sexualverkehr, so lange ich nicht verheiratet bin.«*
4. Bewahrung der Unabhängigkeit durch Verzicht auf Sexualität 72-jährig, ledig, lebt mit ihrer Schwester zusammen, ohne sexuelle Beziehungen: *»Ich wollte berufstätig bleiben und kein ›Spielzeug‹ werden.«*
5. Sexualität ist nicht Bestandteil des Selbstbildes alter Frauen 75-jährig, seit 26 Jahren verwitwet, ohne Zeitangaben zur sexuellen Inaktivität: *»Ich bin eine 75-jährige Frau!«*
6. Steigende Ansprüche an situativen und partnerschaftlichen Kontext 63-jährig, seit 22 Jahren geschieden, ohne Partner, seit 11 Jahren sexuell inaktiv: *»Man könnte schon Sex haben, aber je älter man wird, genügt Sex alleine nicht; es muss alles stimmen. Man wird sehr wählerisch und anspruchsvoll.«*

Sexuelle Zufriedenheit

Die sexuelle Zufriedenheit wurde in unserer Untersuchung mit einer 5-stufigen Skala gemessen (1 = sehr unzufrieden bis 5 = sehr zufrieden). Übereinstimmend mit anderen Studien (Schiavi, 1999; Klaiberg, Brähler & Schumacher, 2001) finden wir nur schwache oder nicht signifikante Korrelationen mit dem Alter (Tabelle 2). Die sexuelle Zufriedenheit verringert sich also nicht im gleichen Maß wie das sexuelle Interesse oder die sexuelle Aktivität. Dieser Befund wird einerseits mit der parallelen Abnahme von sexuellem Interesse und sexueller Aktivität erklärt (Schiavi, 1999). Andererseits gewinnen im mittleren und höheren Erwachsenenalter Beziehungsaspekte für die sexuelle Zufriedenheit an Bedeutung, nur werden solche in der Forschung selten berücksichtigt. Lediglich der Zusammenhang zwischen Partnerschaftszufriedenheit und sexueller Zufriedenheit wurde mehrmals bestätigt, ohne eine kausale Richtung bestimmen zu können (Byers, 2005).

Mittels Strukturgleichungsmodellen konnten anhand unserer Daten die Gesamteffekte von partnerschaftlichen Merkmalen auf die sexuelle Zufriedenheit untersucht werden (Bucher, 2002). Dafür wurden die Angaben von 400 Männern (45–87 Jahre, M = 58,5 Jahre) und 443 Frauen (45–78 Jahre; M = 54,8 Jahre) zu ihrer partnerschaftlichen Situation verwendet. Die Resultate brachten einige überraschende Geschlechtsunterschiede. Die bedeutsamen Prädiktoren für die sexuelle Zufriedenheit waren für die Männer das Kommunizieren der eigenen sexuellen Wünsche gegenüber der Partnerin (.35)[3], die Zurückhaltung der Partnerin in sexuellen Belangen (-.28), die sexuelle Aktivität (d. h. Zärtlichkeiten, Petting und Geschlechtsverkehr; .27), das sexuelle Interesse (.17) sowie die Überforderung durch die sexuellen Ansprüche der Partnerin (-.12). Dieses Ergebnis betont die Wichtigkeit des Austauschs über die eigenen sexuellen Bedürfnisse und weist auch auf widersprüchliche Entwicklungen hin: Die zurückhaltende Partnerin (als negativer Einfluss) hört sich nach einer typischen Männerklage an. Grund dafür ist vermutlich die Retraditionalisierung von Geschlechterrollen im Verlaufe lang dauernder Beziehungen: Der Mann wünscht sich häufiger Geschlechtsverkehr, während die Frau mehr Zärtlichkeiten (ohne koitale Aktivität) möchte (Schmidt et al., 2004). Männer nehmen in der Folge ihre Partnerin als zurückhaltend wahr, die Diskrepanz in den Wün-

[3] Die Zahlen in den Klammern sind die totalen Effekte auf die sexuelle Zufriedenheit, die mittels Strukturgleichungen berechnet wurden. Sie zeigen die relative Stärke des Effekts und dessen positive oder negative Richtung an.

schen führt zu Unzufriedenheit. Die Überforderung durch die sexuellen Ansprüche der Partnerin scheint dazu ein Widerspruch zu sein. Vermutlich führen zu große (Leistungs-)Erwartungen bei Männern zu Versagerängsten, was besonders zutrifft, wenn die Partnerin wesentlich jünger ist. Dies ist in Beziehungen nach einer ersten Ehe oft der Fall und verschärft sich, wenn ungelöste Probleme oder ausstehende Entwicklungsschritte von einer Beziehung in die nächste mitgenommen werden (Buddeberg, 2005; Bucher, 2002).

Für die Frauen erwiesen sich folgende Prädiktoren als bedeutsam: die emotionale Nähe in der Partnerschaft (.28), das Ausdrücken der eigenen sexuellen Wünsche gegenüber dem Partner (.26), die Zurückhaltung des Partners in sexuellen Belangen (-.26), die sexuelle Aktivität (.24), die physische Attraktivität des Partners und das eigene sexuelle Interesse (je .12). Die Resultate zeigen, dass eine gute Beziehung eine wichtige Voraussetzung für eine zufriedenstellende Sexualität von Frauen im mittleren und höheren Lebensalter ist. Das Ausdrücken der eigenen sexuellen Wünsche weist auf die sexuelle Selbstbestimmung hin, die insbesondere für die älteren Frauen keine Selbstverständlichkeit ist (vgl. auch Abschnitt zum sexuellen Interesse). Die Zurückhaltung des Partners in der Sexualität ist vermutlich ein Hinweis auf zunehmende Erektionsprobleme des Mannes. Dabei ist die schwache oder fehlende Erektion für die Frau oft nicht das primäre Problem, sondern die Reaktion des Mannes darauf: Aus Scham oder Angst wird die körperliche Intimität mit der Partnerin oft gänzlich eingestellt, so dass Zärtlichkeiten und körperliche Nähe völlig fehlen und zu Frustrationen führen.

Überraschend ist die Bedeutung der physischen Attraktivität des Partners (ein stärkeres Reagieren auf visuelle Reize ist sonst bei Männern zu beobachten). Sie hat bei den Frauen einen direkten Einfluss auf das sexuelle Interesse und die sexuelle Zufriedenheit, während sie bei den Männern nur das sexuelle Interesse direkt verstärkt. Das Ergebnis macht deutlich, dass sexuelle Stimuli in einem adäquaten sozialen und partnerschaftlichen Kontext für die sexuelle Motivation und Erregung von Frauen eine herausragende Rolle spielen. Das stützt Befunde, wonach die Sexualität der Frau viel stärker von sozialen, situationalen und partnerschaftlichen Merkmalen als von physiologischen und hormonellen Faktoren bestimmt wird (Baumeister, 2000), insbesondere bei Frauen in länger dauernden Beziehungen. Diese Aspekte wurden in der Forschung lange vernachlässigt und finden erst langsam die Beachtung, die ihnen zukommen sollte (Basson, 2000, 2004).

Die Ergebnisse zeigen, dass kommunikative und partnerschaftliche Aspekte für die sexuelle Zufriedenheit im mittleren und höheren Lebensalter genauso bedeutend sind wie die sexuelle Aktivität.

Medikalisierung der Sexualität und neue Normen

Dieser letzte Abschnitt weist auf gesellschaftliche Tendenzen hin, die aus sozialwissenschaftlicher Sicht als »Medikalisierung« der Sexualität bezeichnet werden. Sie stehen in Zusammenhang mit den Werten (und Möglichkeiten) der postmodernen Leistungsgesellschaft, von denen die Sexualität nicht verschont bleibt, auch die alternder Menschen nicht.

Die Verminderung der körperlichen Funktions- und Leistungsfähigkeit ist Teil des normalen Alterungsprozesses. Davon ist auch die Sexualität betroffen. Die daraus resultierende Anpassung von Erwartungen an die körperlichen Möglichkeiten, Neubewertungen und die Entwicklung von Alternativen ist eine Entwicklungsaufgabe dieses Lebensabschnitts. Die hohe durchschnittliche Lebenserwartung bei oft guter Lebensqualität in westlichen Gesellschaften hat zur Folge, dass (fast) alle alt werden wollen, nur niemand alt sein will: Vitalität, Jugendlichkeit und Fitness, Mobilität und Flexibilität sind auch für Senioren hochgehaltene Werte, die mit einem breiten Anti-Aging-Angebot bedient werden. Kosmetik und Hormone, Chemie und Chirurgie, Fit- und Wellnesskuren je nach Geschmack mit Ayurveda oder Antioxidanzien sollen das Altern verlangsamen oder gar verhindern. Degeneration, Abhängigkeit und Tod werden verdrängt, die Menschen sollen dem Markt als alterslose Konsumenten möglichst lange erhalten bleiben.

Galt früher das Vorurteil vom asexuellen Alter, so ist heute ein aktives Sexualleben zum Indikator für erfolgreiches Altern und somit zur neuen Norm für gesundheitsbewusste Senioren und Seniorinnen geworden. Altersbedingte Veränderungen in der Sexualität werden deshalb oft von medizinischer Seite zu »sexuellen Dysfunktionen« umdefiniert, zu organisch bedingten Problemen, die losgelöst von Alter und psychosozialer Situation diagnostiziert und therapiert werden können (Katz & Marshall, 2003). Sehr deutlich lässt sich dieser Prozess anhand der erektilen Dysfunktion und der sexuellen Lustlosigkeit bei Frauen veranschaulichen. Der Kölner Erfassungsbogen zur erektilen Dysfunktion setzt einen altersunabhängigen Cutt-Off-Wert fest, der zwischen Männern mit und ohne erektile Dysfunktion unterscheidet (Braun, Klotz & Engelmann, 2004). Ein 80-jähriger Mann muss somit die gleiche erektile Kapazität aufweisen wie ein 30-jähriger, damit er nicht als dysfunktional klassifiziert wird. Ähnlich werden Frauen, die nicht ein willkürlich festgelegtes Mindestmaß an sexueller Lust aufweisen, mit der Diagnose »female sexual dysfunction« belegt. In einer österreichischen Studie mussten 20- bis 80-jährige Frauen im Zeitraum von 4 Wochen vor dem Befragungszeitpunkt mindestens »oft« (frequently) oder »sehr oft« Verlangen nach sexueller Aktivität aufweisen, um nicht der Gruppe mit »desire disorder« zugeteilt zu werden (Ponholzer, Roehlich, Racz, Temml & Madersbacher, 2005). Solches Vorgehen generiert Prävalenzraten von sexuellen Dysfunktionen, die bei 60- bis 80-Jährigen zwischen 50% und 100% liegen. Leonore Tiefer karikierte die Konsequenzen dieser auf das organische Funktionieren reduzierten Sichtweise sehr treffend: »The man's pill makes the women need a lubricant. The woman's lubricant makes the man need a penile sensory enhancer. The man's sensory enhancer makes the woman need a desire additive. The woman's desire additive makes the man need an energy stimulant. The man's energy stimulant makes him need antianxiety medication. And so on« (Tiefer, 2001).

Die Fortschritte in der Behandlung körperlich bedingter sexueller Störungen sollen hier nicht einseitig schlecht gemacht werden. Sie bringen Hilfe, Erleichterung und eine Steigerung der Lebensqualität für viele Patienten. Die Verschreibung von Medikamenten, die die Sexualität beeinflussen, sollte aber mit Blick auf den ganzen Menschen, einschließlich seines/ihres Alters, seiner/ihrer psychosozialen und vor allem auch partnerschaftlichen Situation geschehen und nicht nur hinsichtlich maximaler organischer Funktionstüchtigkeit.

Resümee

»Alte Liebe rostet nicht.« Dieser Satz trifft zu – braucht aber Differenzierung. Altersbedingte hormonale, anatomische und neuronale Veränderungen vermindern und verlangsamen die sexuellen Reaktionen. Das bringt eine erhöhte Vulnerabilität für sexuelle Störungen und Unzufriedenheit mit sich, die jedoch nicht eintreffen müssen. Biographische, psychosoziale und partnerschaftliche Faktoren, Anpassung von Erwartungen sowie Copingstrategien moderieren in starkem Maß eine vermeintlich einseitig degenerative Entwicklung im sexuellen Erleben und Verhalten. Die Annahme über eine generelle Verminderung der sexuellen Zufriedenheit im höheren Lebensalter trifft deshalb nicht zu.

Über die sexuellen Probleme und Schwierigkeiten im Alter wissen wir relativ wenig. Die meisten diesbezüglichen Studien orientieren sich am Phasenmodell sexueller Reaktionen von Masters und Johnson (desire, arousal, orgasm) und den daraus abgeleiteten sexuellen Dysfunktionen. Sie geben entsprechende standardisierte Antworten vor (z. B. Laumann et al., 2005) und berücksichtigen psychosoziale Zusammenhänge und die subjektive Bedeutungen der Sexualität im Lebenskontext der Individuen nur wenig. Die offenen Antworten auf die Frage nach den Gründen für das Einstellen der koitalen Aktivität (Tabelle 4) zeigen jedoch deutlich, dass biographische und soziale Dimensionen unter besonderer Berücksichtigung der Geschlechterperspektive vermehrter Berücksichtigung bedürfen. Hier wären explorierende, qualitative Studien notwendig.

Partnerschaft und Sexualität haben für viele ältere Menschen mit Blick auf die allgemeine Lebenszufriedenheit einen großen Stellenwert. Damit sind oft hohe Erwartungen verbunden – gespeist aus den Erfahrungen in jüngeren Jahren, medial vermittelten Bildern und den Versprechungen der Pharmaindustrie. Häufig fehlt aber das Wissen über altersbedingte Veränderungen und wie damit umgegangen werden kann. In der Praxis ist es deshalb wichtig, auf normale Altersentwicklungen und »Störanfälligkeiten« aufmerksam zu machen. Insbesondere sollte auf die dämpfende Wirkung von Medikamenten hingewiesen und falls möglich nach Alternativen gesucht werden. Die pharmakologische Therapie von Sexualstörungen ist kein Ersatz für ein Gespräch über sexuelle Probleme. Die genaue medizinische Abklärung von Kontraindikationen, Risiken und Nebenwirkungen, ein vertrauensvolles Gespräch und der Einbezug von Partner oder Partnerin gehören unbedingt zur Beratung und Behandlung von älteren Menschen mit sexuellen Problemen.

Literatur

Basson, R. (2000). The female sexual response: a different model. *Journal of Sex and Marital Therapy, 26,* 51–65.

Basson, R. (2004). Recent advances in women's sexual function and dysfunction. *Menopause. The Journal of The North American Menopause Society, 11,* 714–725.

Baumeister, R. (2000). Gender differences in erotic plasticity: the female sex drive as socially flexible and responsive. *Psychological Bulletin, 126,* 347–374.

Braun, M., Klotz, T. & Engelmann, U. (2004). *Männliche Sexualität und Alter.* Stuttgart: Thieme.

Bucher, T. (2002). *Sexualität und Partnerschaft in der zweiten Lebenshälfte. Ein kausalanalytisches Strukturgleichungsmodell zum Einfluss von Beziehungsfaktoren auf das sexuelle Interesse, die sexuelle Aktivität und Zufriedenheit bei heterosexuellen Menschen ab 45 Jahren.* Dissertation an der Philosophischen Fakultät der Universität Zürich.

Bucher, T. (2003). Sexualität in der zweiten Lebenshälfte: Alter – Partnerschaft – Zufriedenheit. In R. Hornung, C. Buddeberg & T. Bucher (Hrsg.), *Sexualität im Wandel* (S. 195–208). Zürich: Vdf-Hochschulverlag.

Bucher, T., Hornung, R. & Buddeberg, C. (2003). Sexualität in der zweiten Lebenshälfte. Ergebnisse einer empirischen Untersuchung. *Zeitschrift für Sexualforschung, 16,* 249–270.

Bucher, T., Hornung, R., Gutzwiller, F. & Buddeberg, C. (2001). Sexualität in der zweiten Lebenshälfte. Erste Ergebnisse einer Studie in der deutschsprachigen Schweiz. In H. Berberich & E. Brähler (Hrsg.), *Sexualität und Partnerschaft in der zweiten Lebenshälfte* (S. 31–59). Gießen: Psychosozial-Verlag.

Buddeberg, C. (2005). *Sexualberatung. Eine Einführung für Ärzte, Psychotherapeuten und Familienberater.* Stuttgart: Thieme.

Butler, R. N. & Lewis, M. I. (1996). *Alte Liebe rostet nicht. Über den Umgang mit Sexualität im Alter.* Bern: Huber.

Byers, S. E. (2005). Relationship satisfaction and sexual satisfaction: a longitudinal study of individuals in long-term relationships. *The Journal of Sex Research, 42,* 113–118.

Cain, V. S., Johannes, C. B., Avis, N. E., Mohr, B., Schocken, M., Skurnick, J. & Ory, M. (2003). Sexual functioning and practices in a multi-ethnic study of midlife women: Baseline results from SWAN. *The Journal of Sex Research, 40,* 266–276.

De Lamater, J. D. & Sill, M. (2005). Sexual desire in later life. *The Journal of Sex Research, 42,* 138–149.

Deeks, A. & McCabe, M. P. (2001). Sexual function and the menopausal women: the importance of age and partner's sexual functioning. *The Journal of Sex Research, 38,* 219–225.

Feldman, H. A., Goldstein, I., Hatzichristou, D. G., Krane, R. J. & McKinlay, J. B. (1994). Impotence and its medical and psychosocial correlates: results of the Massachusetts Male Aging Study. *The Journal of Urology, 151,* 54–61.

Fröhlich, G. (2001). Die Behandlung von Sexualstörungen in der urologischen Praxis unter Berücksichtigung psychosomatischer und partnerschaftlicher Aspekte. In H. Berberich & E. Brähler (Hrsg.), *Sexualität und Partnerschaft in der zweiten Lebenshälfte* (S. 139–156). Gießen: Psychosozial-Verlag.

Hartmann, U., Philippson, S., Heiser, K. & Rüffer-Hesse, C. (2004). Low sexual desire in midlife and older women: personality factors, psychosocial development, present sexuality. *Menopause. The Journal of The North American Menopause Society, 11,* 726–740.

Hauser, G. (1997). Neue Bewertungsskala für das klimakterische Syndrom (Menopause Rating Scale, MSR). *Schweizerische medizinische Wochenschrift, 127,* 122–127.

Katz, S. & Marshall, B. (2003). New sex for old: lifestyle, consumerism, and the ethics of aging well. *Journal of Aging Studies, 17,* 3–16.

Klaiberg, A., Brähler, E. & Schumacher, J. (2001). Determinanten der Zufriedenheit mit Sexualität und Partnerschaft in der zweiten Lebenshälfte. In H. Berberich & E. Brähler (Hrsg.), *Sexualität und Partnerschaft in der zweiten Lebenshälfte* (S. 105–127). Gießen: Psychosozial-Verlag.

Laumann, E. O., Nicolosi, A., Glasser, D. B., Paik, A., Gingell, C., Moreira, E. & Wang, T. (2005). Sexual problems among women and men aged 40– 80: prevalence and correlates identified in the Global Study of Sexual Attitudes and Behaviours. *International Journal of Impotence Research, 17,* 39–57.

Ludwig, G. (2001). Endokrine Veränderungen beim älteren Mann aus urologischer Sicht. In H. Berberich & E. Brähler (Hrsg.), *Sexualität und Partnerschaft in der zweiten Lebenshälfte* (S. 159–166). Gießen: Psychosozial-Verlag.

Maake, C. (2005). Biologische Grundlagen der Sexualität. In C. Buddeberg (Hrsg.), *Sexualberatung. Eine Einführung für Ärzte, Psychotherapeuten und Familienberater* (S. 19–29). Stuttgart: Thieme.

Marcus-Newhall, A., Thompson, S., Thomas, C. (2001). Examining a gender stereotype: menopausal women. *Journal of Applied Social Psychology, 31,* 698–719.

Pfeiffer, E., Verwoerdt, A., Davis, G. C. (1974). Sexual behaviour in Middle Life. In E. Palmore (Ed.), *Normal aging II. Reports from the Duke Longitudinal Studies, 1970–1973* (pp. 243–251). Durham: Duke University Press.

Ponholzer, A., Roehlich, M., Racz, U., Temml, C., Madersbacher, S. (2005). Female sexual dysfunction in a healthy Austrian cohort: prevalence and risk factors. *European Urology, 47,* 366–375.

Rosemeier, H. (2001). Zur Psychologie des Klimakteriums. In H. Berberich & E. Brähler (Hrsg.), *Sexualität und Partnerschaft in der zweiten Lebenshälfte* (S. 61–85). Gießen: Psychosozial-Verlag.

Rosemeier, H. P. & Zerdick, Y. (1995). Intimität und Klimakterium. *Psychomed, 7,* 223–226.

Schatzl, G., Brössner, C., Schmid, S. et al. (2000). Endocrine status in elderly men with lower urinary tract symptoms: correlation of age, hormonal status, and lower urinary tract function. *Urology, 55,* 397–402.

Schiavi, R. C. (1999). *Aging and male sexuality.* Cambridge: Cambridge University Press.

Schmidt, G. & Matthiesen, S. (2003). Spätmoderne 60-Jährige. *BZgA Forum, 1,* 16–24.

Schmidt, G., Matthiesen, S. & Meyerhof, U. (2004). Alter, Beziehungsform und Beziehungsdauer als Faktoren sexueller Aktivität in heterosexuellen Beziehungen. Eine empirische Studie an drei Generationen. *Zeitschrift für Sexualforschung, 17,* 116–133.

Schultz-Zehden, B. (1998). *Frauengesundheit in und nach den Wechseljahren. Die 1000 Frauen-Studie.* Gladenbach: Kempkes.

Schultz-Zehden, B. (2004). Das Klimakterium als Herausforderung. *Psychotherapeut, 49,* 350–356.

Tiefer, L. (2001). A new view of women's sexual problems: why new? why now? *The Journal of Sex Research, 38,* 89–96.

von Sydow, K. (1991). *Psychosexuelle Entwicklung im Lebenslauf. Eine biographische Studie bei Frauen der Geburtsjahrgänge 1895–1935.* Regensburg: Roderer.

WHO (2005). http://www.who.int/reproductive-health/gender/sexual_health.html (retrieved 31.10.2005).

Sexuelle Probleme im höheren Lebensalter – die weibliche Perspektive

Kirsten von Sydow

1. Eine Epidemie von Sexualstörungen unter älteren Frauen?

Seit der Jahrtausendwende, als die erste Auflage meines Buchbeitrags (Sydow, 2001) erschien, hat sich der Forschungsstand zu weiblichen sexuellen Problemen im reifen Alter deutlich verbessert. Zwar bestehen noch manche der damals beklagten Forschungsdefizite (Sydow, 1992b, 2000; Sydow & Reimer, 1995), doch inzwischen existieren mehrere Repräsentativstudien zum Thema (s. Tabelle 1) und zunehmend werden standardisierte und validierte Fragebögen und Interviews eingesetzt. Während dieser Abschnitt in der ersten Auflage noch mit »Haben ältere Frauen keine sexuellen Probleme?« überschrieben wurde, da die medizinisch-therapeutische Literatur über sexuelle Probleme älterer Menschen damals fast nur ein einziges Thema kannte, nämlich männliche Erektionsprobleme (ca. 3/4 aller Publikationen beschäftigten sich damit!), hat sich die Lage heute halbwegs geändert. Obwohl sexuelle Probleme älterer Männer nach wie vor mehr Beachtung finden, so ist inzwischen auch die sexuelle Problematik älterer Frauen zum Thema geworden.

Neben den altbekannten weiblichen sexuellen Funktionsstörungen wie Erregungs-/Lubrikationsstörungen, Orgasmusstörungen, Schmerzen beim Geschlechtsverkehr (Dyspareunie) gilt nun die »Hypoactive sexual desire disorder« (HSDD) als neue Geißel der weiblichen Bevölkerung, auch der älteren. Gemeint ist damit sexuelle Lustlosigkeit (z. B. Leiblum, Koochaki, Rodenberg, Barton & Rosen, 2006). Es erscheint aber fraglich, ob jede Variation oder durchschnittliche Abnahme sexuellen Interesses mit zunehmendem Alter als Störung klassifiziert werden sollte (vielleicht um hier der Pharmaindustrie neue Verkaufsfelder zu erschließen?!). Orientiert am ICD-10 ist eine Störung nur das, worunter Menschen subjektiv deutlich leiden. Doch ältere Frauen leiden meist nicht unter ihrem geringeren Interesse (Graziottin, 2007).

Die Ergebnisse neuer, z. T. repräsentativer Untersuchungen über die Verbreitung sexueller Funktionsstörungen sind nicht ganz konsistent. Zum Teil wird belegt, dass jüngere Frauen und ältere Männer am häufigsten angeben, unter sexuellen Problemen zu leiden – ältere Frauen und Frauen ohne Partner dagegen das seltener tun (Graziottin, 2007; Howard, O'Neill & Travers, 2006; Laumann, Paik & Rosen, 1999). 50- bis 59-jährige Frauen leiden unter fünf von sechs untersuchten Funktionsstörungen seltener als jüngere Frauen; nur von Lubrikationsstörungen sind reife Frauen häufiger betroffen (Laumann et al., 1999; s. auch Hayes & Dennerstein, 2005). Eine neue groß angelegte europäische Studie belegt dagegen, dass 40- bis 80-jährige Frauen häufiger von sexuellen Funktionsstörungen berichteten (32%) als gleichaltrige Männer (23%) (Nicolosi et al., 2006).

Auch die Angaben zur Verbreitung einzelner sexueller Funktionsstörungen bei älteren Frauen variieren, was u. a. in Zusammenhang mit verschiedenen untersuchten Altersgruppen, Kulturen und Nicht-Teilnahmequoten liegt (s. Tabelle 1).

Tabelle 1 Sexuelle Funktionsstörungen bei älteren Frauen

Störung	Anteil
▪ Mangelndes sexuelles Interesse:	18–43%
▪ Unzureichende Lubrikation:	11–39%
▪ Orgasmusstörungen:	12–34%
▪ Sex nicht lustvoll (pleasurable):	14–17%
▪ Schmerzen beim Geschlechtsverkehr:	5–8%
▪ »anxious about performance«:	6%

Quellen:
Laumann et al., 1999 (50–59 Jahre, USA); Lindau et al., 2007 (57–85 Jahre, USA); Moreira et al., 2005 (40–80 Jahre, BRD); Nicolisi et al., 2006 (40–80 Jahre, Europa)

Doch die Frage nach sexuellen Funktionsstörungen bei sexuell Aktiven ist zu eng gefasst, da ja gerade sexuelle Inaktivität Ausdruck sexuell-emotionaler Probleme sein kann – sei es weil die Befragten Singles sind, sich eigentlich aber eine Partnerschaft wünschen, weil in einer bestehenden Beziehung kein Sex mehr stattfindet wegen körperlicher und/oder emotionaler Probleme oder weil Probanden emotionale und sexuelle Intimität generell vermeiden, aus Schüchternheit oder wegen negativer Vorerfahrungen.

Da nach wie vor keine repräsentativen Studien vorliegen, die bei älteren Frauen nicht nur nach sexuellen Funktionsstörungen, sondern offen nach allen Arten von sexuellen Problemen gefragt hätten, können hier nur kleinere nicht-repräsentative Untersuchungen mit »normalen« älteren Frauen erste Hinweise geben. In diesen Studien werden andere Probleme am häufigsten genannt (s. Tabelle 2).

Tabelle 2 Sexuelle Probleme von älteren Frauen

	Singles	Verheiratete
Mangel an sexuellem Kontakt	27%	41%
Mangel an Zärtlichkeit	32%	17%
sexuelle Kommunikationsprobleme und Routine-Sex	–	13%
Schuldgefühle wegen sexueller Phantasien, Wünsche oder Handlungen	5%	7%
Schmerzen beim Geschlechtsverkehr	–	7%

Quellen: Rubin, 1982; Sydow, 1994; Talbott, 1998

Insofern scheint es, dass der bisherige Fokus des ärztlichen Interesses – Dyspareunie – und die relativ neu als Störung definierte Lustlosigkeit (»HSDD«) zwar durchaus eine Rolle spielen, doch bei weitem nicht so bedeutend sind wie andere Probleme. Das Kernproblem älterer Frauen scheinen eher unbefriedigte Wünsche nach mehr Zärtlichkeit und mehr sexuellem Kontakt zu sein. Das wird auch belegt dadurch, dass es ein seit Jahrzehnten robuster Befund der Forschung ist, dass in der Bevölkerung generell – und eben auch bei älteren Frauen – ein »interest-activity gap« besteht, das sexuelle Interesse also durchschnittlich höher ist als die Aktivität (Sydow, 1994).

In der Folge werden weit verbreitete sexuell-emotionale Probleme, ihre Verursachung und mögliche Lösungsansätze diskutiert.

Nach wie vor fragen ältere Frauen seltener nach einer Behandlung von sexuellen Störungen – anders als ältere Männer, die wegen Erektionsproblemen häufig Ärzte aufsuchen (Arentewicz & Schmidt, 1993; Hirst & Watson, 1996). Männliche sexuelle Probleme scheinen auch weiter reichende Konsequenzen zu haben als weibliche: Potenz-/sexuelle Probleme des Mannes (14–40%) führen jedenfalls wesentlich häufiger zur Beendigung des Geschlechtsverkehres als sexuelle Probleme der Frau (4–16%; Sydow, 1994).

2. Sexuelle Probleme von älteren Frauen

2.1 Das Fehlen eines Partners und ein damit einher gehender Mangel an Zärtlichkeit und Sex

Das häufigste sexuelle Problem älterer Frauen ist das Fehlen eines Partners. 86% der Männer, aber nur 66% der 40- bis 80-jährigen Frauen in Deutschland berichten von Geschlechtsverkehr im Jahr vor der Befragung (Moreira et al., 2006). Singles leiden noch stärker unter dem damit oft einhergehenden Mangel an Zärtlichkeit als an dem Mangel an (partnerbezogener) sexueller Aktivität.

> Eine 65-Jährige auf die Frage, welche Rolle Zärtlichkeit für sie spielt: »Ja, 'ne große Rolle! Also, ich lass mich gerne - mit Zärtlichkeit verwöhnen. Aber - das ist ja nicht da, ne <lacht>. - Jetzt hab' ich das - das hab' ich einfach abgeschrieben.« (Sydow, 1994, S. 110)

Zärtlichkeiten werden oft auch mit Verwandten oder Freundinnen und Freunden ausgetauscht, doch ein Teil der älteren Menschen ist da eher zurückhaltend:

> Eine 84-Jährige: »Ich hab's gern - bin für Zärtlichkeit.« (Sind Sie anderen gegenüber zärtlich?) »Wissen Sie, da habe ich heute eigentlich gar keine Gelegenheit dazu, zärtlich zu sein. Ich bin - ich bin lieb zu meinen Neffen und Nichten und ich hab' Interesse für das, was sie angeht, aber zärtlich bin ich zu denen nich', weil die das, glaub' ich, auch gar nicht möchten - ich weiß nicht, ich habe keine Gelegenheit, ich streichle nur den Hund.« (Sydow, 1994, S. 110)

23% *aller* älteren Menschen in deutschen Großstädten haben gar keinen zärtlichen Kontakt zu anderen Menschen (Lang, 1998). Und Sex ist für die meisten älteren Frauen nur gewünscht im Kontext einer Beziehung:

> Eine 68-Jährige: (»Haben Sie jetzt manchmal Lust auf Sexualität?«) »<leise> Wenn ich meinen Mann hätte: ja. - ... Ja - im Grunde - weil man eben lernt sich - sich anders einzurichten und andere Dinge - den Tag zu verbringen, nicht - das ist einfach - das existiert nicht mehr, nicht. - Das geht überhaupt - ohne Gegenüber ist es ja ohne Bedeutung. ... Es ist noch da, ja. - Aber Sie können nicht mehr <lächelnd> Rad fahren, wenn Sie kein Fahrrad haben!« (Sydow, 1994, S. 102)

2.2 Mangel an Zärtlichkeit und an sexuellem Kontakt in bestehenden Paarbeziehungen

Das ist insgesamt das zweitwichtigste sexuelle Problem älterer Frauen. Für verheiratete Frauen steht der Mangel an sexuellem Kontakt auf Platz eins. Ein solcher Mangel kann dann entstehen wenn der *Partner sich sexuell zurückzieht* – wegen einer schweren Erkrankung, Potenzstörungen oder auch einfach so. Viele Frauen vermuten dann, er sei jetzt wohl impotent und oder sexuell desinteressiert (35% verh. Frauen) – sehr oft *ohne dass darüber gesprochen würde* und auch ohne Versuche von Seiten der Frau, durch eigene sexuelle Initiative herauszufinden, ob es denn wirklich so ist. Seltener sind auch bei beidseitig bestehendem sexuellem Interesse massive Beziehungsprobleme die Ursache für sexuelle Abstinenz (6% der verheirateten Frauen).

Während es eine Vielzahl von soziobiologischen Anmerkungen bis hin zu Witzen gibt, die darauf eingehen, dass *sexuelle Routine* und Eintönigkeit das männliche Verlangen schwächt, wird bisher kaum berücksichtigt, dass das auch bei Frauen der Fall sein kann (Sydow, 1998; Sydow, in Vorb.). In meiner Untersuchung berichteten 13% der verheirateten Frauen davon, dass ihre Sexualität durch sexuelle Routine oder andere Probleme die den Ablauf der sexuellen Kommunikation mit ihrem Partner betreffen, beeinträchtigt wird.

> Eine 61-Jährige z. B. merkte an: »Solange das neu war, fand ich's schön. Wenn's dann zur Routine wurde und dann alles schon bei der ersten Fingerkrümmung wusste, wie's weitergeht - dann hat's keinen Spaß mehr gemacht.« (Sydow, 1994, S. 86)

2.3 Schuldgefühle wegen sexueller Phantasien, Gefühle oder Handlungen

Sowohl verheiratete Frauen (7%), als auch Singles (5%) berichteten vereinzelt von Schuldgefühlen in Zusammenhang mit Sexualität. Bei gebundenen Frauen galten die Schuldgefühle meist erotischen Phantasien über außerehelichen Sex, bei (meist hochbetagten) alleinstehenden Frauen bezogen sich diese problematischen Gefühle auf Selbstbefriedigung oder auch nur auf die Existenz sexueller Gefühle und Wünsche (Sydow, 1994).

2.4 Schmerzen beim Geschlechtsverkehr

8% der älteren Frauen leiden unter Dyspareunie (s. Tabelle 1), die in Zusammenhang mit postmenopausalen Lubrikationsstörungen sowie auch Beziehungskonflikten mit dem Partner stehen können (Sydow, 1994, 2000).

2.5 Probleme, die nicht als Problem empfunden werden: Anorgasmie und fehlende sexuelle Selbstkenntnis

Schließlich gibt es auch noch Probleme, die betroffene ältere Frauen z. T. gar nicht als Problem erleben: Ein Viertel aller der von mir befragten Frauen hatte – trotz sexueller Aktivität – noch nie einen Orgasmus erlebt, litt also unter Anorgasmie (26%). Das wurde jedoch nicht als Problem genannt, weil viele der anorgasmischen Frauen schon frühzeitig ihre sexuelle Aktivität eingestellt hatten und das ganze Thema »Sex« längst abgeschrieben hatten. In Anbetracht des z. T. geringen sexuellen Wissensstandes der Befragten war die Exploration zum Thema »Orgasmus« nicht ganz einfach. Eine nützliche Frage ist, ob die Interviewpartnerin sich vorstellen kann, wie Selbstbefriedigung bei ihr selbst »funktionieren« könnte. 18% der Befragten konnten sich darunter überhaupt nichts vorstellen (zit. n. Sydow, 1994, S. 108):

> Eine 77-jährige Frau: »Bin ich hinter'm Mond zurück, oder wie ist dat? - Ich weiß dat nit!«
>
> Eine andere 77-Jährige: »Da hab' ich noch gar nicht drüber nachgedacht, wie die sich wohl befriedigen oder was.«

3. Ursachen von sexuellen Problemen

Sexuelle Probleme sind insbesondere im mittleren und höheren Alter meist nicht durch einen einzelnen Faktor, sondern durch das Zusammenwirken mehrerer bio-psycho-sozialer Faktoren verursacht (Hartmann, Philippsohn, Heiser & Rüffer-Hesse, 2004; Hayes & Dennerstein, 2005; s. Tabelle 3). Ein höheres Maß berichteter sexueller Funktionsstörungen ist bei 40- bis 69-jährigen Frauen assoziiert mit höherer Bildung, schlechter somatischer Gesundheit, Leben in einer Partnerschaft und beeinträchtigter seelischer Gesundheit – Alter dagegen ist weniger bedeutsam (Addis et al., 2006).

Tabelle 3 Dimensionen psychosexueller Probleme

1. Körperliche Einflüsse

- Frauen: postmenopausale Veränderungen der genitalen Schleimhäute
- Männer: altersbedingte Abnahmen der erektilen Reaktionen
- Erkrankungen
- Operationen
- Medikamente
- Veränderungen des äußeren Erscheinungsbildes

2. Psychische Faktoren: Emotionen und Wissen

- negative emotionale Erfahrungen in jüngeren Jahren
- negative sexuelle Erfahrungen in jüngeren Jahren (z. B. sexueller Missbrauch, Vergewaltigung)
- Wissensdefizite bzgl. Sexualität
- Erwartungsängste (bzgl. Impotenz, schmerzhaftem GV)

3. Partnerschafts-Faktoren

- chronische emotionale Beziehungsprobleme (z. B. bzgl. Nähe-Distanz-Regulierung)
- das »intercourse-or-nothing«-Prinzip
- Angst vor erektilem Versagen des Mannes – bei Mann und (!) Frau

4. Soziodemographischer, historisch-kultureller und religiöser Kontext

- Männermangel
- unterschiedliche gesellschaftliche Bewertung »alten« Aussehens bei Männern und Frauen (»double standard of aging«, S. Sontag)
- Scham- und Schuldgefühle wegen sexueller Gefühle und Handlungen

5. Ökologischer Kontext (Institutionen, Großfamilie)

- fehlende Intimität
- restriktive Regeln bzgl. Sexualität

Quellen: Arentewicz & Schmidt, 1993; Sydow, 1993b, 1994

Dieser Befund überrascht zunächst: Neben dem erwartungsgemäßen Zusammenhang von sexuellen Funktionsstörungen mit somatischen und psychischen Problemen besteht auch ein – überraschender – Zusammenhang mit höherer Bildung und Leben in einer Partnerschaft. Ich vermute, dass das damit zusammenhängt, dass sexuelle Probleme nur dann als relevant erlebt werden, wenn überhaupt eine Partnerschaft besteht und dass Frauen mit höherer Bildung vielleicht auch sexuell anspruchsvoller sind, insofern Defizite und Missempfindungen eher als sexuelle Funktionsstörung etikettieren.

3.1 Gesundheitszustand und Erkrankungen

Während der **Gesundheitszustand** bei Männern die wohl wesentlichste Determinante sexueller (In-)Aktivität im reiferen Alter ist und verschiedene Erkrankungen (z. B. Diabetes), Operationen (z. B. an der Prostata) und Medikamente (z. B. bestimmte Herzmedikamente) sich negativ auf die Potenz auswirken können (jedoch nicht müssen), bestehen bei Frauen nur schwache oder z. T. sogar gar keine signifikanten Zusammenhänge zwischen Gesundheit und sexueller Aktivität (Antonovsky, Sadowsky & Maoz, 1990; Feldman, Goldstein, Hatzichristou, Krane & McKinlay, 1994; Mulligan, Retchin, Chinchilli & Bettinger, 1988;). Von Harnwegsbeschwerden sind 13% der älteren Frauen betroffen; auch diese können sich negativ auf die Sexualität auswirken (Sydow, 2000).

Mit dem Altern verändert sich bei allen Menschen ihr **körperliches Erscheinungsbild** (Haut, Haar, Spannkraft, Figur). Doch »altes« Aussehen mindert bei Frauen stärker die sexuelle Attraktivität als bei Männern (s. u.). Es bestehen große individuelle Unterschiede im Ausmaß der erhaltenen Jugendlichkeit abhängig von Gesundheitszustand, Genen, Engagement (Ernährung, Sport, Nicht-Rauchen) und Kosmetik (bis hin zu kosmetischen Operationen). In Hinblick auf ihre subjektiv eingeschätzte Attraktivität erleben sich 66% der postmenopausalen Frauen als unverändert, doch ca. 1/3 machen sich deshalb Sorgen (Sydow, 2000; Sydow & Reimer, 1995).

3.2 Alternsveränderungen der sexuellen Reaktionen

Laboruntersuchungen der physiologischen Abläufe bei sexueller Erregung/Aktivität mit älteren Menschen (ca. 50–80 Jahre; Masters & Johnson, 1977/1966; Rowland, Greenleaf, Dorfman & Davidson, 1993) und repräsentative Bevölkerungsbefragungen (Feldman et al., 1994) belegen deutliche Alternseffekte auf die männliche, jedoch nur geringe Effekte auf die weibliche Sexualität:

Veränderungen bei Männern:

- Erektionen werden weniger, sie entstehen langsamer, sind störungsanfälliger;
- der erigierte Penis ist weniger steif;
- gelegentliche Impotenz ist normal;
- der Penis ist weniger sensitiv, d. h. ältere Männer benötigen mehr Stimulation um zum Orgasmus zu kommen;
- der Orgasmus wird z. T. als weniger intensiv erlebt.

Veränderungen bei Frauen:

- die Haut von Vulva und Vagina werden nach den Wechseljahren dünner und empfindlicher, was den Geschlechtsverkehr erschweren kann;
- die Lubrikation (das Feucht-Werden der Scheide) wird schwächer;
- die sexuelle Reaktionsfähigkeit (Erregbarkeit und Orgasmusreaktion) bleibt Frauen im wesentlichen unbeeinträchtigt bis ins hohe Alter erhalten.

3.3 Menopause

Studien über den Einfluss der Menopause belegen, dass die koitale Aktivität abnimmt, während die Masturbations-Aktivität unverändert bleibt. Die Befunde zum sexuellen Interesse sind widersprüchlich (unverändert oder Abnahme?), erotische Phantasien und Träume werden etwas seltener. Gleichzeitig bleibt sexuell aktiven Frauen ihr sexueller Genuss, ihre Erregbarkeit und ihre orgasmische Kapazität voll erhalten.

Folgende Befunde beziehen sich auf die Bedeutung des (natürlichen unbeeinflussten) **Hormonspiegels** bei normalen prä-, peri- oder postmenopausalen Frauen und sexuelle Variablen (Sydow, 2000, 2004). Der *Östrogenspiegel* steht in signifikantem Zusammenhang mit der Ausprägung vaginaler Atrophie.

Die Befunde sind widersprüchlich bzgl. Lubrikation und Koitus-Schmerzen. Es besteht *kein* signifikanter Zusammenhang zwischen Östrogenspiegel und sexueller Aktivität, sexuellem Interesse, Genuss und Erregbarkeit (im Labor gemessene vaginale Kontraktionen bei erotischen Filmen). Sexuelles Interesse kann nur entstehen, sofern ein gewisses *Testosteron*-Minimum im Körper zirkuliert – doch Testosteron-Variationen im Normbereich haben bei Frauen keinen Effekt auf sexuelle Variablen. Möglicherweise steht das Hormon *Prolaktin* in einem signifikanten negativen Zusammenhang mit sexuellem Interesse, Erregung und Lubrikation. Das wäre ein Hinweis auf die Bedeutung psychischer Faktoren, da der Prolaktinspiegel unter Stressbedingungen erhöht ist.

Die Resultate zu etwaigen Effekten der hormonellen Umstellung der Menopause auf sexuelle Probleme allgemein und Schmerzen beim Geschlechtsverkehr (Dyspareunie) sind widersprüchlich (unverändert oder Zunahme?). Die Verbreitung von Lubrikationsschwäche nimmt etwas zu (von einem Durchschnittswert »rarely« auf »occasionally«).

Eine Labor-Studie belegt, dass die Vagina von jüngeren prämenopausalen Frauen in sexuell nicht erregten Zustand feuchter ist als die von älteren peri- oder postmenopausalen Frauen – bei sexueller Erregung jedoch bestehen *keine* Unterschiede in der Lubrikation (Laan & van Lunsen, 1997). Frauen scheinen nicht selten Geschlechtsverkehr zu haben ohne sexuell erregt zu sein. Das kann bei jüngeren Frauen ohne große Schmerzen funktionieren, da auch ohne jede Erregung noch eine gewisse vaginale Feuchtigkeit vorhanden ist. Wenn Paare dieses sexuelle Verhaltensmuster dann aber während und nach den Wechseljahren fortsetzen, kann das für die Frau richtig schmerzhaft werden, da ihre Vagina nicht länger sowieso feucht ist. Die Frau leidet dann scheinbar unter Dyspareunie, die durch die Wechseljahre kommt – aber eigentlich von Geschlechtsverkehr ohne sexuelle Erregung.

Bemerkenswert ist auch, dass während der Wechseljahre die Zufriedenheit mit dem Partner als Liebhaber abnimmt, während die Zufriedenheit mit dem Partner als Mensch/Freund erhalten bleibt (Sydow, 2000; Sydow & Reimer, 1995).

3.4 Erektionsprobleme des Partners

Erektionsprobleme führen häufig zu sexuellem Rückzug des Mannes und dazu, dass intimer körperlicher Kontakt zwischen den Partnern vermieden wird. Manchen Frauen ist diese sexuelle Abstinenz gerade recht, doch viele vermissen den sexuellen und zärtlichen Kontakt zu ihrem Partner. Im weiblichen

Erleben führen Erektionsprobleme des Partners nicht nur zu einer Abnahme sexueller Kontakte des Paares, sondern auch zu Abnahmen von sexuellem Verlangen, von Erregbarkeit, Orgasmus und sexueller Befriedigung der Frau. Die Stärke der Einbußen des weiblichen sexuellen Erlebens korreliert dabei mit der Intensität der Erektionsstörung aus männlicher Sicht (Fisher, Rosen, Eardly, Sand & Goldstein, 2005).

Doch Frauen erleiden diesen Rückzug des Partners nicht nur, sondern sind an diesen Abläufen mitbeteiligt: Nicht nur Männer werden durch Impotenzerlebnisse in ihrem männlichen Selbstwertgefühl verunsichert, sondern auch Frauen werden verunsichert in ihrer Weiblichkeit. Die Schriftstellerin Anais Nin notierte dazu in ihrem Tagebuch: »Meine Angst ist so groß wie seine. Er will mir so gerne seine Potenz beweisen, wie ich sehen will, dass ich Potenz wecken kann.« Diese beidseitige Verunsicherung führt oftmals zu beidseitigem sexuellem Rückzug und – häufig – dazu dass Zärtlichkeit vermieden wird (sonst könnte er ja denken, sie wollte was ...) und Frauen beginnen, ihr sexuelles Interesse regelrecht geheim zu halten (Sydow, 1993b, 1994).

3.5 Probleme bei der Partnersuche

Frauen haben eine ca. 7 Jahre höhere Lebenserwartung als Männer, insofern besteht in der Gruppe der über 65-Jährigen eine Unausgewogenheit der Geschlechter. Demographen sprechen vom »Frauenüberschuss« – doch aus weiblicher Sicht ist es eher ein **Männermangel** (60–69 Jahre: in etwa ausgeglichen; 70–79 Jahre: 3 Frauen : 2 Männer; 80–89 Jahre: 3 Frauen : 1,5 Männer). Diese Problematik verschärft sich noch dadurch, dass Frauen häufig mit etwas älteren Männern eine Beziehung eingehen. Das führt dazu, dass 75% der über 65-jährigen Männer verheiratet sind, während das nur für 28% der gleichaltrigen Frauen gilt. Die meisten Frauen in dieser Altersgruppe sind bereits verwitwet; zunehmend mehr Frauen und Männer jedoch auch geschieden (Sydow, 1994). Insofern ist es für ältere Frauen schwieriger, einen neuen Partner zu finden als für ältere Männer.

Die Partnersuche wird auch erschwert durch das, was die amerikanische Publizistin Susan Sontag (1977) den »double standard of aging« genannt hat (den geschlechtsspezifisch unterschiedlichen **Doppelstandard des Alterns**). Sie beschreibt, dass für Männer zwei Schönheitsideale existieren (der junge Mann und der Herr mit den grauen Schläfen), für Frauen dagegen nur eines (das Mädchen) und dass »altes« Aussehen (z. B. Falten, weiße Haare) bei Frauen als stärker attraktivitätsmindernd gilt als bei Männern. Auch gilt körperliche Attraktivität von Frauen bei der Partnersuche generell als wichtiger als bei Männern. Obwohl sich inzwischen – kleine – historische Veränderungen abzeichnen und z. B. in Modeillustrierten manchmal auch reifere Frauen dargestellt werden und es wohl schon immer in der Weltgeschichte ältere Frauen mit jüngeren Liebhabern gab, ist für älter werdende Frauen ein gesundes Selbstbewusstsein (das nicht allein auf körperlicher Attraktivität beruht) besonders wichtig (Sydow, 1993b, 1994).

3.6 Psychische Gesundheit, psychische Störungen und biographische »Altlasten«

Die sexuelle Biographie von Frauen (und Männern), die in der ersten Hälfte des 20. Jahrhunderts aufgewachsen sind, war oftmals geprägt durch folgende Faktoren (Münz, 1985; Rubin, 1982; Sydow, 1994):

- keine oder unzureichende Sexualaufklärung;
- strikte, religiös geprägte Sexualmoral;
- sexuelle Doppelmoral, die Männern sexuell mehr gestattete als Frauen;
- Erwartung, der Mann müsse sich sexuell besser auskennen und die partnerschaftliche Sexualität dominieren;
- Sex soll Männern Spaß machen – bei Frauen muss das nicht der Fall sein;
- unzureichende Verhütungsmöglichkeiten – chronische Schwangerschaftsängste in jüngeren Jahren;
- z. T. sexuelle Gewalterfahrungen.

Während viele Menschen durch die Frauenbewegung, die Pille und die sogenannte »sexuelle Revolution« ihre Haltung zur Sexualität als Erwachsene nochmals deutlich verändert haben, so existiert doch auch eine Gruppe älterer Menschen, die sich die Sicht ihrer Kindheit und Jugend »konserviert« haben und z. B. im Alter massive Schuldgefühle wegen Selbstbefriedigung oder wegen homosexueller Fantasien oder Handlungen empfinden. Manche ältere Menschen haben sehr strenge Moralvorstellungen.

Weibliche Sexualität und sexuelle Probleme im reifen Alter stehen in relativ engem Zusammenhang mit der **psychischen Gesundheit** der Frau (Hartmann et al., 2004). Sexuelle Traumatisierungen (Missbrauch, Vergewaltigung) haben oft einen langfristig negativen Einfluss auf Psyche und Sexualität der weiblichen Opfer (Beutel, Stöbel-Richter, Brähler, 2008; Howard et al., 2006).

Gute Chancen auf ein erfülltes Liebesleben im Alter haben Frauen, die in jüngeren Jahren Freude an Sex hatten und die nicht sexuell/emotional traumatisiert wurden oder aber entsprechende Traumatisierungen (einigermaßen) bewältigt haben (Sydow, 1994, 1996, in Vorb.).

3.7 Partnerschaftsprobleme

Die emotionale Beziehungsqualität in Partnerschaften steht in Wechselbeziehung mit der Sexualität, wobei die Beziehung zwischen beiden Komponenten komplex und z. T. antagonistisch ist. Im therapeutischen Kontext wird deutlich, dass sexuelle Probleme u. a. auftreten können, wenn Konflikte aus anderen Lebensbereichen (z. B. Haushalt, Kinder) ungelöst schwelen, nach schwerwiegenden emotionalen Verletzungen (z. B. durch Außenbeziehungen), bei zu enger und »verschmolzener« Lebensweise des Paares, bei Problemen mit der Bewältigung von Lebensumstellungen (z. B. Pensionierung, Auszug der Kinder) oder ernsten Erkrankungen oder bei Schüchternheit/Scheu, die eigenen sexuellen Bedürfnisse zu zeigen (Schnarch, 1997/2006; Sydow, 1993a, 193b, 1994, 1998, in Vorb.).

3.8 Das »intercourse-or-nothing«-Prinzip

Selbstverständlich muss die Beendigung der koitalen Aktivität nicht gleichbedeutend sein mit der Beendigung der gemeinsamen sexuellen Aktivität eines Paares – es gibt andere Formen des sexuellen Kontaktes wie z. B. Küsse, Streicheln, Umarmungen, manuell-genitalen oder oral-genitalen Kontakt. Es ist jedoch so, dass fast alle Paare, die den Geschlechtsverkehr aufgeben, auch aufhören auf andere Weise intimen Körperkontakt zu pflegen. In meiner Studie sagten nur 2% der befragten 50- bis 91-jährigen Frauen, sie seien zusammen mit ihrem Partner sexuell aktiv *ohne* Geschlechtsverkehr auszuüben (Sydow, 1992a):

> Eine 76-Jährige: »Oder er macht die Decke auf - das Federbett also, [und sagt:] ›Komm, komm mal in meine Arme. So.‹ - Und dann sagt er: ›So, nun ist genug.‹, ne. Das macht er auch schon mal. Damit er sich nicht so strapaziert.« (zit. n. Sydow, 1994, S. 77)

4. Fallbeispiel

Zur Illustration der Kompliziertheit des weiblichen Erlebens werden zwei Ausschnitte aus einem Interview mit einer 62-jährigen verheirateten Frau dargestellt, die sich sehr widersprüchlich über ihre sexuellen Wünsche äußert. Gleichzeitig wird darin deutlich, wie urologische und gynäkologische Beschwerden überlagert sind von Partnerschaftsproblemen (zit. n. Sydow, 2000):

> »Also, ich hätte nicht [mehr] das Verlangen jetzt mit ihm [=Ehemann] in's Bett zu gehen.« (»Worauf führen Sie das zurück?«) »Auf - ich führe es auf mein Alter zurück. Ich führe es darauf zurück, dass eben sich bei mir die ganzen Geschlechtsorgane doch zurückgebildet haben, dass keine Feuchtigkeit vorhanden ist, dass es [der Geschlechtsverkehr] mir weh tut. ... - Ich hab' ein bisschen Angst davor - vor dem Wehtun. Vor der körperlichen Misslichkeit, die damit verbunden ist. ... Es hängt mit Blasenentzündung auch zusammen. Ich sperre mich dann. - Ich weiß nicht, ob das jetzt behoben werden könnte - aber ich habe eigentlich auch kein Interesse mehr daran das beheben zu lassen. Ich denke ... - 38 Jahre gedient - es langt! <lacht> - Es langt! <lacht>«

Soweit könnte man denken, dass diese Frau ein 38-jähriges sexuelles Ehe-Martyrium hinter sich hat und nun froh ist dank Blasenproblemen und Dyspareunie endlich ihr Sexualleben beenden zu können. Nur dass das nicht die ganze Wahrheit ist: Sie hat nämlich ihre ersten Ehejahre als glücklich und sexuell lustvoll beschrieben und sagt – direkt auf die Wechseljahre angesprochen – Folgendes:

> »Ja - in den letzten Jahren [hätte ich mir] schon ein bisschen mehr Vorspiel und - Geduld von Seiten meines Mannes [gewünscht], weil ich in den letzten Jahren nicht mehr - ... so schnell drauf angesprungen bin. Wenn er sich da ein bisschen mehr die Zeit genommen hätte, wäre es vielleicht besser geworden. ... Ich hab' es als junge Frau nicht vermisst, weil ich sowieso bereit war. - Aber in den kritischen Jahren hätte ich es wohl manches Mal haben können.« (»Also, Sie hätten sich gewünscht, dass ihr Mann mehr auch auf *Ihre* körperlichen und sexuellen Wünsche eingeht.«) »Ja. Ja. Ja. - Ja. Ja.« (»Haben Sie ihm das mal gesagt?«) »Nein. - Ich hab' gehofft, dass er von selbst drauf kommt.«

Hier wird deutlich, dass alles noch komplizierter ist: Eigentlich wollte (will?) sie schon, aber sie ist enttäuscht über das sexuelle Vorgehen ihres Mannes in den »kritischen Jahren«, dem sie allerdings auch gar keinen Hinweis gegeben hat, dass er sich anders verhalten soll. (Das wiederum mag damit zusammenhängen, dass sie gleichzeitig eine schwere emotionale Enttäuschung durch ihren Mann erlitten hat, die sie ihm offenbar bis zum Zeitpunkt des Interviews nicht wieder verziehen hatte).

5. Lösungsansätze

5.1 Das Gespräch mit Partner/in, Freunden/Freundinnen und Ärzten/Ärztinnen

Es ist trivial, wird aber dennoch aus Scham- und Schuldgefühlen häufig vermieden: Wenn immer eine Frau (oder ein Mann) unter sexuellen Problemen leidet, ist es sinnvoll sich darüber mit anderen Bezugspersonen auszutauschen – sei es mit Partner/in (s. Abschnitt 4!), Freund/in oder professionellen Helfern wie Ärztinnen und Ärzten.

In den meisten **Partnerschaften** wird nicht offen über die gemeinsame Sexualität gesprochen. Ein offener Austausch wie der Folgende ist die Ausnahme, nicht die Regel:

> Eine 71-jährige Frau: »Ja, das [Sexualität], hat also praktisch bei uns aufgehört, weil mein Mann durch eine Erkrankung gar nicht mehr in der Lage war dazu. Und wir haben uns also deswegen noch mal unterhalten jetzt, und es fehlt uns beiden gar nicht mal so sehr.« (zit. n. Sydow, 1994, S. 78)

Im Rahmen der **Psychosomatischen Grundversorgung durch Hausärzte, Gynäkologen, Urologen und Andrologen** ist es wesentlich, dass Ärzte ihren Patientinnen und Patienten Informationen geben über normale sexuelle Alternsveränderungen, sexuelle Auswirkungen von Erkrankungen, Medikamenten und Operationen und die Betroffenen darin bestärken sich auf sexuelle Veränderungen einzustellen (z. B. verlängertes »Vorspiel«; gelegentliche Impotenz nicht zu ernst nehmen). Bei jeder ernsten Allgemeinerkrankung sollten etwaige Auswirkungen auf die Sexualität mit der erkrankten Person und – sofern gewünscht – auch mit ihrem Partner oder ihrer Partnerin besprochen werden. Sexualität sollte vom Arzt routinemäßig bei der Anamneseerhebung und bei der Diskussion medizinischer Interventionen angesprochen werden – zwei Drittel aller Patienten trauen sich nämlich nicht, von sich aus etwaige sexuelle Probleme anzusprechen (Metz & Seifert, 1990; Sydow, 1994, 2000, in Vorb).

Nur 15–23% der älteren Frauen (und 18% der Männer) in Deutschland haben je mit einem Arzt über ihre sexuellen Probleme gesprochen (Moreira et al., 2005; Schultz-Zehden, 1998). In den USA haben nur 4% der über 70-jährigen Frauen im vergangenen Jahr mit ihrem Arzt ein Gespräch über ihre sexuelle Funktion initiierten, nur 7% wurden dazu von ihrem Arzt befragt – aber auch in dieser hohen Altersgruppe (Durchschnitt: 81 Jahre) wünschten sich noch 32% der Frauen (und sogar 86% der Männer), dass ihre Ärzte/Ärztinnen entsprechende Gespräche initiieren würden (Smith, Mulhall, Devici, Monaghan & Reid, 2007).

5.2 Organmedizinische und pharmakologische Interventionen

Zunächst muss abgeklärt werden, ob ein sexuelles Problem (bei Frau oder Mann) durch eine körperliche Erkrankung verursacht wird. Bei Frauen sollten Koitus-Schmerzen und andere uro-genitale Probleme (z. B. Inkontinenz) medizinisch abgeklärt und behandelt werden. Gegebenenfalls muss die Grunderkrankung behandelt werden. Daneben existieren populäre Medikamente, die bei Frauen oder Männern angewandt werden.

Hormonmedikation

Es werden z. T. positive Effekte von Östrogenen, oft kombiniert mit Progesteron und/oder Testosteron, auf die Sexualität von Patientinnen nach Total-OP in Studien belegt, die allerdings methodisch nicht unproblematisch sind.

Bei (post-)menopasusalen Frauen mit intaktem Uterus und Eierstöcken haben Östrogengaben (evtl. kombiniert mit Progesteron) möglicherweise positive Effekte auf sexuelle Probleme, insbesondere Dyspareunie und Scheidentrockenheit (die Befunde sind hierzu widersprüchlich) – doch es ergeben sich *keine signifikanten Effekte* auf: sexuelles Interesse und Gedanken, sexuelles Interesse des Partners, sexuelle Aktivität (Geschlechtsverkehr, Masturbation), sexuelle Zufriedenheit mit dem Partner, sexueller Genuss (bei zusätzlicher Androgengabe ist jedoch der Genuss der Masturbation erhöht, nicht jedoch der des Koitus), Orgasmus und sexuelle Erregbarkeit (psychophysiologisch gemessen; Sydow, 2000).

In der amerikanischen Literatur wird vielfach auch die »Substitution« von »Androgen Mangel« für postmenopausale Frauen propagiert. Dies mag bei Patientinnen z. B. nach Entfernung der Eierstöcke indiziert sein, für die Mehrzahl der Frauen mit normaler, nicht-operativer Menopause ist dieser Vorschlag jedoch inadäquat, da bei der Mehrheit der älteren Frauen das sexuelle Interesse größer ist, als die Gelegenheit, Sexualität – zumindest mit einem männlichen Partner – zu leben (Sydow, 2000). Insofern können Hormongaben nur in speziellen Fällen als primäres Therapeutikum von sexuellen Problemen bei älteren Frauen angesehen werden. Bei der Gabe von Hormonen müssen die Vorteile mit den Risiken und Nebenwirkungen abgewogen werden (Myers, 1995; Schultz-Zehden, 1998; Sydow, 2000, 2004). Viel häufiger besteht bei älteren Frauen eine Indikation für psychosoziale und psychotherapeutische Interventionen.

Viagra, Levitra & Cialis

Kaum ein Medikament ist in so kurzer Zeit so populär geworden wie das erektionsfördernde Mittel Viagra und die Nachfolgepräparate. Diese Medikamente sind bei einem beträchtlichen Teil der betroffenen Männer wirksam und werden offenbar bereits von bis zu 14% der älteren Männer in den USA genutzt (Lindau et al., 2007). Wesentlich ist, dass etwaige Kontraindikationen und Nebenwirkungen beachtet werden – die Medikamente also nur mit ärztlicher Verschreibung und in Absprache mit der Partnerin eingenommen werden, denn nicht alle Frauen sind froh über die neu stimulierte Potenz (Sydow, in Vorb.). Bei motivierten Frauen aber scheint sich die Medikation des Partners auch positiv auf die eigenen sexuellen Reaktionen auszuwirken (Cayan, Bozlu, Canpolat & Akbay, 2004).

5.3 Psychotherapie, Beratung und Selbsthilfe

Älteren Menschen/Paaren mit sexuell-emotionalen Problemen und Konflikten kann Beratung und Psychotherapie ebenso helfen, wie auch jüngeren.

Einzelpersonen können sich u. a. bei ihren Hausärzten, Krankenkassen, im Internet oder im Telefonbuch in Hinblick auf Psychotherapie nach niedergelassenen psychologischen und ärztlichen Psychotherapeuten erkundigen.

Paare, die eine Paarberatung oder -therapie wünschen, können sich an Pro Familia Beratungsstellen, städtische und kirchliche Paar- und Familienberatungsstellen, niedergelassene Paar- und Sexualtherapeuten oder an sexualtherapeutische Spezialambulanzen an einigen Universitätskliniken wenden (z. B. in Hamburg, Frankfurt).

Die psychotherapeutische Behandlung von Störungen mit Krankheitswert (z. B. psychogene Impotenz, Vaginismus, Depressionen wegen einer Partnerschaftskrise) wird von den Krankenkassen übernommen, nicht aber die Behandlung anderer Probleme (z. B. Partnerschaftskrise, sexuelle Langeweile). Im Rahmen einer Einzeltherapie kann der Partner oder die Partnerin zwar z. T. mit einbezogen werden in größeren Abständen – eine »richtige« Paartherapie aber ist *keine* Kassenleistung. Während viele Paare und Einzelpersonen im jungen und mittleren Alter um Therapie wegen partnerschaftlicher und sexueller Probleme nachsuchen, ist die Nachfrage nach Therapie bei über 60-Jährigen bisher noch sehr gering.

Eine weitere hilfreiche Option sind **Selbsthilfegruppen** (z. B. für Frauen in den Wechseljahren).

6. Schlussfolgerungen

Sexuelle Probleme sind weit verbreitet, nicht nur bei älteren Menschen bzw. Paaren, sondern auch bei jüngeren und sogar auch bei Paaren, die sich ansonsten als glücklich und zufrieden einschätzen (Schindler, Hahlweg & Revenstorf, 1998). Insofern ist es ganz normal, gelegentlich auch mal sexuelle Probleme zu haben (z. B. nach einer ernsten Erkrankung, nach der Pensionierung, während einer Lebens- oder Partnerschaftskrise) – bedenklich wird es jedoch dann, wenn sich diese Probleme über Monate oder gar Jahre hinziehen und die Betroffenen selbst gar nicht mehr herausfinden.

Frauen im mittleren und höheren Alter leiden vermutlich seltener als jüngere Frauen und als gleichaltrige Männer unter sexuellen Funktionsstörungen, nur Lubrikationsstörungen sind bei älteren Frauen etwas häufiger als bei jüngeren und stehen auch in Zusammenhang mit den hormonellen Umstellungen der Wechseljahre. Ihre Lubrikation wird von der Mehrheit der Frauen, sofern sie sexuell erregt sind, jedoch auch weiterhin als ausreichend für den Geschlechtsverkehr eingeschätzt. Häufiger als andere Gruppen dagegen sind ältere Frauen alleinstehend, meist verwitwet, seltener geschieden (Brähler & Unger, 1994). Während manche Frauen gern alleine leben, so wünscht sich die Mehrheit doch einen Partner – was jedoch in Anbetracht des Männermangels und des »double standards of aging« in den höheren Altersgruppen nicht immer so leicht zu realisieren ist. Insofern ist das häufigste sexuell-emotionale Problem reifer Frauen ein Mangel an zärtlichem und sexuellem Kontakt.

Bemerkenswert ist, dass ältere Menschen oft nur wenig wissen über die Sexualität Älterer, körperlich-sexuelle Alternsveränderungen und mögliche Bewältigungsansätze. Bei ernsten körperlichen Erkrankungen sollten deren sexuelle Auswirkungen mit den Ärzten besprochen werden. Manche Ärzte/Ärztinnen versäumen das bei ihren Patienten/Patientinnen und manche Betroffene »trauen« sich bedauerlicherweise nicht, entsprechende Fragen und Probleme von sich aus anzusprechen. Einzelne Frauen oder Männer nehmen eine Erkrankung oder die Wechseljahre als Anlass, eine unbefriedigende sexuelle Beziehung zu beenden. Hintergrund dafür sind meist »alte« sexuelle Probleme, lange bestehende sexuelle Lustlosigkeit und/oder Partnerschaftsprobleme.

Eine erste Hilfe bei sexuellen Problemen kann es sein, sich über Lektüre z. B. zur Sexualität älterer Menschen allgemein (Butler & Lewis, 1996; Sydow, 1994), zur weiblichen (Sydow, 1993b) und männlichen Sexualität (Zilbergeld, 2000), zu Außenbeziehungen und Eifersucht (Jellouschek, 1997), zu Sexualität bei spezifischen Erkrankungen (z. B. Bernardo, Halhuber & Hockott, 1996) und zur Paartherapie bei sexuellen Problemen (Schnarch, 1997/2006; Sydow, in Vorb.) sowie im Internet mehr Informationen zu verschaffen (s. Tabelle 3) oder mit anderen darüber zu sprechen (Freunde, Ärzte).

Entscheidend aber ist für Menschen jeden Alters der Mut, eigene Wünsche dem Partner gegenüber (oder einer Person gegenüber, die man gern kennen lernen möchte), zu zeigen – ohne diesen Mut schläft die Sexualität ein. Der US-amerikanische Paar- und Sexualtherapeut David Schnarch (2006) betont im Rahmen seines neuen Ansatzes (»Sexual crucible approach«) die Bedeutung von »Differenzierung« (differentiation). Darunter versteht er den Mut, sich (sexuell und nichtsexuell) zu zeigen wie man ist und auszuhalten, dass der Partner oder die Partnerin nicht unbedingt positiv darauf reagieren. Manche Menschen oder Paare benötigen Beratung oder Therapie (s. Tabelle 3) um diesen Mut wieder zu wecken – andere aber finden manchmal spontan nach Jahren mit einer »eingeschlafenen« Sexualität den Mut, sich zu zeigen:

> Eine Frau Mitte 60, deren Mann sich wegen einer Lebererkrankung sexuell zurückzog, berichtet: »In den ersten Jahren [der Krankheit] ist wenig zu merken [gewesen], aber danach doch. - <schluckt> Ich hab's meinen Mann zunächst nicht spüren lassen, daß ich etwas [Sexualität] vermisste. Und dann kam ein Punkt, wo er mal auf einer Reise sagte ›Na ja, Alte‹. - Da hab' ich aber [geschrieen] ›So nicht!‹ Nicht, ich bin bereit, Dinge in Kauf zu nehmen, die nicht zu ändern sind, aber - das geht mir nicht so ohne weiteres so, nicht! Da war er ganz erschüttert drüber und sagte ›Du hast mich's ja nie spüren lassen. Lass mich das doch mal spüren, dass Du was möchtest‹. - Dann haben wir also noch glückliche Jahre gehabt. ... Na ja, mein Mann merkte nicht, dass ich Bedürfnisse hatte und ich wollte ihn nicht in Bedrängnis bringen, nicht. Und es zeigte sich dann, dass meine Wünsche seine Möglichkeiten wieder weckten.« (zit. n. Sydow, 1994, S. 26).

Literatur

Addis, I. B., van den Eeden, S. K., Wassel-Fyr, C. L., Vittinghoff, E., Brown, J. S., Thom, D. H., Reproductive Risk Factors for Incontinence Study at Kaiser Study Group (2006). Sexual activity and function in middle-aged and older women. *Obstetrics & Gynecology, 107(4),* 755–764.

Antonovsky, H., Sadowsky, M. & Maoz, B. (1990). Sexual activity of aging men and women: An Israeli study. *Behavior, Health & Aging, 1(3),* 151–161.

Arentewicz, G. & Schmidt, G. (1993). *Sexuell gestörte Beziehungen* (3. bearb. Aufl.). Stuttgart: Enke.

Bernardo, A., Halhuber, M. J. & Hockott, G. (1996). *Herz und Sex: Sexualität bei Herzinfarkt-Kranken und -Gefährdeten.* Wien: Facultas Universitätsverlag.

Beutel, M. E., Stöbel-Richter, Y. & Brähler, E. (2008). Sexual desire and sexual activity of men and women accross their lifespans: Results from a representative German community survey. *BJU Int., 101(1),* 76–82.

Brähler, E. & Unger, U. (1994). Sexuelle Aktivität im höheren Lebensalter im Kontext von Geschlecht, Familienstand und Persönlichkeitsaspekten – Ergebnisse einer repräsentativen Befragung. *Zeitschrift für Gerontologie, 27,* 110–115.

Butler, R. N. & Lewis, M. I. (1996). *Alte Liebe rostet nicht.* Bern: Hans Huber.

Cayan, S., Bozlu, M., Canpolat, B. & Akbay, E. (2004). The assessment of sexual functions in women with male partners complaining of erectile dysfunction: does treatment of male sexual dysfunction improve female partner's functions? *Journal of Sexual & Marital Therapy, 30(5),* 333–341.

Feldman, H. A., Goldstein, I., Hatzichristou, D. G., Krane, R. J. & McKinlay, J. (1994). Impotence and its medical and psychosocial correlates: results of the Massachusetts Male Aging Study. *The Journal of Urology, 151,* 54–61.

Fisher, W. A., Rosen, R. C., Eardly, I., Sand, M. & Goldstein, I. (2005). Sexual experience of female partners of men with erectile dysfunction: the female experience of men's attitudes to life events and sexuality (FEMALES) study. *Journal of Sexual Medicine, 2(5),* 675–684.

Graziottin, A. (2007). Prevalence and evaluation of sexual health problems – HSDD in Europe. *Journal of Sexual Medicine, 4(Suppl. 3),* 211–219.

Hartmann, U., Philippsohn, S., Heiser, K. & Rüffer-Hesse, C. (2004). Low sexual desire in midlife and older women: personality factors, psychosocial development, present sexuality. *Menopause, 11(6 Pt 2),* 726–740.

Hayes, R. & Dennerstein, L. (2005). The impact on aging on sexual function and sexual dysfunction in women: A review of population based studies. *Journal of Sexual Medicine, 2,* 317–330.

Hirst, J. F. & Watson, J. P. (1996). Referrals aged 60+ to an inner city dysfunction clinic. *Sexual & Marital Therapy, 11(2),* 131–146.

Howard, J. R., O'Neill, S. & Travers, C. (2006). Factors affecting sexuality in older Australian women. *Climacteric, 9(5),* 355–356.

Jellouschek, H. (1997). *»Warum hast du mir das angetan?«: Untreue als Chance.* München: Piper.

Laan, E. & van Lunsen, R. H. W. (1997). Hormones and sexuality in postmenopasual women: a psychophysiological study. *Journal of Psychosomatic Obstetrics and Gynecology, 18,* 126–133.

Lang, F. (1998). Einsamkeit, Zärtlichkeit und subjektive Zukunftsorientierung im Alter. *Zeitschrift für klinische Psychologie, 27(2),* 98–104.

Laumann, E. O., Paik, A. & Rosen, R. C. (1999). Sexual dysfunction in the United States: Prevalence and predictors. *JAMA, 281(6),* 537–544.

Leiblum, S. R., Koochaki, P. E., Rodenberg, C. A., Barton, I. P. & Rosen, R. C. (2006). Hypoactive sexual desire in postmenopausal women: US results from the Women's International Study of Health and Sexuality (WISHeS). *Menopause, 13(1),* 46–56.

Lindau, S. T., Schumm, L. P., Laumann, E. O., Levinson, W., O'Muircheartaigh, C. A. & Waite, L. J. (2007). A study of sexuality adn health among older adults in the United States. *New England Journal of Medicine, 357(8),* 762–774.

Masters, W. H. & Johnson, V. E. (1966/1977). *Die sexuelle Reaktion.* Reinbek: Rowohlt.

Metz, M. E. & Seifert, M. H. (1990). Mens' expectations of physicians in sexual health concerns. *Journal of Sex and Marital Therapy, 16(2),* 79–88.

Mulligan, T., Retchin, S. M., Chinchilli, V. M. & Bettinger, C. B. (1988). The role of aging and chronic disease in sexual dysfunction. *Journal of the American Geriatrics Society, 36(6),* 520–524.

Moreira, E. D. Jr., Hartmann, U., Glasser, D. B., Gingell, C., GSSAB Investigators Group (2005). A population survey of sexual activity, sexual dysfunction and associated help-seeking behaviour in middle-aged and older adults in Germany. *European Journal of Medical Research, 10(10),* 434–443.

Münz, R. (1985). Sexualität in Beziehungen. Eine Rekonstruktion aufgrund biographischer Interviews mit österreichischen Frauen. In H. Husslein, R. Olechowski & A. Rett (Hrsg.), *Sexualität als Entwicklungsproblem. Auf dem Weg zur Partnerschaft* (S. 118–188). Wien: Herold.

Myers, L. S. (1995). Methodological review and meta-analysis of sexuality and menopause research. *Neuroscience and Biobehavioral Reviews, 19(2),* 331–341.

Nicolosi, A., Buvat, J., Glasser, D. B., Hartmann, U., Laumann, E. O., Gingell, C., GSSAB Investigators Group (2006). Sexual behaviour, sexual dysfunctions and related help seeking patterns in middle-aged and elderly Europeans: The global study of sexual attitudes and behaviours. *World Journal of Urology, 24(4),* 423–428.

Rowland, D. L., Greenleaf, W. J., Dorfman, L. & Davidson, J. M. (1993). Aging and sexual function in men. *Archives of Sexual Behavior, 22(6),* 545–557.

Rubin, L. B. (1982). Sex and sexuality. Women at midlife. In M. Kirkpatrick (Ed.), *Women's sexual experience. Explorations of the dark continent* (pp. 61–82). New York: Plenum.

Schindler, L., Hahlweg, K. & Revenstorf, D. (1998). *Partnerschaftsprobleme: Diagnose und Therapie* (2. Aufl.). Berlin: Springer.

Schnarch, D. (1997/2006). *Die Psychologie sexueller Leidenschaft* (Passionate marriage: Love, sex, and intimacy in emotionally committed relationships. New York: Henry Holt & Comp.). Stuttgart: Klett-Cotta.

Schultz-Zehden, B. (1998). Sexuality in postmenopasual women. In P. Nijs & D. Richter (Eds.), *Advanced research in psychosomatic obstetrics and gynaecology 1998* (pp. 65–89). Leuven/Belgium: Peeters Press.

Smith, L. J., Mulhall, J. P., Devici, S., Monaghan, N. & Reid, M. C. (2007). Sex after seventy: a pilot study of sexual function in older persons. *Journal of Sexual Medicine, 4(5),* 1247–1253.

Sontag, S. (1977). The double standard of aging. In L. R. Allmann & D. T. Jaffe (Eds.), *Readings in adult psychology* (pp. 258–294). New York: Harper & Row.

Sydow, K. v. (1992a). Eine Untersuchung zur weiblichen Sexualität im mittleren und höheren Erwachsenenalter. *Zeitschrift für Gerontologie, 25,* 105–112.

Sydow, K. v. (1992b). Weibliche Sexualität im mittleren und höheren Erwachsenenalter. Übersicht über vorliegende Forschungsarbeiten. *Zeitschrift für Gerontologie, 25,* 113–127.

Sydow, K. v. (1993a). Sexuelle Entwicklung in der Ehe. *Sexualmedizin, 22,* 44–54.

Sydow, K. v. (1993b). *Lebenslust. Weibliche Sexualität von der frühen Kindheit bis ins hohe Alter.* Bern: Huber.

Sydow, K. v. (1994). *Die Lust auf Liebe bei älteren Menschen* (2. Aufl.). München: Ernst Reinhardt.

Sydow, K. v. (1996). Female sexuality and historical time: A comparison of sexual biographies of German women born between 1895 and 1936. *Archives of Sexual Behavior, 25(5),* 473–493.

Sydow, K. v. (1998). Sexualität und/oder Bindung: Ein Forschungsüberblick zu sexuellen Entwicklungen in langfristigen Partnerschaften. *Familiendynamik, 23(4),* 377–404.

Sydow, K. v. (2000). Die Sexualität älterer Frauen: Der Einfluss von Menopause, anderen körperlichen sowie gesellschaftlichen und partnerschaftlichen Faktoren. *Zeitschrift für ärztliche Fortbildung und Qualitätssicherung, 94,* 223–229.

Sydow, K. v. (2001). Sexuelle Probleme im höheren Lebensalter – die weibliche Perspektive. In H. Berberich & E. Brähler (Hrsg.), *Sexualität und Partnerschaft in der zweiten Lebenshälfte* (S. 87–103). Gießen: Psychosozial.

Sydow, K. v. (2004). Wechseljahre und Sexualität. In I. Jahn (Hrsg.), *Wechseljahre multidisziplinär. Was wollen Frauen – was brauchen Frauen?* GEK-Edition, Bd. 28. St. Augustin: Asgard-Verlag. http://www.gek.de/presse/studien/artikel.html?id=18961.

Sydow, K. v. (in Vorb.). *Sexuelle Beziehungen.* Göttingen: Hogrefe.

Sydow, K. v. & Reimer, C. (1995). Psychosomatik der Menopause: Literaturüberblick 1988–1992. *Psychotherapie, Psychosomatik, Medizinische Psychologie, 45(7),* 225–235.

Talbott, M. M. (1998). Older widow's attitudes towards men and remarriage. *Journal of Aging Studies, 12(4),* 429–449.

Zilbergeld, B. (2000). *Die neue Sexualität der Männer: Was Sie schon immer über Männer, Sex und Lust wissen wollten* (22. Aufl.). Tübingen: Deutsche Gesellschaft für Verhaltenstherapie.

Sexuelle Funktionsstörungen des älteren Mannes

Hermann J. Berberich

»Hinter jedem Penis hängt ein ganzer Mann!
Er ist der empfindlichste Teil dieses Organs!«
(Aus dem Alltag eines urologischen
Sexualmediziners)

In der alltäglichen sexualmedizinischen Praxis sind sexuelle Funktionsstörungen die größte Gruppe der behandlungsbedürftigen sexuellen Störungen. Als sexuelle Funktionsstörungen bezeichnen wir Beeinträchtigungen des sexuellen Erlebens und Verhaltens in Form von ausbleibenden, reduzierten oder unerwünschten genitalphysiologischen Reaktionen. Zu den sexuellen Funktionsstörungen werden auch Störungen der Appetenz und Befriedigung sowie Schmerzen im Zusammenhang mit Geschlechtsverkehr gezählt (Beier, Bosinski & Loewit, 2005).

Klassischerweise unterscheidet man bei männlichen sexuellen Funktionsstörungen zwischen Störungen der Appetenz, Erektionsstörungen und Störungen des Orgasmus. Aus der sexualmedizinischen Alltagspraxis wissen wir jedoch, dass die einzelnen Störungsbilder häufig direkt ineinander greifen bzw. gemeinsam auftreten können. So kann im konkreten Fall ein Mann im Rahmen einer lavierten Depression eine Appetenzstörung entwickeln, die ihrerseits eine Erektionsstörung zur Folge hat. Versucht er, diese Erektionsstörung aus Angst vor Erektionsverlust durch Überstimulation zu kompensieren, kann dieses Verhalten wiederum einen frühen Orgasmus (Ejaculatio praecox) zur Folge haben.

Hinzu kommt, dass gerade bei sexuellen Funktionsstörungen organische und psychische Faktoren direkt ineinander greifen. Dieser Umstand erfordert einen **integrativen, biopsychosozialen Ansatz,** auch dann, wenn im konkreten Fall manifeste organische Erkrankungen verantwortlich gemacht werden können. Da sexuelles Verhalten einem gesellschaftlichen Wandel unterliegt, können Unterschiede zwischen den Altersgruppen auch einem sogenannten Kohorteneffekt unterliegen. Dies muss insbesondere bei der Bewertung von Studien berücksichtigt werden. Entscheidend für die sexuellen Verhaltensweisen eines Menschen ist seine sexuelle Sozialisation in jungen Jahren. Danach bleiben diese relativ stabil (George & Weiler, 1981).

Altersbedingte biologische Veränderungen

Altersbedingte biologische Veränderungen beeinflussen natürlich auch die menschlichen Sexualfunktionen. Während es bei der Frau durch die Einstellung der Eierstocksfunktion in der Menopause zu erheblichen hormonellen Umstellungen kommt, vollziehen sich die Veränderungen beim Mann ab dem vierzigsten Lebensjahr nur allmählich und unterliegen einer starken Varianz. Statistisch sinkt das biologisch verfügbare freie Testosteron jährlich um 1,2% ab, während gleichzeitig ein Anstieg des Sexualhormonbindenden Globulins (SHBG) zu verzeichnen ist (Vermeulen & Kaufmann, 1995). Ferner ist bei älteren Männern ein Rückgang des morgendlichen Testosteronanstiegs zu beobachten. Letzteres wird auf einen Rückgang der LH-Pulsfrequenz zurückgeführt. Die Höhe der LH-Pulsamplitude korreliert mit dem Spiegel des freien Testosterons (Bremner, Vitiello & Prinz, 1983; Veldhuis, Urban, Lizarralde, Johnson & Iranmanesh, 1992).

Als weitere Ursache wird eine Abnahme der Leydigzellen angenommen. Der Begriff des »Late Onset Hypogonadism« wurde kreiert. Dieser Testosteronabsenkung werden eine ganze Reihe von organischen Veränderungen zugeschrieben:

- Zunahme des abdominellen Fetts
- verringerte Muskelstärke
- verminderter Bartwuchs
- Osteoporose
- Insulinresistenz
- Arteriosklerose usw.

Welche Bedeutung diese Veränderungen auf die Sexualfunktionen haben, ist jedoch nach wie vor völlig ungeklärt, angesichts der Tatsache, dass Männer bis ins hohe Alter gute Spermiogramme besitzen. Relevante hormonelle Störungen müssten sich hier eigentlich am ehesten bemerkbar machen.

Bislang liegen keine Studienergebnisse vor, die einen signifikanten Zusammenhang zwischen psychosomatischen Beschwerden im Alter, wie nachlassende Libido, Erektionsstörungen, Müdigkeit, Abgeschlagenheit, Stimmungsschwankungen, die der sogenannten PADAM-Symptomatik (PADAM = Partielles Androgendefizit des Alternden Mannes) zugerechnet werden und das Vorliegen eines Testosteronmangels beweisen.

Das heißt natürlich nicht, dass es im Einzelfall nicht so sein kann und eine probatorische Testosteronsubstitution durchaus gerechtfertigt ist. Eine Untersuchung des Instituts für Psychologie der Universität Frankfurt an der Deutschen Klinik für Diagnostik in Wiesbaden ergab vielmehr, dass gerade Männer im Alter zwischen 55 und 64 Jahren mit einem sehr hohen Testosteronspiegel über ein höheres Maß an sexuellen Beschwerden klagten, als diejenigen mit einem eher niedrigen Hormonspiegel (Thiele, Degenhardt & Jaursch-Hancke, 2001).

Auch wenn Männer keine mit den Frauen vergleichbaren Wechseljahre haben, sind bei ihnen die Sexualfunktionen viel störanfälliger als bei der Frau. So dauert es mit zunehmendem Alter immer länger, bis eine Erektion zustande kommt, die Gliedsteife lässt nach, mitunter bleibt sie ganz aus. Die so genannte Plateauphase, das heißt die Zeit bis zur Ejakulation, verlängert sich. Insgesamt ist der Orgasmus beim älteren Mann oft kürzer und weniger klar erkennbar. Schließlich verlängert sich die Refraktärzeit, das heißt die Zeit, bis es dem Mann wieder möglich ist, eine Erektion zu bekommen (Masumori et al., 1999).

Erektionsstörungen und Alter

Bereits der Kinsey-Report konnte eine Korrelation zwischen dem Alter und dem Auftreten von Erektionsstörungen aufzeigen (Kinsey, Pomeroy, Martin & Gebhard, 1948).

Im Kinsey-Report betrug die Prävalenz von Erektionsstörungen

- weniger als 1% bei den unter 30-jährigen,
- 3% bei den unter 45-jährigen,
- 7% bei den 45- bis 55-jährigen,
- 25% bei den 65-jährigen und
- bis zu 75% bei den 80-jährigen Männern.

Da Kinsey nur wenige Männer über 55 Jahre befragen konnte, muss die Repräsentativität der Ergebnisse relativiert werden (Benet & Melman, 1995). Als valide sind hingegen die Ergebnisse der Massachusetts Male Aging Study (MMAS) (Feldman, Goldstein, Hatzichristou, Krane & McKinlay, 1994) und der Kölner Studie (Braun et al., 2000) anzusehen.

Laut der Massachusetts Male Aging Study leiden 52 % der 1290 befragten Männer zwischen 40–70 Jahren zumindest an leichtgradigen Erektionsstörungen. Davon haben:

- 17% eine minimale Erektionsstörung
- 25% eine mittelgradige Erektionsstörung
- 10% eine komplette Erektionsstörung.

Die Kölner Studie konnte ebenfalls einen deutlichen Anstieg der Erektionsstörungen mit dem Alter aufzeigen. Diese Tatsache legt nahe, dass organische Krankheiten, die ebenfalls mit dem Alter zunehmen, eine wichtige Rolle spielen. Laut der Kölner Studie besteht eine hohe Komorbidität mit dem Bluthochdruck, Diabetes mellitus, operativen Eingriffe im kleinen Becken sowie dem sogenannten *lower urinary tract symptom* (LUTS). Hierbei handelt es sich um Blasenentleerungsstörungen, die im Wesentlichen auf eine altersbedingte Prostatahyperplasie zurückzuführen sind.

Erektionsstörungen und KHK

Vor allem bei Männern in der Altersgruppe zwischen 50 und 59 Jahren, die über Erektionsstörungen klagen, besteht ein deutlich erhöhtes Risiko, eine koronare Herzkrankheit zu entwickeln (Speel, van Langen & Meuleman, 2003). Laut einer Untersuchung von Kawanishi et al. (2001) hatten 24 % der Patienten mit einer vaskulär bedingten Erektionsstörung auch eine koronare Herzerkrankung. Deshalb sollten ältere Männer mit Erektionsstörungen immer auch kardiologisch abgeklärt werden. Die Gefahr, beim Geschlechtsverkehr einen Herzinfarkt zu erleiden, ist jedoch gering. Nach einer Untersuchung von Muller, Mittleman, Maclure, Sherwood und Tofler (1996) war nur in 0,9% der Fälle der Koitus das auslösende Ereignis für den Infarkt.

Erektionsstörungen und Hypertonie

Ein häufiger Risikofaktor für das Auftreten einer Erektionsstörung ist der Bluthochdruck. Ursache hierfür sind die mit der Hypertonie einhergehenden endothelialen Schädigungen der Penisgefäße und der Schwellkörper. Eine Abnahme der NO-Synthese einerseits und eine Zunahme der Endothelin 1-Synthese andererseits (Ferro & Webb, 1997) bewirken eine Erhöhung des muskulären Schwellkörpertonus und erschweren so die Erektion. Werden bei der Bluthochdruckbehandlung so genannte Betablocker eingesetzt, kann sich dies zusätzlich negativ auf die Erektionsfähigkeit auswirken, da die Schwellkörperarterien ß-Rezeptoren besitzen, deren Stimulation für eine Steigerung der arteriellen Durchblutung verantwortlich ist, die für eine Erektion erforderlich ist. Wenn möglich, sollten bei der Antihypertoniebehandlung Präparate bevorzugt werden, die sich weniger negativ auf die Erektion auswirken. Hierzu zählen die neueren Calciumantagonisten wie das Amlodipin und die Angiotensin II-Antagonisten, Alpharezeptorenblocker wie das Doxazosin können sogar einen positiven Effekt auf die Erektion haben.

Erektionsstörungen und Diabetes mellitus

Eine weitere weitverbreitete chronische Erkrankung, die zu Erektionsstörungen führen kann, ist der Diabetes mellitus. Zwischen 35 und 60% der männlichen Diabetiker klagen auch über Erektionsstörungen (Guirguis, 1992). Verantwortlich hierfür sind diabetogene Gefäßschäden im Bereich der Pudendus- und Penisarterien, Schädigungen der für die Erektion zuständigen Nerven (n. pudendi, n. cavernosi) und Schäden der glatten Schwellkörpermuskulatur sowie der cavernösen Endothelzellen. Ferner konnte eine Störung der zentralnervösen NO-Synthese (McVary, Brannigan & McKenna, 1997), der peripheren cavernösen Neurotransmittersynthese- und -transmission (Blanco et al., 1990; Lincoln et al., 1987; Maher et al., 1996) sowie eine Schädigung der K-ATP-Kanäle festgestellt werden (Christ, Richards & Winkler, 1997). Letztere sind für den K+-Ionenaustausch und die Erregungsübertragung verantwortlich. Das am häufigsten verordnete Antidiabeticum Glibenclamid bewirkt zusätzlich eine Blockierung der K-ATP-Kanäle (Hedlund, Holmquist, Hedlund & Andersson, 1994) und beeinträchtigt auf diese Weise die Erektion.

Erektionsstörungen und Hyperlipidämie

Hohe Cholesterinspiegel und die damit einhergehenden atherosklerotischen Veränderungen führen ebenfalls zu einer Schädigung der cavernösen Endothel- und Muskelfunktion. Es besteht eine deutliche Korrelation zwischen einer Fettstoffwechselstörung und der Entstehung einer gefäßbedingten Erektionsstörung (Juenemann, Muth, Rohr, Siegsmund & Alken, 1990).

Häufig treten KHK, Bluthochdruck und eine Fettstoffwechselstörung gemeinsam auf. Mit der Anzahl der Risikofaktoren steigt auch die Häufigkeit von Erektionsstörungen.

Endokrinologische Ursachen

Obwohl Testosteron die neuronale Erregungsüberleitung bei der Erektion beeinflusst, spielen endokrinologische Ursachen bei der Entwicklung einer Erektionsstörung nur eine untergeordnete Rolle. Eine spezielle Auswertung der Daten der bereits erwähnten Massachusetts Male Aging Study ergab keinen Zusammenhang zwischen Gesamttestosteron, freiem Testosteron, SHBG und der erektilen Dysfunktion (Kupelian et al., 2006). Von einer Testosteronsubstitution profitieren die Patienten kaum. Bei einer ungezielten Testosterongabe nimmt man unnötigerweise unerwünschte Nebenwirkungen in Kauf wie die Erhöhung der Blutfette, eine erhöhte Thrombosegefahr aufgrund der Erythropoesestimulation, eine mögliche Zunahme der benignen Prostatavergrößerung und die Stimulation eines subklinischen Prostatakarzinoms (Behre, Bohmeyer & Nieschlag, 1994).

Neurologische Erkrankungen und Erektionsstörungen

Das Risiko, an einem Morbus Parkinson zu erkranken, nimmt mit dem Alter zu. Nach einer Metaanalyse europäischer Studien leiden 2% der 65-Jährigen an einem idiopathischen Parkinson-Syndrom (Ceballos-Baumann, 2005). Für die Ausbildung eines Morbus Parkinson wird an erster Stelle ein Dopaminmangel in den Basalganglien der substantia nigra des Corpus striatum verantwortlich gemacht. Degenerative Veränderungen im Bereich des Hypothalamus, in den parasympathischen Kerngebieten und den sympathischen Ganglien haben ihrerseits urogenitale Störungen (wie zum Beispiel die Harninkontinenz) zur Folge. Jost, Derouet und Schimrigk (1997) fanden bei einer Gruppe von 40 Parkinsonpatienten insgesamt 19 Patienten mit Erektionsstörungen. Auch bei Patienten mit Multipler Sklerose (MS) sind neben Blasenfunktionsstörungen (Harninkontinenz, unwillkürliche Detrusorkontraktionen bei gleichzeitiger Detrusor-Sphinkter-Dissynergie) in der Regel auch Erektionsstörungen (82%) zu verzeichnen (Ghezzi, Malvestiti, Baldini, Zaffaroni & Zibetti, 1995).

Medikamente und Erektionsstörungen

Patienten mit chronischen Erkrankungen erhalten in der Regel Medikamente, von denen nicht wenige die Sexualfunktionen beeinflussen. Dazu zählen unter anderem: β-Blocker, α-Methyldopa, Thiazide, Metoclopramid, H2-Blocker, Spironolactone, Antimykotika, Allopurinol, Antiepileptika (Phenytoin), Psychopharmaka (Phenothiazine, Thioxantheme, Butyrophenone), Opiate, Sedativa, Hypnotika (Barbiturate, Diazepine), Antiandrogene, Glykoside, Cholesterinsynthesehemmer (Statine), Finasteride und LHRH-Analoga (Porst, 2000).

Störungen der sexuellen Appetenz

Die sexuelle Appetenzstörung ist diejenige sexuelle Funktionsstörung mit den unterschiedlichsten Ursachen. Es hat den Anschein, als habe sie in den letzten Jahren an Häufigkeit zugenommen. Sie steigt bei Männern mit zunehmendem Alter deutlich an.

Nicht selten verbirgt sich hinter einer angeblichen Erektionsstörung in Wirklichkeit eine lavierte Appetenzstörung, was sich häufig erst nach der erfolglosen Anwendung eines PDE-5-Hemmers offenbart. Mitunter wird dann vom Patienten beklagt, dass das eingenommene Medikament eben nichts tauge oder er vermutet eine ganz schwere organische Ursache. Denn einfach »keine Lust« zu haben ist noch weniger mit dem sexuellen Selbstkonzept vieler Männer vereinbar als das Vorliegen einer genitalen Funktionsstörung. Appetenz und Erektionsstörungen treten gerade bei älteren Männern häufig gemeinsam auf. Nicht selten ist die Appetenzstörung das frühe Warnsignal einer beginnenden Depression. Sowohl körperliche Krankheiten, die den Patienten schwächen, als auch die Nebenwirkungen zahlreicher Medikamente bewirken zunächst eine Appetenzstörung, bevor sie eine genitale Funktionsstörung zur Folge haben. In vielen Fällen steckt hinter einem ausbleibenden Orgasmus in Wirklichkeit eine sexuelle Appetenzstörung. Der häufig vermutete »altersbedingte Testosteronmangel« ist, wie bereits oben ausgeführt, in den seltensten Fällen die Ursache einer Appetenzstörung. Viel häufiger sind es Stresszustände, z. B. durch berufliche Überforderung. In zahlreichen Fällen handelt sich jedoch in Wirklichkeit um eine objektbezogene Appetenzstörung. Der Mann hat das sexuelle Interesse an seiner Partnerin verloren, das heißt nicht, dass der Betreffende überhaupt nicht sexuell erregbar ist. Mitunter hängen diese Männer stundenlang am PC, um sich mit Hilfe von pornographischen Seiten im Internet zu erregen. Kommt die verschmähte Partnerin zufällig dahinter, kommt es dann zu heftigen Auseinandersetzungen mit dem Partner.

Im DSM IV (302.71) wird zwischen einer Störung mit verminderter sexueller Appetenz und einer Störung mit sexueller Aversion (303.79) unterschieden. Gemäß DSM IV liegt eine sexuelle Appetenzstörung »bei anhaltendem oder wiederkehrendem Mangel an (oder Fehlen von) sexuellen Phantasien und des Verlangens nach sexueller Aktivität« vor und diese zu deutlichem Leiden oder zwischenmenschlichen Störungen führt. Um eine Störung mit sexueller Aversion handelt es sich bei einer »anhaltenden oder wiederkehrenden extremen Aversion gegenüber und Vermeidung von jeglichem genitalen Kontakt mit einem Sexualpartner. Je nach Intensität kann die Aversion von leichten Angstgefühlen bis zu regelrechten Panikattacken mit entsprechenden körperlichen Begleitreaktionen reichen (Beier et al., 2005). Beim Vorliegen einer Appetenzstörung muss mit Hilfe einer ausführlichen Sexualanamnese geklärt werden, ob es sich um eine globale oder eine situative, möglicherweise partnerbezogene, Appetenzstörung handelt. Auch Diskrepanzen zwischen den Partnern bezüglich gewünschter Sexualpraktiken können eine Appetenzstörung bewirken. Besteht längere Zeit ein deutliches Gefälle bezüglich des sexuellen Verlangens zwischen den Partnern, kommt es zu einem Verhalten, das man als Rückzug-Rückzug- oder als Rückzug-Vormarsch-Polarisierung bezeichnet. Im ersten Fall kommt es als Reaktion auf die Appetenzstörung des Mannes ebenfalls zu einem sexuellen Rückzug der Partnerin. Dadurch treten zwar weniger offene Konflikte zutage, längerfristig kommt es jedoch zu einer völligen Unterminierung der Beziehung. Bei der Rückzug-Vormarsch-Polarisierung wird das Drängen des einen Partners umso stärker, je mehr sich der andere zurückzieht. Es kommt deshalb schneller zu offenen Konflikten. Die Partner fragen dann eher um professionelle Hilfe nach. Häufig sind jedoch die Kränkungen des verschmähten Partners mittlerweile so groß, dass die Hilfe zu spät kommt. Dem appetenzgestörten Mann wird seitens der Partnerin die alleinige Schuld an der verfahrenen Situation gegeben, was eine Paartherapie äußerst schwierig macht.

Gelingt es, dem Paar zu vermitteln, dass die Störung ihr gemeinsames Problem ist und deshalb auch nur gemeinsam gelöst werden kann, ist der wichtigste Schritt zur Beseitigung der Störung bereits getan. Gemeinsam kann dann am inneren »erotischen Drehbuch« gearbeitet, innere Hemmungen und Blockaden aufgespürt und Quellen verschüttenden sexuellen Verlangens aufgespürt werden (Hartmann, 1994). Dies wird nicht selten durch die Tatsache erschwert, dass viele Männer erhebliche emotionale Defizite haben.

Störungen des Orgasmus

Im Wesentlichen unterscheidet man zwischen einem **frühen** und einem **gehemmten oder ausbleibendem Orgasmus**.

Ein **vorzeitiger Orgasmus** liegt dann vor, wenn es bei oder kurz nach der Penetration ständig oder häufig zu einem Orgasmus kommt, bevor es die Person wünscht. Der gängige Begriff Ejaculatio praecox ist unzutreffend. Wörtlich übersetzt bedeutet dies nämlich: »Samenerguss vor der Hüfte«, was ja selten der Fall ist. Es liegt auch keine Ejakulationsstörung im engeren Sinne vor. Dies ist eher beim gehemmten oder ausbleibenden Orgasmus der Fall. Der vorzeitige Orgasmus ist die häufigste sexuelle Funktionsstörung beim Mann. Dem vorliegenden Datenmaterial nach liegt die Prävalenz zwischen 25 und 40%. Er ist auf die Dauer die für die sexuelle Beziehung schädlichste Sexualstörung. Der frühe Orgasmus ist vor allem bei jüngeren, sexuell unerfahrenen Männern zu finden. Innerhalb einer längeren, vertrauten Partnerschaft kann sich die Störung allmählich bessern, um dann bei einer neuen Partnerschaft erneut aufzutreten. Nicht selten befürchten diese Männer, die neue Partnerin wieder zu verlieren und suchen deshalb ärztlichen Rat. Bleibt diese Störung von den ersten sexuellen Erfahrungen an bestehen und unterliegt sie nur geringen Veränderungen, spricht man von einem **primären vorzeitigen Orgasmus**. Durch die Neigung zur Reduzierung der sexuellen Stimulation und durch die altersbedingte Verlängerung der Refraktärzeit kann sich zusätzlich eine Erektionsstörung herausbilden. Mitunter kommt es aufgrund einer zunehmenden Erektionsstörung auch im höheren Alter zur Entwicklung eines sogenannten **sekundären vorzeitigen Orgasmus**, wenn ein Mann aufgrund von Erektionsproblemen und der damit verbundenen gestörten Wahrnehmungsrückkopplung zu einer Überstimulation neigt. Generell haben Männer ein sogenanntes »Passion-Control-Dilemma« (Levine, 1992). Denn eine kurze, intensive, leidenschaftliche sexuelle Erregung verträgt sich schlecht mit einer auf eine Erregungsverzögerung angelegten Kontrolliertheit. Dies gelingt nur, wenn beide Partner im Zusammenspiel es verstehen, gemeinsam die sexuelle Erregung so lange unter Kontrolle zu halten, bis beide bewusst den nicht mehr kontrollierbaren orgastischen Ablauf zulassen. Für die Ausbildung eines vorzeitigen Orgasmus können mehrere Faktoren verantwortlich sein: Sexuelle Unerfahrenheit, eine »Fehlkonditionierung« im Verlauf der »sexuellen Karriere«, Versagensangst und die damit einhergehende Dominanz des Sympathikus sowie eine unzureichende Wahrnehmung des Erregungsablaufs. Obwohl der vorzeitige Orgasmus in der Regel weitgehend partnerunabhängig ist, gibt es auch paarbezogene Ursachen, die die Störung verstärken können, wenn es zu einer Belastung der partnerschaftlichen Sexualität und der Beziehung insgesamt kommt. Aufgrund von Schuldgefühlen und Versagensängsten konzentriert sich der Mann dann hauptsächlich darauf, seine Partnerin sexuell zufrieden zu stellen. Die eigene Lustempfindung bleibt dabei auf der Strecke. Schließlich verliert sie die Lust zur sexuellen Initiative. Aufgrund dieser sexuellen Abwärtsspirale scheitern häufig sexualtherapeutische Bemühungen eher an einer verfestigten Paardynamik als an der sexuellen Funktionsstörung selbst. Zur Behandlung des vorzeitigen Orgasmus eignen sich sowohl die Streichelübungen des Sensate Focus 1 und 2, als auch die Stopp-Start-Technik und die passive Einführung des Penis mit dem Lernziel, Anspannung und Entspannung besser wahrzunehmen und die Einführung des Gliedes von der Ejakulation zu entkoppeln. Die sogenannte Squeeze-Technik, bei der der Penis unterhalb der Eichel zusammengedrückt wird, bis der Orgasmusdrang zurückgeht, ist als obsolet zu betrachten. Sie wird von den Partnern in der Regel als unangenehmer Lustkiller erlebt und hat den Nachteil, dass dem Mann seine Erregungssteuerung im wahrsten Sinne aus der Hand genommen wird. Im Rahmen der Tendenz zur »Medikalisierung« der Behandlung sexueller Funktionsstörungen wurden in den letzten Jahren mehrere Medikamente zur Therapie des vorzeitigen Orgasmus erprobt. Am ehesten scheinen hier noch die zur Behandlung der Depression entwickelten SSRI-Präparate (Fluoxetin 20mg/Tag, Paroxetin 20mg/Tag) geeignet zu sein. Ca. 45% der Patienten entwickeln allerdings unter der Einnahme des Medikaments einen gehemmten oder völlig ausbleibenden Orgasmus, d. h. die eine Orgasmusstörung wird durch eine andere abgelöst (Kim & Seo, 1998). Hinzu kommen unter Umständen weitere Nebenwirkungen wie Mundtrockenheit, Müdigkeit, Dyspepsie und Nausea. Die Verabreichung von Medikamenten sollte nie ohne sexualtherapeutische Begleitung erfolgen. Unter anderem hat sich gezeigt, dass sich nach Absetzen der Medikation die »alte Störung« sofort wieder einstellt. Die Versuche von Lee (1997), dem vorzeitigen Orgasmus durch eine Neurotonie des Nervus dorsalis penis zu Leibe zu rücken, sind aus sexualmedizinischer Sicht als abwegig anzusehen. Sie offenbaren nicht nur ein äußerst eindimensionales, mechanistisches sexualmedizinisches Verständnis des »Behandlers«, sondern sind auch häufig mit erheblichen, für das sexuelle Erleben schädlichen Nebenwirkungen wie Schmerzen, Taubheitsgefühl, Erektionsstörungen und Wundheilungsstörungen verbunden.

Ein **ausbleibender bzw. gehemmter Orgasmus** liegt dann vor, wenn es nach einer normalen sexuellen Erregungsphase während einer sexuellen Aktivität andauernd oder häufig zu einer deutlichen Verzögerung oder völligem Ausbleiben des Orgasmus kommt. Differentialdiagnostisch ist hiervon zu unterscheiden, ob es aufgrund eines Erektionsverlustes im Rahmen einer Erektionsstörung während des Geschlechtsverkehrs zu einem Ausbleiben des sexuellen Höhepunkts kommt oder wenn in Wirklichkeit eine lavierte Appetenzstörung zugrunde liegt. Nach eigenen klinischer Erfahrungen sind es vor allem zwanghaft veranlagte Männer, die zu einem gehemmten Orgasmus neigen. Sie haben Angst vor einem Kontrollverlust, denn nichts anderes ist ein Orgasmus. Sie konzentrieren sich in erster Linie beim Geschlechtsverkehr darauf, es der Partnerin »Recht zu machen« und setzen sich selbst unter Leistungsdruck. Häufig leiden sie außerdem unter funktionellen Miktionsstörungen ohne organpathologischen Befund, da sie einfach nicht loslassen können.

Insbesondere wenn eine Orgasmushemmung nach langjähriger ungestörter Funktion auftritt, muss auch nach organischen Ursachen geforscht werden. Hierbei kommen vor allem neurologische Störungen wie der M. Parkinson oder die Multiple Sklerose in Betracht. Ein langjähriger Alkohol- oder Drogenmissbrauch sollte ebenfalls ausgeschlossen werden. Weitere Störungsbilder sind der schmerzhafte Orgasmus aufgrund einer Beckenbodenmyalgie oder die retrograde Ejakulation nach einer Prostataoperation. Beide können das sexuelle Erleben des Mannes negativ beeinflussen.

Grenzen einer symptom- und defizitorientierten Behandlungsweise

Die Tatsache, dass insbesondere bei Erektionsstörungen im Alter häufig manifeste organische Befunde erhoben werden können, führt im medizinischen Alltag nicht zuletzt aufgrund mangelhafter sexualmedizinischer Kenntnisse auf ärztlicher Seite dazu, sich ausschließlich auf einen symptomatischen Behandlungsversuch der »Funktionsstörungen« zu beschränken und psychosoziale Faktoren zu ignorieren. Diese ärztliche Vorgehensweise trifft sich mit dem Wunsch vieler männlicher Patienten nach einer schnellen technischen Lösung des Problems.

Buddeberg, Biton, Eijsten und Casella (2007) haben dieses Verhalten von Arzt und Patient treffend als »Management eines Tabus« umschrieben. Im Praxisalltag führt das dazu, dass außer der Verordnung eines Medikaments, z. B. eines PDE-5-Hemmers keine weiteren Behandlungsangebote gemacht werden. Dass Männer im Mittel erst zwei Jahre nach Beginn einer Erektionsstörung um ärztlichen Rat nachfragen (Casella et al., 2004), zeigt, wie schwer es ihnen fällt über ihre sexuellen Probleme zu sprechen. Allein diese Tatsache reicht schon als Hinweis, welche Rolle intrapsychische Faktoren, wie die Versagensangst, bei der Aufrechterhaltung von sexuellen Funktionsstörungen spielen. Diese Sprachlosigkeit und der damit einhergehende körperliche Rückzug von der Partnerin wirken sich zwangsläufig auf die Beziehung der Partner zueinander aus.

Die Krise des männlichen Sexualmythos

Leider wird die Hoffnung vieler Männer, dass allein durch eine Wiederherstellung der Erektionsfähigkeit »schon wieder alles gut werde«, häufig nicht erfüllt.

Sie werden damit zum Opfer jenes phallischen Sexualmythos, den Bernie Zilbergeld (1996) drastisch aber treffend als das männliche Phantasiemodell vom Sex beschrieben hat: »Er ist einen halben Meter lang, hart wie Stahl und haut dich von den Socken.« Diese Sexualmythen werden nicht nur von der Boulevardpresse und der Pornographie, z. B. im Internet, bestärkt, sondern zum Teil auch durch das Marketing der Pharmaindustrie selbst. So warb vor

Jahren der Marktführer von Alprostadil (PGE1) für seinen SKAT[1]-Injektionspen, der auf der Abbildung eher dem Kopf einer Interkontinentalrakete glich, mit dem Slogan »The Pen*is* Power« in einer eindeutig doppeldeutigen Schreibweise.

Das männliche Leistungsdenken in Bezug auf Sexualität spiegelte die Werbung für einen PDE-5-Hemmer wider, die ein bekannter Pharmakonzern bei der Neueinführung seines Präparats verbreiten ließ. Die Abbildung zeigte eine attraktive Frau mit tief ausgeschnittenem Dekolleté, die einem ebenfalls attraktiven Mann mit Sonnenbrille elegant die Blisterpackung mit dem betreffenden Medikament zusteckt. Der Werbeslogan lautete schlicht »Mann intakt«! Die meisten Männer versuchen ihr »sexuelles Versagen« durch Leistungssteigerung zu kompensieren, viele ziehen sich aus der Partnerschaft emotional zurück und meiden körperliche Kontakte (»Es klappt ja sowieso nicht«) oder sie richten die Aggression gegen sich selbst (Kemper, 1997). Hierdurch wird die gegenseitige Erfüllung des psychosozialen Grundbedürfnisses nach Nähe, Akzeptanz und Geborgenheit erheblich gestört.

Männer erleben ihren Körper im Erwachsenenalter als selbstverständlich funktionierend, abgesehen von Krankheiten im engeren Sinne. Sie haben im Unterschied zu Frauen eher ein instrumentelles Verhältnis zu ihrem Körper, den Penis eingeschlossen. Klagen sie über Erektionsstörungen geschieht das häufig mit den Worten »der wird nicht mehr steif« oder »es klappt nicht mehr«. Solche Äußerungen sind ein Zeichen dafür, wie Ich-fern sie ihre Sexualität erleben.

Mit zunehmendem Alter werden auch Männer dazu gezwungen, sich alltäglich mit körperlich erlebten Veränderungen auseinander zu setzen. Die damit einhergehenden Belastungen werden ihnen einerseits von der Biologie abverlangt, andererseits müssen sie unter dem Aspekt des Selbstwertgefühls von ihnen verarbeitet werden (Heuft, Kruse & Radebold, 2006). Dass ein solcher Bewältigungsprozess psychische Krisen mit sich bringen kann, liegt auf der Hand. Viele Männer empfinden Erektionsstörungen, ganz gleich welche Ursache sie haben mögen, als bedrohliches Zeichen einer altersbedingten nachlassenden Leistungsfähigkeit. Sie sind häufig narzisstisch gekränkt. Deshalb geht es ihnen bei der Beseitigung der Erektionsstörung oft nicht nur um die Verbesserung ihrer partnerschaftlichen Beziehungsqualität, sondern auch um die Wiederherstellung ihrer »sexuellen Leistungsfähigkeit«. Männer *haben* keine erektile Dysfunktion, sondern sie *fühlen* sich impotent und entwertet (Langer & Hartmann, 1992).

[1] SKAT = Schwellkörper-Autoinjektions-Therapie

Diagnostisches Vorgehen bei sexuellen Funktionsstörungen

Das wichtigste diagnostische Instrumentarium bei sexuellen Störungen ist eine ausführliche Sexualanamnese. Hierzu gehört auch die Erfassung der allgemeinen Krankengeschichte und der Medikamenteneinnahme. Da der Mann häufig beim ersten Mal allein erscheint, ist beim Erstbesuch zunächst nur eine grobe Orientierung und Indikationsstellung möglich. Um das »ganze Bild« zu haben, sollte möglichst schnell die Partnerin hinzugezogen werden. Wichtig ist, dass alle drei Grundlagen der Sexualität, die **biologische** (Erkrankungen, Operationen, Medikamente usw.), die **psychologische** (Vor-/Einstellungen, Körperkonzepte, Selbstwertschätzung, Sexualmoral) und die **soziologische** (Familienstruktur, Partnerschaftsstruktur etc.) erfasst werden, ferner die drei Dimensionen von Sexualität: die **Lust**-, die **Fortpflanzungsdimension** und die **Beziehungsdimension,** wobei bei älteren Paaren, die Fortpflanzungsdimension sicherlich einen geringeren Stellenwert besitzt. Ist eine Beziehung allerdings unerwünscht kinderlos geblieben, ist auch diese Dimension relevant.

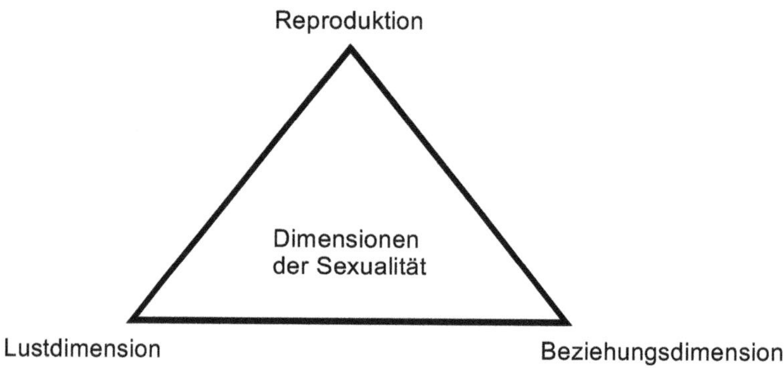

Abbildung 1: Die drei Dimensionen menschlicher Sexualität

Außerdem sind Informationen über die sexuelle **Orientierung**, das **gewünschte Alter** des Sexualpartners und die **Sexualpraktiken** (Masturbation, extragenitale sexueller Interaktion und genitale Stimulation) sowie über das **sexuelle Selbstkonzept**, die **sexuellen Phantasien** und das **sexuelle Verhalten** wichtig.

Die genannten Punkte sollten nicht als eine Art Checkliste abgefragt, sondern im Verlauf eines anamnestischen Gespräches, das in möglichst empathischer Atmosphäre verlaufen sollte, nach und nach exploriert werden. Als Orientierungshilfe eignen sich hierfür sehr gut spezielle Erhebungsinstrumente, die seit 1998 am Institut für Sexualwissenschaft und Sexualmedizin der Charité aufgrund der Erfahrungen bei der sexualmedizinischen Weiterbildung entwickelt wurden. Es handelt sich hierbei um den Strukturierten Sexual-Anamnese-Bogen (SSA) und das sogenannte 5x3 der Sexualmedizin (5x3). Beide Instrumente wurden aufgrund der Erfahrungen mit der sexualmedizinischen Ausbildung entwickelt, um Unsicherheiten im sexualmedizinischen Explorationsgespräch zu verringern. Beide Instrumente befinden sich im Anhang des Lehrbuchs »Sexualmedizin« (Beier et al., 2005). Für den täglichen Praxisgebrauch benutze ich ein Erhebungsblatt, auf dem die einzelnen Bereiche des »SEXMED-5x3« mit Hilfe eines Pentagramms notiert werden können.

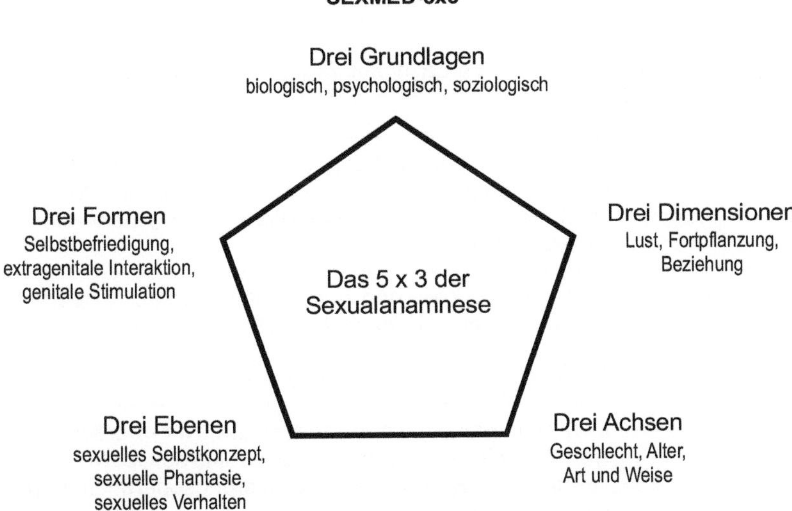

Abbildung 2: Strukturierte Sexualanamnese (Erhebungsblatt)

In ihrer »Leitlinie zur Diagnostik und Therapie von Libido- und Erektionsstörungen« empfiehlt die Deutschen Gesellschaft für Urologie (DGU, 2001) als »Königsweg für die Diagnostik der Erektionsstörungen« die Verwendung des »International Index of Erectile Function« IIEF (Rosen et al., 1997). Der IIEF, der zur Evaluation klinischer Pharmastudien entwickelt wurde und den es in einer Kurzfassung mit fünf und einer Langfassung mit 16 Items gibt, berücksichtigt lediglich einen Störungszeitraum von vier Wochen und enthält keine Fragen zum störungsbezogenen Leidensdruck. Weitere Nachteile sind die viel zu geringe Informationsdichte und die ausschließliche Orientierung am Koitus als dem »Endzweck« und maßgeblichen Kriterium der Sexualität. Er unterscheidet nicht einmal zwischen einer generellen und einer situativen (ausschließlich bei Partnerkontakt) Erektionsstörung. Aus sexualmedizinischer Perspektive kann die Auffassung der DGU damit nicht bestätigt werden (Schaefer & Ahlers, 2006).

Gibt es aufgrund der Sexualanamnese Hinweise für mögliche organische Ursachen der Sexualstörung, sind die entsprechenden Untersuchungen selbstverständlich durchzuführen oder zu veranlassen.

Tabelle 1 Untersuchungen bei Verdacht auf organische Ursachen einer Erektionsstörung

Basisdiagnostik Stufe I	Körperliche Untersuchung, Blutdruck, Puls, ggf. EKG, Laboruntersuchungen (Elektrolyte, kleines Blutbild, Blutfette, Nüchtern-Glukose, Nieren- und Leberwerte, Testosteron)
Nicht-invasive andrologische Diagnostik Stufe II	Pharmakodoppler- und Duplexsonographie zur Beurteilung der funktionellen Kapazität der Penisarterien, aufsteigende SKAT-Testung zur Beurteilung der kavernösen Funktionsfähigkeit, ggf. Schwellkörper-EMG
Invasive andrologische Diagnostik Stufe III	Röntgendarstellung der Penisgefäße. Nur erforderlich, wenn definitiv ein operativ rekonstruktives Operationsverfahren, z. B. eine Revaskulasierungsoperation, geplant ist.

Der »perfekte« sexuelle Reaktionszyklus versus Erfüllung psychosozialer Grundbedürfnisse

Die klassische Einteilung der männlichen sexuellen Funktionsstörungen in die *Störung des sexuellen Verlangens*, die *Störung der sexuellen Erregung* und die *Störung des Orgasmus* folgt dem Modell des »perfekten« sexuellen Reaktionszyklus, wie ihn Masters und Johnson in ihren Studien zur Sexualphysiologie beschrieben haben. Dieses Modell liegt nicht nur den beiden Klassifikationssystemen ICD und DSM zugrunde, sondern dient auch zur Orientierung bei allen medikamentösen und operativen Behandlungsansätzen bei sexuellen Funktionsstörungen (Masters & Johnson, 1966). Eine Reduktion von Sexualität auf Teile eines Reaktionszyklus bleibt jedoch dem nach wie vor in vielen Bereichen der Humanmedizin vorherrschenden »Mensch-Maschine-Modell« verhaftet (Berberich, Rösing & Neutze, 2006). Sexualität dient hier in erster Linie der Lustbefriedigung und der Reproduktion. Hierfür stellt die Biologie die geeigneten Funktionen bereit. Gerade in der Sexualität zeigt sich jedoch, dass der Mensch eben keine Maschine, sondern ein biopsychosoziales Wesen ist. Sexualität dient dem Menschen eben nicht nur der Lustbefriedigung und der Reproduktion, sondern vor allem auch der Befriedigung seiner psychosozialen Bedürfnisse nach Nähe, Akzeptanz und Geborgenheit.

Die drei Grunddimensionen der Sexualität: Die Beziehungsdimension, die Lustdimension und die Fortpflanzungsdimension stehen in enger Wechselwirkung zueinander. Gerade mit zunehmendem Alter gewinnt die Beziehungsdimension eine besonders große Bedeutung.

Defizitmodell versus Förderung von Ressourcen

Während eine Behandlung sexueller Beeinträchtigungen als Dysfunktion innerhalb eines Individuums bzw. Organ- oder Funktionssystems die Störung der Beziehung außer Acht lässt, berücksichtigen paarorientierte Behandlungsansätze stärker ein auf Partnerschaft angelegtes beziehungsorientiertes Sexualitätsverständnis. Ansätze wie die Syndyastische Sexualtherapie leiten daraus weitergehend einen Patientenbegriff ab, der sich nicht nur von dem der allgemeinen klinischen Medizin unterscheidet, sondern der auch über den gängiger paartherapeutischer Ansätze hinaus reicht: Sexuelle Störungen werden nicht alleinig als Störung innerhalb eines individuellen Funktionssystems, sondern als Störung innerhalb einer Beziehung aufgefasst, zu deren erfolgreicher Behandlung sich Arzt bzw. Ärztin primär einem Paar, und nicht einem oder zwei Individuen zuwenden muss (Beier et al., 2005).

Dieser Behandlungsansatz konzentriert sich daher darauf, gemeinsam mit dem Paar herauszufinden, welche Ressourcen in der Beziehung vorhanden sind, um sich gegenseitig das psychosoziale Grundbedürfnis nach Nähe, Akzeptanz und Geborgenheit zu erfüllen. Nicht das »Nicht Können« steht im Mittelpunkt der Therapie, sondern »das Können« und die Wünsche der Partner. Im Unterschied zum Defizitmodell wird der therapeutische Fokus auf das bereits Vorhandene, die Kompetenzen auch oder gerade in der partnerschaftlichen Interaktion, und nicht auf das Fehlende gerichtet. Ein therapeutischer Ansatz, der nicht bei objektiven Beeinträchtigungen stehen bleibt, sondern seine ganze Aufmerksamkeit den noch vorhandenen Möglichkeiten und deren Entwicklung zuwendet, erspart einem Paar nicht nur unnötige frustrierende Erlebnisse, sondern erlaubt Betroffenen, Hilflosigkeitserleben und Verunsicherung aktiv abzubauen, indem sie sich zunehmend als Experten ihrer Partnerschaft und Sexualität erleben. Dies gilt auch oder gerade für Paare, bei denen einer oder beide durch Krankheiten bzw. deren Behandlung oder durch altersbedingte Veränderungen im sexuellen Erleben beeinträchtigt sind: Es ist eine Illusion, dass etwas wieder so sein wird wie früher. Es wird anders sein, was nicht heißen muss, dass es schlechter ist (Berberich et al., 2006).

Was ist Syndyastik?

Der Begriff »Syndyastik« stammt aus dem Griechischen (συνδυαστικός). Seine Übersetzung (»zur Zweisamkeit disponiert«) verweist auf die entwicklungsbiologisch grundlegende Eigenschaft des Menschen, sich als soziales Wesen zu erleben, insbesondere in der Bindung an einen zugehörigen Partner. Die hier außerordentlich intensiv erfahrbare Vertrautheit und Zugehörigkeit bildet ein Fundament individueller Identität. Daher muss angenommen werden, dass der Mensch eine Erfüllung seiner Grundbedürfnisse nach Nähe, Geborgenheit, Wärme, Sicherheit und Akzeptanz als Teil einer inneren Programmierung in der partnerschaftlichen Bindung sucht. Die Syndyastische Sexualtherapie ist folglich ein therapeutisches Verfahren, das dazu beitragen will, die Voraussetzungen einer Erfüllung der Grundbedürfnisse zu verbessern (Beier & Loewit, 2004).

Fallbeispiel

Ein 57-jähriger Patient sucht mich in meiner Praxis auf, weil er seit längerer Zeit sowohl an einer Erektions- als auch an einer Orgasmusstörung leide. Vor 14 Jahren sei seine Ehefrau, die er als sehr dominant beschreibt, an einer Krebserkrankung gestorben. Wegen starker Depressionen habe er sich fünf Jahre lang in psychotherapeutischer Behandlung befunden. Bis vor einem Jahr habe er nur wenige, kurze Beziehungen gehabt. Seit einem Jahr habe er wieder eine feste Beziehung zu einer Frau, die inzwischen zu ihm gezogen sei. Bis dahin habe er eigentlich nur die Arbeit gekannt. Wegen innerbetrieblicher Veränderungen sei er vor einem Jahr vorzeitig in den Ruhestand geschickt worden. Er habe gern gearbeitet und hätte das noch gerne weiter gemacht. Seine etwas jüngere Partnerin stecke noch voll im Berufsleben und habe wegen des Charakters ihrer Tätigkeit sehr unregelmäßige Arbeitszeiten. Wegen seiner Orgasmus- und Erektionsstörungen sei er von einem Urologen eine Zeit lang mit Testoviron® ohne den gewünschten Erfolg behandelt worden. Beim Geschlechtsverkehr fühle er sich zwar geborgen, habe aber keine Lustempfindungen. Er wünsche sich ein erfülltes Sexualleben und wolle seine Partnerin nicht verlieren. Er ist sehr sportlich und in ausgezeichnetem gesundheitlichem Zustand. Medikamente nimmt er nicht. Gesundheitliche Risikofaktoren liegen nicht vor. Die andrologischen Basisuntersuchungen ergaben keinen auffälligen Befund. Ich händige ihm ein Informationsblatt zur Sexualtherapie für Paare aus und bitte ihn, beim nächsten Termin gemeinsam mit seiner Partnerin zu erscheinen, was beide auch tun. Bei der ersten gemeinsamen Sitzung bitte ich sie ihre jeweiligen Ziele zu formulieren, die sie mit der Therapie erreichen wollen. Er möchte gerne nachhaltig die Erektionsfähigkeit erreichen. Sie möchte gerne einen entspannten Partner haben, der die sexuelle Kommunikation genießen kann. Beide einigen sich auf das Therapieziel, gemeinsam ihre sexuelle Begegnung entspannt genießen zu können. Sie berichtet, dass sie bei einem gemeinsamen Urlaub wesentlich mehr Zuwendung empfunden habe als im Alltag. Kaum seien sie wieder in der Wohnung gewesen, habe er sich wieder völlig anders verhalten, als hätte man einen Schalter umgedreht. Es wird auch besprochen, ob sich möglicherweise die Wohnung, in der er lange mit seiner verstorbenen Frau gelebt habe, negativ als Umgebung auf sie auswirke. Als sie das erste Mal in die Wohnung betreten habe, sei sie sich vorgekommen wie in einem Museum. Man habe aber inzwischen einiges verändert und alle Wände neu gestrichen. Meine Frage, ob sie den Eindruck hätten, dass ein vorübergehender Koitusverzicht sich entlastend auf ihre sexuelle Begegnung auswirken könnte, wird von beiden positiv beantwortet. Sie vereinbaren daraufhin, in den nächsten Wochen Partnermassagen auszuprobieren und auf einen Koitus zu verzichten.

Bei der nächsten Sitzung berichtet sie, dass sie den Eindruck habe, dass er überhaupt wenig genussfähig sei. Er meine, er müsse immer etwas tun. Aus einer zärtlichen Situation stehe er morgens plötzlich auf, obwohl er gar nicht zur Arbeit gehen müsse. Sie wolle nicht nur der Akku sein, an dem man sich aufladen könne. Er versucht zu verstehen, warum er das macht und meint schließlich, vielleicht habe er ein schlechtes Gewissen mit 57 Jahren schon im Ruhestand zu sein. Er wolle seine Partnerin auf keinen Fall verletzen, sie sprechen beide sehr rücksichtsvoll miteinander. Bei der nächsten Sitzung äußert sie, dass sie die erotischen Momente im Alltag vermisse. Beim morgendlichen Kuscheln würde er sie kaum noch küssen. Sie vereinbaren, sich wieder Botschaften auf Zettel zu schreiben und sich auch mal wieder am Telefon zu sagen, wenn man den anderen gerne da hätte. Sie möchte sich gerne als Frau begehrt fühlen und ihm gegenüber keine Mutterfunktion haben.

Bei einer der nächsten Sitzungen teilen beide mit, dass sie den Koitusverzicht im gemeinsamen Einverständnis aufgekündigt hätten. Es sei sehr schön gewesen. Letzte Woche habe er sich symbolisch aus der Arbeit entlassen und einen Wecker in die Nidda (Nebenfluss des Mains) versenkt. Angesichts eines gemeinsamen Rügenurlaubes fragen beide nach, ob ich bereit sei, ein Rezept über einen PDE-5-Hemmer auszustellen, was ich tue.

Nach dem Urlaub berichten beide, dass es in Rügen zu ziemlichen Auseinandersetzungen gekommen sei. Kaum in Rügen angekommen, habe er gleich eine Inseltour machen wollen, während sie sich erst einmal habe ausruhen wollen. Sie hätten das erste Mal darüber gesprochen, ob es nicht besser sei, sich zu trennen. Sie wollten aber zusammen bleiben. Mit dem PDE-5-Hemmer sei ein Koitus problemlos möglich, was beide als Bereicherung empfänden. Ein Thema zwischen ihnen bleibt weiterhin die Genussfähigkeit. Sie wolle nicht, dass Streicheln und Zärtlichkeit wieder in den Hintergrund träten, um schließlich ganz zu verschwinden. Beide sagen, dass sie aber zurzeit mit ihrem Sexualleben ganz zufrieden seien

Bei einem »Nachtreffen« nach 2 Monaten berichten beide, dass sich ihre partnerschaftliche Zufriedenheit stabilisiert habe, ob es bei der sexuellen Begegnung zu einem Koitus komme oder nicht, sei für sie von völlig sekundärer Bedeutung. Wenn sie es unbedingt wollten, könne man ja falls erforderlich auch etwas medikamentös nachhelfen.

Kommentar

Das obige Fallbeispiel zeigt, dass die eigentliche Ursache für den Leidensdruck eines Paares bei einer sexuellen Funktionsstörung nicht in erster Linie die Dysfunktion eines Genitalorgans ist, sondern der beiderseitig empfundene Mangel an Zuwendung, Geborgenheit und Akzeptanz. Letzteres wird auch dem hilfesuchenden Mann erst bewusst, wenn die Partnerin in die Behandlung einbezogen wird. Erst durch die Fokussierung auf die Erfüllung dieses psychosozialen Grundbedürfnisses ist eine gegenseitige (Wieder)Annäherung beider Partner möglich. Das hat zur Folge, dass auch der sexuell funktionsgestörte Mann von seinen Versagensängsten und von seinem Leistungsdruck befreit wird, was sich positiv auf die sexuelle Begegnung beider Partner auswirkt. Das »Vorzeigesymptom« der genitalen Funktionsstörung wird in diesem Rahmen ggf. unter Zuhilfenahme von Medikamenten mit behandelt. Denn nicht der Penis, sondern das Paar ist der Patient.

Literatur

Behre, H. M., Bohmeyer, J. & Nieschlag, E. (1994). Prostate volume in testosterone-treated and untreated hypogonadal men in comparison to age-matched normal controls. *Clinical Endocrinology, 40,* 341–349.

Beier, K. M. & Loewit, U. (2004). *Lust in Beziehungen. Eine Einführung in die Syndyastische Sexualtherapie* (S. 3). Berlin: Springer.

Beier, K. M., Bosinski, H. & Loewit, K. (2005). *Sexualmedizin.* Jena: Urban & Fischer.

Benet, A. E. & Melman, A. (1995). The Epidemiology of erectile dysfunction. *Urologic Clinics of North America 22(4),* 699–709.

Berberich, H. J., Rösing, D. & Neutze, J. (2006). Salutogenese und Sexualmedizin. *Urologe A 45(8),* 960–966.

Blanco, R., Saenz de Tejada, I., Goldstein, I., Krane, R. J., Wotiz, H. H. & Cohen, R. A. (1990). Dysfunctional penile cholinergic nerves in diabetic impotent men. *The Journal of Urology 144,* 278–280.

Braun, M., Wassmer, G., Klotz, T., Reifenrath, B., Mathers, M. & Engelmann, U. (2000). Epidemiology of erectile dysfunction: results of the ›Cologne Male Survey‹. *International Journal of Impotence Research, 12(6),* 305–311.

Bremner, W. J., Vitiello, M. V. & Prinz, P. N. (1983). Loss of circadian rhythmicity in blood testosterone levels with aging in normal men. *Journal of Clinical Endocrinology and Metabolism, 56(6),* 1278–1281.

Buddeberg, C., Biton, A., Eijsten, A. & Casella, R. (2007). Management eines Tabus Expect-Studie: Therapie der erektilen Dysfunktion aus der Sicht von Ärzten und Patienten. *Ars Medici, 14,* 689–692.

Casella, R., Deckart, A., Bachmann, A., Sulser, T., Gasser, T. C. & Lehmann, K. (2004). Patient's selfevaluation better predicts the degree of erectile dysfunction than response to intracavernous alprostadil testing. *Urologia Internationalis, 72,* 216–220.

Ceballos-Baumann, A. O. (2005). Idiopathisches Parkinson-Syndrom: Grundlagen, Medikamente, Therapieeinleitung. In A. O. Ceballos-Baumann & B. Conrad (Hrsg.), *Bewegungsstörungen in der Neurologie* (S. 33–70). Stuttgart: Thieme.

Christ, G. J., Richards, S. & Winkler, A. (1997). Integrative erectile biology. The role of signal transduction and cell-to-cell communication in coordinating corporal smooth muscle tone and penile erection. *International Journal of Impotence Research, 9,* 69–84.

Deutsche Gesellschaft für Urologie e.V. (2001). Leitlinien zur Diagnostik und Therapie von Libido- und Erektionsstörungen. *Urologe A, 40,* 331–339.

Feldman, H. A., Goldstein, I., Hatzichristou, D. G., Krane, R. J. & McKinlay, J. B. (1994). Impotence and its medical and psychosocial correlates: results of the Massachusetts Male Aging Study. *The Journal of Urology, 151,* 54–61.

Ferro, C. J. & Webb, D. J. (1997). Endothelial dysfunction and hypertension. *Drugs, 53 (Suppl. I),* 30–41.

George, L. K. & Weiler, S. J. (1981). Sexuality in middle and late life. The effects of age, cohort & gender. *Archives of General Psychiatry, 38,* 919–923.

Ghezzi, A., Malvestiti, G. M., Baldini, S., Zaffaroni, M. & Zibetti, A. (1995). Erectile impotence in multiple sclerosis, a neurophysiological study. *Journal of Neurology, 242(3),* 123–126.

Guirguis, W. R. (1992). Impotence in diabetes: Facts and fictions. *Diabetes Medicine, 9,* 287–289.

Hartmann, U. (1994). *Diagnostik und Therapie der erektilen Dysfunktion. Theoretische Grundlagen und Praxisempfehlungen aus einer multidisziplinären Spezialsprechstunde.* Bern: Lang.

Hedlund, P., Holmquist, F., Hedlund, H. & Andersson, K. E. (1994). Effects of nicorandil on human isolated corpus cavernosum and cavernous artery. *The Journal of Urology, 151,* 1107–1113.

Heuft, G., Kruse, A. & Radebold, H. (2006). *Lehrbuch der Gerontopsychosomatik und Alterspsychotherapie* (S. 63). München: Reinhardt Verlag.

Jost, W. H., Derouet, H. & Schimrigk, K. (1997). Häufigkeit erektiler Funktionsstörungen beim Parkinson-Syndrom. *Aktuelle Urologie, 27,* 26–28.

Juenemann, J. K. P., Muth, S., Rohr, G., Siegsmund, M. & Alken, P. (1990). Does lipid metabolism influence the pathogenesis of vascular impotence? Part 1. *International Journal of Impotence Research, 2 (Suppl. 2),* 33.

Kawanishi, Y., Lee, K. S., Kimura, K., Koizumi, T., Nakatsuji, H., Kojima, K., Yamamoto, A., Numata, A. & Sogou, T. (2001). Screening of ischemic heart disease with cavernous artery blood flow in erectile dysfunctional patients. *International Journal of Impotence Research 13(2),* 100–103.

Kemper, J. C. (1997). Sexuelle Störungen im Alter – Erstgespräch und 13 Jahre danach. In M. H. Wiegand & G. Kockott (Hrsg.), *Partnerschaft und Sexualität im höheren Lebensalter* (S. 61–67). Wien: Springer.

Kim, S. C. & Seo, K. K. (1998). Efficacy and safety of fluoxetine, sertraline and clomipramine in patients with premature ejaculation: A double-blind placebo controlled study. *The Journal of Urology, 159,* 425–427.

Kinsey, A. C., Pomeroy, W. B., Martin, C. H. & Gebhard, P. H. (1948). *Sexual behavior in the human male.* Philadelphia: W. B. Saunders.

Kupelian, V., Shabsigh, R., Travison, T. G., Page, S. T., Araujo, A. B. & McKinlay, J. B. (2006). Is there a relationship between sex hormones and erectile dysfunction? Results from the Massachusetts Male Aging Study. *The Journal of Urology, 176,* 2584–2588.

Langer, D. & Hartmann, U. (1992). *Psychosomatik der Impotenz* (S. 1–13). Stuttgart: Enke.

Lee, Y. S. (1997). Effect of dorsal nerve neurotomy in patients with premature ejaculation. *International Journal of Impotence Research, 9 (Suppl. I),* 39.

Levine, S. B. (1992). *Sexual Life. A clinicians guide.* New York: plenum Press.

Lincoln, I., Crow, R., Blackley, P. F., Pryor, J. P., Lumley, J. S. P. & Burnstock, G. (1987). Changes in VIPergic, cholinergic and adrenergic innervation of human penile tissue in diabetic and non-diabetic impotent males. *The Journal of Urology, 137,*1053–1059.

Maher, E., Bachoo, M., Elabbady, A. A., Polosa, C., Bégin, L. R., Collier, B., Elhilali, M. M. & Hassouna, M. M. (1996). Vasoactive intestinal peptide and impotence in experimental diabetes mellitus. *British Journal of Urology, 77,* 271–278.

Masters, W. H. & Johnson, V. E. (1966). *Human sexual response.* Boston: Little, Brown & Co.

Masumori, N., Tsukamoto, T., Kumamoto, Y., Panser, L. A., Rhodes, T., Girman, C. J., Lieber, M. M. & Jacobsen, S. J. (1999). Decline of sexual function with age in Japanese men compared with American men – results of two community-based studies. *Urology 54,* 335–344.

McVary, K. T., Brannigan, R. & McKenna, K. E. (1997). Sexual dysfunction in the diabetic BB/WOR rat: a model for the role of central and peripheral neuropathy and decreased nitric oxyd synthase. *The Journal of Urology, 159,* No 5, Suppl. 239.

Muller, J. E., Mittleman, M. A., Maclure, M., Sherwood, J. B. & Tofler, G. H. (1996). Triggering myocardial infarction by sexual activity. *JAMA, 275,* 1405–1409.

Porst, H. (2000). *Manual der Impotenz* (S. 85–90). Bremen: Uni-Med.

Rosen, R. C., Riley, A., Wagner, G., Osterloh, I. H., Kirkpatrick, J. & Mishra, A. (1997). The International Index of Erectile Function (IIEF): a multidimensional scale for assessment of erectile dysfunction. *Urology 49(6),* 822–830.

Schaefer, G. A. & Ahlers, C. (2006). Differentialdiagnostische Diskussion der Erektionsstörung. *Urologe A, 45(8),* 967–974.

Speel, T. G. W., van Langen, H. & Meuleman, E. J. H. (2003). The risk of coronary heart disease in men with erectile dysfunction. *European Urology, 44,* 366–371.

Thiele, A., Degenhardt, A. & Jaursch-Hancke, C. (2001). Bewältigung körperlicher Altersveränderungen bei gesunden Männern. In E. Brähler & J. Kupfer (Hrsg.), *Mann und Medizin* (S. 54–69). Göttingen: Hogrefe.

Veldhuis, J. D., Urban, R. J., Lizarralde, G., Johnson, M. L. & Iranmanesh, A. (1992). Attenuation of luteinizing hormone secretory burst amplitude is a proximate basis for the hypoandrogenism of healthy aging in men. *Journal of Clinical Endocrinology & Metabolism, 75,* 52–58.

Vermeulen, A. & Kaufmann, J. M. (1995). Aging of the hypothalamo-pituitary-testicular axis in men. *Hormone Research, 43,* 23–28.
Zilbergeld, B. (1996). *Die neue Sexualität der Männer.* Tübingen: dgvt-Verlag.

Lesbische Intimität in der zweiten Lebenshälfte

Kirsten Plötz

Wo lesbische Intimität beginnt, ist eine leidenschaftlich diskutierte Frage. Ist es ein auf Frauen bezogener Lebensstil, eine angeborene Disposition, eine rein sexuelle Orientierung oder ein jeder Frau innewohnendes Bedürfnis? Überhaupt ein tragfähiges Identitätskonzept? Im Folgenden wird mit keinem dieser Ansätze gearbeitet, denn ›die Lesbe als solche‹ existiert nicht, und manch eine lesbisch lebende Frau verbittet sich diese Bezeichnung. Wenn sich eine 65-jährige Frau in eine Frau verliebt und zuvor ein glückliches heterosexuelles Leben führte, ist eine Beschreibung als Lesbe irreführend. Hat nun eine Frau, die viele Jahre lang mit ihrer inzwischen verstorbenen Lebensgefährtin zusammen war, gegenwärtig eine flüchtige Affäre mit einem Mann, ist es nicht angemessen, von ihr als einer heterosexuellen Frau zu sprechen, denn dies würde ebenfalls einen bedeutenden Teil ihrer Persönlichkeit und Erfahrungen verleugnen. Deshalb wird im vorliegenden Text nicht von Identitäten, sondern von Handlungen und Empfindungen gesprochen – dem lesbischen Leben. Als lesbisch lebend wird eine Frau beschrieben, die enge Bindungen mit anderen Frauen sucht bzw. eingeht, in deren Leben Frauen die höchste Priorität haben und die für ihre intimen Kontakte Frauen bevorzugt. Sexualität ist nicht zwingend ein Kriterium, denn es ist keineswegs geklärt, welche Form der Sexualität bedeutend ist, wie sich dies feststellen ließe oder wie daraus ein Konzept des Lesbischen entwickelt werden könnte. Sexualität ist generell mit geschlechtsspezifischer Ungleichheit so eng verflochten, so schwer zu fassen und so different, dass sie ein problematischer Indikator für Identitätskonzepte ist (vgl., um aus der Fülle entsprechender Literatur nur einige zu nennen, Daimler, 1991; Sydow, 1994; Schmersahl, 1998; Jäger, 1998; Ebberfeld, 2003; Plötz, 2005).

In öffentlichen Debatten scheinen sich lesbisches Leben und Alter auszuschließen und zusammen nahezu unsichtbar zu werden. Wie viele Frauen in der zweiten Lebenshälfte lesbisch leben, ist gänzlich unbekannt, denn es ist kaum möglich, lesbisch lebende Frauen zu quantifizieren. Welches statistisch relevante Merkmal sollte auch herangezogen werden? Nur eine sehr kleine Minderheit ließ die Lebenspartnerschaft eintragen (vgl. z. B. Schmauch et al., 2007, S. 10). Auch im alltäglichen Zusammentreffen bleibt lesbisches Leben häufig unerkannt. Oftmals wird unterstellt, alle Menschen seien heterosexuell orientiert – bis zum ausdrücklichen Beweis des Gegenteils. Doch wer alten Frauen begegnet, kann sich nicht darauf verlassen, dass diese offen benennen, wie eng sie mit ihrer Freundin liiert sind. Heterosexualität wird in hohem Maß – beispielsweise bei Altersrenten, aber auch in der medizinischen Versorgung – privilegiert, während Lebensgemeinschaften von Frauen vielfach abgewertet und stigmatisiert werden. Verdeckt zu leben, ist eine weit verbreitete Strategie, mit dem Stigma umzugehen (vgl. Hänsch, 2003; Landeshauptstadt München, 2004; Plötz, 2006; Schmauch et al., 2007).

Um die gegenwärtige Lage und sozialpolitische Empfehlungen zu erkunden, förderte das Land Niedersachsen eine Untersuchung über Alltage und Erwartungen lesbisch lebender Älterer, parallel zu einer Forschung über schwules Altern (Bochow, 2005). Für die qualitativ angelegte Studie wurden 22 lesbisch lebende Frauen ab 55 Jahren befragt. Ziel war eine detaillierte Momentaufnahme, in der eine große Bandbreite lesbischen Alterns abgebildet ist. Es sollte deutlich werden, wie unterschiedlich sich die Frauen ihr Leben aneignen. Die Suchstrategie nach Interviewpartnerinnen, die offenen Fragen des Leitfadens sowie die Auswertung spiegeln dies wider. Leider gelang es nicht, Frauen zu interviewen, die vor 1934 geboren sind. Dies hätte aufwändigere Suchstrategien erfordert (vgl. Plötz, 2006, S. 13–17). Im Folgenden werden Ergebnisse dieser Studie, fokussiert auf Sexualität und Partnerinnenschaft, zusammengefasst.

Für einige der interviewten Frauen ist die Partnerin die mit großem Abstand wichtigste Person im Leben. So erzählt die 1935 geborene Hildegard Dohnsen (ihr Name ist, wie der aller anderen Personen, anonymisiert) mit Nachdruck: *Und die allergrößte Liebe von allen und eben auch die reifste Liebe ohne Zweck war dann die zu Gisela. Als das losging – das war dann wirklich das Schönste, was ich je erlebt habe!* [...] *Ja, und schöner kann es nicht kommen. Will ich auch nicht! Wie lange sind wir zusammen? 17 oder 18 Jahre.* Auch ihre Partnerin beschreibt ihre Lebensgemeinschaft als *eine Beziehung von großer Innigkeit* [...] *Wir sind sehr innig miteinander verwoben.* Beide wohnen zusammen und gestalten ihren Wohnraum mit Leidenschaft.

Ähnlich die 1939 geborene Annegret Sieber. Nach den glücklichsten Zeiten ihres Lebens gefragt, antwortet sie, diese seien *immer in Gemeinsamkeit* mit ihrer Partnerin, mit der sie seit rund 20 Jahren zusammen lebt. Annegret Sieber betont, sie sehen sich *ja als sehr bürgerliches Paar.* Daher lag es für sie nahe, die Lebenspartnerschaft eintragen zu lassen – womit sie allerdings die einzige unter den Interviewten ist.

Andere Frauen haben eine Partnerin, diese ist aber keine Wohngefährtin. Eine Umfrage in Frankfurt/M. ergab, dass 62% der befragten Frauen eine Lebensgefährtin haben, doch nur 28% mit ihr zusammen wohnen (vgl. Schmauch et al., 2007, S. 11). So auch die 1939 geborene Gertrud Makowski und die ein Jahr ältere Christiane Kolb, die seit 1996 liiert sind. Gertrud Makowski betont, sie habe *eine ganz tolle Beziehungsfrau*, und für Christiane Kolb soll diese Bindung ausdrücklich halten, *so lange ich lebe.* Doch wenn sie zusammen wohnten, würden ihre Unterschiede bei der Haushaltsführung, so vermuten sie, für zu viel Kontroversen sorgen.

Bärbel Klemke (1944 geboren) wiederum ist seit einigen Jahren Single und sucht eine Lebensgefährtin für eine eheähnliche Gemeinschaft. Kürzlich schrieb sie eine entsprechende Annonce und hoffte auf den *Glücksfall.* Sie traf auf eine Frau, die allerdings *noch nicht recht weiß, was sie will.* Diese Frau *muss sie sich ja auch irgendwo in die Richtung entscheiden, ne.*

Lesbische Beziehungen können nicht genauso selbstverständlich eingegangen werden wie heterosexuelle. Immer ist ein Stigmamanagement erforderlich, und mancher Frau gelingt dies nicht. Über etliche Jahre war beispielsweise die 1938 geborene Elke Kramer unglücklich in eine Frau verliebt, *die total voller Ängste steckte, was ihr passieren könnte, wenn sie ihr Leben so ändert, dass sie mit einer Frau zusammen ist.* Erst mit Mitte 60 beschreibt sich Elke Kramer als glücklich verliebt. Zum Zeitpunkt des Interviews befanden sie und ihre Freundin sich in der *Verlobungszeit*, in der sie *einfach gucken: Wie ist die andere? Ertrage ich sie auf Dauer? Wie bin ich eigentlich in der Beziehung? Kann ich mich eigentlich ihr zumuten mit all meinen Macken? Erträgt sie mich? Ertrage ich sie mit all ihren Problemen? Wir werden sehen. Aber wir wollen es schaffen, und das ist also das Ausschlaggebende.*

Inzwischen sucht auch die 1944 geborene Gerda Balcke wieder eine Freundin. Gerda Balcke ist eine lesbische Witwe, allerdings ohne den formalen Status: Ihre frühere Lebensgefährtin, mit der sie 20 Jahre lang eine *ganz tolle Liebesbeziehung* hatte, verstarb vor einigen Jahren unerwartet. Morgens hatten sie noch miteinander gesprochen; es *war so ein Zeitraum von anderthalb Stunden vielleicht dazwischen. Und da war sie tot. Also, das hat mich total irgendwie so aus der Bahn geschmissen, ne?* Doch sie hat, wie sie sagt, *immer ir-*

gendwie dann für mich einen Weg gefunden, auch aus der ersten Trauer heraus. Ihren aktuellen Wunsch nach einer Freundin formuliert sie so: *Also, was ich mir so wünschen würde, wäre eine wirkliche Nähe, also emotional, geistig, körperlich und trotzdem auch die Fähigkeit, eben für sich sein zu können, ne?*

Wo aber findet sich eine neue Partnerin? Selbstverständlich können sich Frauen bei alltäglichen Beschäftigungen wie dem Einkaufen kennen lernen und füreinander interessieren, aber es erleichtert die Anbahnung neuer Kontakte, wenn passende Orte genutzt werden können. Insgesamt ist jedoch ein Mangel an altersgerechten Begegnungsmöglichkeiten festzustellen, in denen das lesbische Leben akzeptiert ist. Die tendenziell geringe Finanzkraft älterer Frauen wird einer der Gründe dafür sein, dass kaum kommerzielle Angebote existieren. Einrichtungen der offenen Altenarbeit wiederum sind zumeist so heterosexuell ausgerichtet, dass sie lesbisch lebende Frauen indirekt ausladen – von Altenheimen gar nicht zu sprechen; keine der interviewten Frauen geht davon aus, dort ihre Würde wahren zu können, und die dort üblichen Hierarchien bedrohen den lesbischen Eigensinn (vgl. Plötz, 2006, S. 106–110). Die Offene Initiative lesbischer Frauen e.V. in Berlin-Neukölln (RuT) nannte denn auch eine Broschüre, die sich an Heim- und Pflegedienstleitungen sowie an Betreuungs- und Pflegepersonal richtet: »›Bei uns gibt es so etwas nicht ...‹ Lesbische Frauen – (k)ein Thema in der Altenpflege?« (2005). Seit einigen Jahren kritisieren auch Institutionen wie das Kuratorium Deutsche Altershilfe – Wilhelmine Lübke Stiftung die Ausblendung lesbischen Lebens im Alter (vgl. Gerlach, Knese, Ness & Swoboda, 2002). Doch noch interessieren sich kaum Einrichtungen der Altenhilfe dafür, wie sie sich für Bedürfnisse lesbischen Lebens sensibilisieren können; zumeist wird kein Bedarf vermutet. Die Fortbildungsangebote von »Pflege.Andersrum« in Hamburg beispielsweise werden kaum genutzt (Röschmann & Trampenau, 2005).

Erstrebenswert sind Angebote, die lesbisch lebende Ältere tatsächlich einladen. Falls jedoch nur ein einziges solcher Angebote pro Gemeinde vorhanden ist, werden dies viele lesbisch lebende Ältere nicht annehmen, denn ihre Mobilität lässt nach, und die Vorlieben sind vielfältig: von ausdrücklichen Angeboten für ältere Frauen über Treffen für lesbisch lebende Frauen bis hin zu Einrichtungen schwullesbischer Art (vgl. ebd., S. 166–180).

Nicht alle lesbisch lebenden Älteren streben eine exklusive Paarbeziehung an. Manche suchen vielmehr Wärme, Zärtlichkeit und eine Gefährtin für gemeinsame Unternehmungen. So schildert z. B. die 1937 geborene Renate Goetz, dass für ihr bisheriges Leben Paarbindungen nicht besonders wichtig waren. Renate Goetz ist bewusst Single, doch zusammen alt zu werden, findet sie reizvoll – sofern kein *Alltagstrott* einkehrt. *Und jetzt so im Winter, wenn das so düster ist und die Abende so lang, dann denke ich manchmal: »Ach, wäre schön, jetzt mit so einer Vertrauten zu sitzen und gegenseitig was vorzulesen oder zu schmusen oder sonst was Schönes. Oder zu reisen!«*

Einen anderen Grund formuliert die 1945 geborene Sigrid Morgenrot. Sie sucht keine enge Paarbindung mehr, seitdem ihre große Liebe und sie auseinander gingen, und sagt, sie *plane nicht Liebesbeziehungen bis ans Lebensende. Das ist nicht mehr mein Ding*. Sigrid Morgenrot, *früher* [...] *ein sehr extrovertierter Mensch,* hat sich *sehr zurückgezogen*. Inzwischen prüft sie sorgfältig, mit wem sie ihre Zeit verbringen möchte. *Meine Zeit ist zu kostbar!* [...] *Weil ich deutlich weiß: Es gibt Grenzen. Ich habe nur ein Leben. Siehe da! Ich habe nur ein Leben. Das habe ich früher standhaft ignoriert.*

Damit, gleichzeitig ihren sozialen Zusammenhang zu reduzieren und die erwünschten Kontakte zu intensivieren, steht Sigrid Morgenrot nicht alleine. Begründet wird dies genauso mit Wünschen nach mehr Ruhe und Verlässlichkeit wie nach gezielten statt oberflächlichen Aktivitäten und Begegnungen.

Aus wieder anderen Gründen strebt auch die 1945 geborene Angelika Lehne keine enge, intime Paarbeziehung an: *Und meine jetzige Freundin, die kenne ich seit 21 Jahren. Wir hatten am Anfang auch eine übliche Liebesbeziehung, die aber nach ein paar Jahren übergegangen ist in eine so genannte ›normale Freundschaft‹, also ohne Sex. Wir haben eine innige Freundschaft, leben aber nicht zusammen und wollen wir auch nicht. Man kann das nicht mehr ›Beziehung‹ nennen. Wobei zu fragen wäre: Was ist der Unterschied zwischen Freundschaft und Beziehung? Ist das nur der fehlende Sex, oder was spielt das für eine Rolle? Weiß ich nicht so genau. Es ist schon mehr als eine allgemein übliche Freundschaft. Es ist schon etwas inniger, aber eine Beziehung im üblichen Sinne ist es auch nicht. Also, sie ist da auf der Suche nach einer neuen engen Partnerin, und ich aber nicht. Und ja, so diese Freundschaft, die ich jetzt mit ihr habe, die reicht mir. Mehr will ich gar nicht. Ja. Weil ich auch aufgrund von Medikamenten, die ich nehmen muss, keine sexuellen Bedürfnisse mehr habe. Also, was soll ich mit einer Partnerin? Ja. Ist auch ein Argument, ja.*

Die Medikamente, von denen Angelika Lehne spricht, nimmt sie gegen Depressionen, unter denen sie mehrere Jahre stark gelitten hat. Sie will nicht noch einmal erleben, so *lahm gelegt* zu sein und sich nur noch den Tod zu wünschen.

Enge Freundschaften von Liebesbeziehungen abzugrenzen, fällt nicht nur Angelika Lehne schwer. Wenn tatsächlich nur solche Beziehungen als intim gelten, in denen Sexualität eine tragende Rolle spielt, müssten auch sehr viele heterosexuelle (besonders langjährige) Bindungen als platonische Freundschaften bezeichnet werden. Und was gilt als Sexualität, was als Erotik? Der – häufig gewählte – Fokus auf den Koitus reduziert die Bandbreite des Sexuellen drastisch und beschreibt daher das sexuelle Erleben ungenügend (vgl. z. B. Bucher sowie v. Sydow in diesem Band). Für die lesbische Sexualität ist dieser Fokus ohnehin unbrauchbar.

Als ältere Frau öffentlich über lesbische Sexualität zu sprechen, fällt selten leicht. Ist die eigene erotische Praxis ohnehin für einen Großteil der Bevölkerung ein brisantes Thema, ist dies bei lesbischem Begehren besonders heikel. Hier ist zu bedenken, dass über Sexualität unter Frauen seit Jahrzehnten in gering schätzender Weise kommuniziert wird. So ist ein ›lesbisches‹ Intermezzo ein üblicher Bestandteil pornografischer Darstellungen für Männer – und zwar in einer Weise, die nahe legt, dass Sexualität unter Frauen gewissermaßen harmlos bzw. lediglich ein ›Vorspiel‹ zum ›Eigentlichen‹, dem heterosexuellen Geschlechtsverkehr, ist (vgl. z. B. Dettmann, 1963). Zudem sind abwertende Äußerungen gegenüber lesbisch lebenden Frauen häufig sexuell konnotiert (vgl. Stein-Hilbers, Holzbecher, Klodwig, Kroder & Soine, 1999). Das Sprechen lesbisch lebender Frauen über ihre Sexualität ist also über das für heterosexuell lebende Menschen übliche Maß hinaus belastet. Für ältere Frauen kommt hinzu, dass ihnen Sexualität oftmals nicht mehr zugestanden wird (vgl. z. B. Sydow, 1994).

Im Interview sprechen die meisten der von mir befragten älteren Frauen denn auch kaum über Erotik oder Sexualität in ihrem gegenwärtigen Alltag. (Ähnlich in Daimler, 1991, Portrait Käthe D.) Manche äußern, dass die Sexualität wenig bis keine Bedeutung für ihr Leben habe. Almut Grüneberg beispielsweise, 1940 geboren, verzichtet offenbar auf Sexualität mit ihrer Partnerin: *Also, ich sage immer, wenn ich gefragt werde: Wir teilen Haus und Hund. Das Bett seit Jahren nicht mehr.* Ähnlich schildert die 1946 geborene Vera Spiering die Bedeutung der Sexualität in ihrer ebenfalls langjährigen Partnerinnenschaft: *Also, was vielleicht auch interessant ist, ist das Kapitel Sexualität. Und zwar habe ich so den Eindruck, das ist alles nicht mehr so wichtig. Das ist alles nicht mehr so wichtig, wenn man älter wird. Das hat eine andere Qualität. Also, jemanden zu lieben, zu mögen, Hand zu halten, so kuscheln, knuddeln oder was auch immer: Das hat eine andere Qualität als jetzt so sich immerzu unter Leistung bringen. Das ist mir nicht mehr so wichtig. Manchmal denke ich: »Das kannst du schon gleich sein lassen.«*

Anders die 1934 geborene Ilse Hennerk: *Die Leidenschaft ist nicht mehr so groß. Gut, man geht auch mal zusammen ins Bett, aber es ist nicht mehr so –*

Gott, wie damals, also, weltbewegend, ja? Es ist ruhiger, zuverlässiger irgendwie, würde ich sagen. Zuverlässigkeit wertet Ilse Hennerk inzwischen übrigens ausgesprochen positiv.

Für Gerda Balcke scheint Sexualität, unabhängig vom Alter, ein fester Bestandteil ihres Lebens zu sein. Sie sucht eine Freundin, mit der auch körperliche Nähe möglich ist, und vom Verhältnis zu ihrer rd. 20 Jahre älteren, verstorbenen Lebensgefährtin erzählt sie, *körperlich wäre das für mich überhaupt nicht zu dieser Entfernung irgendwie gekommen, wenn sie nicht eben durch ihre Krankheit dann sich da einfach raus genommen hätte, ne? Also, selbst das hätte mich nicht da irgendwie entfernt von ihr oder so, aber sie sagte eben, sie würde dann eben so angestrengt irgendwie sein im Hinblick auf so Schmerzsituationen oder so, dass sie das eben dann auch gar nicht irgendwie genießen könnte oder so, ne? Und ich hätte mich da auch auf – ich weiß nicht, also noch langsamer, vorsichtiger oder wie auch immer – hätte ich mich alles irgendwie gut drauf einlassen können, so, ne?*

Zurzeit lässt sich der allgemeine Gesundheitszustand lesbisch lebender Älterer nicht fassen, denn es fehlt an entsprechenden Untersuchungen. In Überblicken zur Frauengesundheit wird lesbisches Leben selten berücksichtigt. So heißt es 2004 in einem Vortrag für die Enquetekommission »Frauengerechte Gesundheitsversorgung NRW«, dass die meisten Ärztinnen und Ärzte irrigerweise vermuten, sie haben keine Patientinnen mit lesbischem Hintergrund. Grundsätzlich wird eine heterosexuelle Lebensführung unterstellt (vgl. Seyler, 2004; siehe auch Rimmler, 1998). Vorsichtig vermutet die Ärztin Gabriele Dennert, lesbisch lebende Frauen scheinen weniger Wechseljahrsbeschwerden zu haben, da sie mit ihrem Körper und Aussehen zufriedener sind als heterosexuell lebende Frauen. Vorsorge- und Früherkennungsuntersuchungen dagegen nehmen Patientinnen oftmals nicht in Anspruch, wenn sie befürchten müssen, von den Ärztinnen bzw. Ärzten diskriminiert zu werden. Auch rauchen lesbisch lebende Frauen überdurchschnittlich häufig (vgl. Dennert, 2005). In den von mir erhobenen Interviews fällt auf, dass diverse Beschwerden und Krankheiten genannt werden, die durch Stress verstärkt werden oder gar entstehen: Tinitus, Bandscheibenvorfall, Magengeschwüre, Allergien, hoher Blutdruck, Migräne etc. Möglicherweise steht dies mit den anstrengenden Anforderungen eines Stigma-Managements des lesbischen Lebens in Zusammenhang. Auch spürt eine der Frauen noch Beschwerden von einem Freitodversuch, den sie unternahm, nachdem ihre Geliebte starb und sie selbst kaum unterstützt wurde (vgl. Plötz, 2006, S. 197–206).

Von einer kreativen Sexualität, die körperliche Beschwerden oder Einschränkungen berücksichtigt, spricht auch die 1941 geborene Adelheid Groper, für die Sexualität erst als Ältere wichtig geworden ist. Gefragt, ob sie der Darstellung ihres Alltags noch etwas hinzufügen möchte, antwortet sie: *Na ja, es ist natürlich die Frage, die man meistens ausspart: Die Frage mit der Sexualität. Das ist ja immer ein wichtiger Bestandteil, weiß ich inzwischen. Und das ist ja, wenn man damit anfängt, nicht so einfach. Also, einfach sind Zärtlichkeiten, aber schwieriger ist die Sexualität an sich, wenn es so was gibt, also so eine Verbindung. Und ich glaube, das habe ich oft unterschätzt, wie wichtig das ist. Und bin ich eigentlich jetzt erst vor kurzem dazu gekommen, dass ich das auch gut fand und interessant und wichtig und erlebnisreich und weiß ich, was man noch alles dazu sagen kann.* [...] *also, für mich ist es immer wichtig gewesen: Zärtlichkeit, Übereinstimmung oder Annäherung, Möglichkeiten, sich auszutauschen.* [...] *Ich weiß nicht, warum ich eine Sperre habe. Habe es einfach immer wieder festgestellt. Und habe, als dann diese Diskussion mit dem sexuellen Missbrauch aufkam und ich ja auch Frauen kennen lernte und so, schon aufmerksam geworden. Aber ich habe weder mit Hilfe noch ohne Hilfe also dafür Indizien gefunden. Und trotzdem weiß ich, dass irgendwas, in welcher Art auch immer, da sein muss, was mich da gesperrt hat.*

Mit ihrer gegenwärtigen Freundin erlebt sie jetzt Sexualität, *wo ich dachte auch, das geht nicht mehr. Also auch, weil mit einer anderen Freundin eben nicht ging. Und es lag auch zum Teil an mir, weil ich – na, einmal, was ich vorher schon erzählt hatte, da irgend eine Hemmschwelle hatte, und diese Hemmschwelle hat sich leider auch körperlich niedergeschlagen. Es gibt so eine Krankheit, das hat bei mir schon angefangen, so um die 40, dass sich der Genitalbereich zurückbildet. Also eigentlich was, was man im Alter – also, was weiß ich, mit 70, 80 bildet sich ja auch was zurück. Die Scham, wegen der Hormongeschichte.* [...] *Und das ist eben bei mir mit den Wechseljahren schon sehr stark eingetreten. Also sehr früh eingetreten. Das heißt, die Schamlippen gehen zurück. Wo das noch hinführt, weiß ich nicht, das macht mir auch ziemliche Angst. Und wie immer mit diesen seltenen Geschichten weiß die Medizin nicht weiter damit, ne. Na ja, und das schränkt natürlich bei der Sexualität ein, wenn immer alles juckt und weh tut und so. Und trotzdem habe ich mit ihr das zu einem Teil überwinden können. Also, das war für mich wirklich ein Erlebnis.*

Die *Sperre*, von der Adelheid Groper spricht, könnte – wie bei vielen anderen Frauen auch – eine Auswirkung sexueller Gewalt sein. Grundsätzlich kann ein solches Hindernis, Sexualität lustvoll und angstfrei zu erleben, jede Intimbeziehung stören. Sind zwei Frauen intim, ist die Wahrscheinlichkeit per se doppelt so hoch (vgl. z. B. Tost, 1995; Böhmer, 2003).

Hinzuzufügen ist eine Äußerung der 1918 geborenen Elisabeth Heidkamp, die im Alter Soziologie studierte und sich in diesem Zusammenhang mit Sexualität beschäftigte. Elisabeth Heidkamp, die ihr Leben lang lesbische Beziehungen hatte, resümiert, im Alter ändere sich nicht die Intensität, sondern die Häufigkeit lesbischer Sexualität (vgl. Bührmann, 2000, S. 88).

In den bisher vorgestellten Interviewpassagen wird teilweise unausgesprochen vorausgesetzt, dass der weibliche ältere Körper sexuell anziehend ist. Doch keine der interviewten Frauen äußert explizit, dass auch – oder vielleicht: gerade – ihr älterer Körper von anderen Frauen als attraktiv angesehen wird. Ebenso wenig sprechen sie darüber, ob sie selbst ältere Frauen als körperlich anziehend empfinden. Anders als im gelebten Alltag schließen sich in der verbalen Kommunikation über Anziehungskraft – öffentlich und in den vorgestellten Interviews – weibliche Schönheit und Alter normativ aus. Falls dieses Thema angeschnitten wird, wird vielmehr ein negativer Blick auf den älteren Frauenkörper geworfen.

Vehement meint die 1946 geborene Ursula Michaelis über die Veränderungen des Körpers beim Altern: *Das muss man ja negativ sehen!* Ursula Michaelis spitzt nun zu, was in anderen Interviews eher angedeutet wird: *Eine leichte Gewichtszunahme ist damit verbunden; man kann also längst nicht mehr so viel essen. Ich habe nie viel gegessen, aber man kann selbst nicht mehr diese Menge zu sich nehmen, die man früher zu sich – ohne dass sich überhaupt was getan hat. Jetzt, wenn man ein paar Mal gut gegessen hat, hat man gleich ein Pfund drauf, nicht? Also, das ist auch natürlich nicht sehr angenehm. Die Haare werden grau, da muss man was machen: Tönen und so weiter. Das finde ich nicht so gut. Ne, das merkt man schon! Ja. Dass man eine Brille braucht, nicht? Das sind alles so Sachen: Kommt so eins zum anderen.* [...] *Wenn man auch so merkt – ich gehe zum Beispiel im Sommer sehr viel schwimmen. Und wenn ich dann so meinen Kilometer geschwommen bin und sehe, was ich jetzt für eine Zeit brauche, und was ich vor zehn Jahren für eine Zeit – dann kann ich mich schon wieder ärgern, ja? Denke mir: »Verflixt noch mal!« Aber es ist so. Das sind so Niederlagen. Ich empfinde das als Niederlage.*

In welcher Weise sich die von ihr empfundenen Niederlagen in ihrer Sexualität oder Attraktivität niederschlagen, erwähnt sie nicht. Über Anziehungskraft spricht dagegen Annegret Sieber. Das *tollste Alter*, sagt sie, *ist so für mich die Phase so zwischen 30 und 50. Also schon eine große Spanne. Schon eine große Spanne. Und am unattraktivsten finde ich eigentlich das jugendliche Alter.* [...] *Das reifere Alter, wo man also mit mehr Selbstbewusstsein*

Dinge selbst in die Hand genommen hat, das ist sicherlich erst, wenn man die 30 überschritten hat [...]. *Da ist man auch sehr attraktiv. Als Mann oder Frau, ist ja eigentlich völlig wurscht. Diese Art der Attraktivität, locker bis in die 50er Jahre rein, finde ich spannend und toll* [...].

Annegret Sieber ist zum Zeitpunkt des Interviews über 60 Jahre alt, sieht sich also vermutlich nicht mehr auf diese Weise als attraktiv an. Darüber äußert sie sich genauso wenig wie über ihre Sexualität. Doch insgesamt wirken ihre Schilderungen der Veränderungen durch das Alter relativ gelassen. So sagt sie: *Ja, ich bin älter geworden und muss akzeptieren, dass ich manche Dinge nicht mehr machen mag. Ich könnte vielleicht manches noch machen, aber, ich sage mal, mental einfach mich nicht mehr so anstrengen will.* Wie ihr ganzes Leben lang betreibt sie auch gegenwärtig Sport. Ihre Figur *könnte ich noch wieder ein bisschen idealer gestalten,* doch *da bin ich nicht bereit zu, weil, das ist so ein Stück Lebensqualität, die ich mir einfach gönne.*

Margot Wagner, 1945 geboren, deutet als einzige der interviewten Frauen eine erotische Dimension in Verbindung mit ihrem Körper an: *Damit muss frau sich dann auch abfinden, dass sie nicht mehr die Schlanke, Schöne ist mit den knackigen Äpfelchen, sondern dass das dann eher überreife Zwetschgen geworden sind.* Sie selbst ist, meint sie, *in der glücklichen Lage,* jünger auszusehen, als sie ist.

Wie Ursula Michaelis und Annegret Sieber knüpft Margot Wagner an vorherrschende Diskurse an, nach denen das Alter – teilweise bereits das mittlere Alter – weithin als Ende der Schönheit gilt. Gesellschaftlich wird die vermutete Blüte des Lebens wie auch die Vergänglichkeit in hohem Maße am weiblichen Körper abgehandelt. Mehrere der interviewten Frauen nutzen einen Ausweg, der in der öffentlichen Debatte einen erheblichen Stellenwert einnimmt: die Vorstellung der »jungen Alten«. Dieser Entwurf grenzt sich gegen eine eingeschränkte Leistungsfähigkeit genauso ab wie gegen Krankheiten oder das hohe Alter und betont die »Jugendlichkeit« des »3. Lebensalters« im Kontrast zu Beschwernissen und Lasten des »4. Lebensalters« (vgl. z. B. den Sammelband von Akashe-Böhme, 1992 sowie Tschirge & Grüber-Hrćan, 1999).

In der Vorstellung vom »jungen Alter« steckt auch eine Abgrenzung vom Umgang mit dem alten Körper, den die interviewten Frauen vielleicht bei früheren Generationen erlebt haben, als Erotik im (weiblichen!) Alter fast undenkbar war. So betont Margot Wagner: *Also, es ist nicht so, dass ich mich jetzt total aufs Altenteil zurückziehe und jetzt nur noch von einem Urlaub und von einem Aufenthalt im Solebad Sowieso zur nächsten Thermalstelle Sowieso – sondern, ich will ja noch richtig wieder was tun.*

Sich als jünger zu erleben, kann sehr weit gehen. Die 1943 geborene Gisela Ockert erzählt, wie sie von einer langjährigen Freundin, ihrer ersten großen Liebe, angerufen wurde. Diese *sagte: »Ich möchte dich einladen, zu meinem 60. Geburtstag.« Und ich sagte: »Brigitte, du musst dich irren. Du wirst doch nicht 60.« Sie beharrte darauf: »Doch, ich muss es doch wissen! Ich werde 60.« Und dann habe ich einen Moment nachgedacht, und dann wurde mir klar, zum damaligen Zeitpunkt, ich war 56. Aber ich hatte es nicht im Kopf. Ich habe mich damals nicht wie 56 gefühlt und heute nicht wie 60. Worauf das zurückzuführen ist, weiß ich nicht. Also, ich fühle mich sehr viel jünger, als ich tatsächlich bin. Hat wahrscheinlich damit zu tun, dass ich einfach glücklich bin und gerne lebe und auch nicht Einschränkungen empfinde, in gesundheitlicher Weise oder sonst wie. Also, beim Hundertmeterlauf würde ich sehr alt aussehen, das ist klar. Aber wer macht schon Hundertmeterläufe im Alltagsgeschehen?*

Von einer ähnlichen Irritation spricht die 1936 geborene Heidelinde Sassen: *So um mein 55. Lebensjahr herum habe ich dann so angefangen, das eben so zu sehen, zu registrieren, ne? Also, dass die Haut schlaff wird hier und das mit den Falten. Inzwischen habe ich ja ganz viele Falten. Und auch die Muskulatur an den Beinen wird anders. Und das ist so ein schleichender Prozess: Das ist ja ein ganz allmählicher Prozess, und ich weiß eigentlich erst seit ein paar Jahren, dass ich mich damit praktisch jeden Tag von Neuem – na, »aussöhnen« ist das falsche Wort. Also, es annehmen muss, bereit sein muss, diesen Alterungsprozess, der in der Hauptsache ein äußerlicher ist. Also innerlich fühle ich mich an ganz vielen Tagen wie ein junges Mädchen. Ja. Aber äußerlich eben ... Manchmal versuche ich das dann in Übereinstimmung zu bringen: das Äußerliche mit dem Innerlichen.*

Positiv klingt hier nur, dass sie sich innerlich *wie ein junges Mädchen* fühlt. Das fällt auf, denn ihre reale Jugend schildert Heidelinde Sassen als recht quälende Zeit. Offensichtlich hat sie nicht die konkrete Lebensphase der Jugend im Blick, sondern abstrakte Jugendlichkeit. Für ein Wohlbefinden in nicht »jung gebliebenen«, sondern älteren Körpern scheint es kaum Ausdrucksmöglichkeiten zu geben.

Von einem Jugendkult ist dies jedoch weit entfernt. Keine der interviewten Frauen äußert, dass besonders junge Frauen erotisch anziehend seien. Auch der Kulturwissenschaftlerin Gertrud Lehnert fällt bei ihrem Streifzug über lesbische Mode und Schönheit auf: »Erstaunlich häufig hört man von Lesben, dass Schönheit für sie das sei, was eine Frau ausstrahle [...] wichtiger als eine perfekte Fassade sei das gelebte Leben, das man einer Frau ansehe, und Falten könnten durchaus schöner sein als eine allzu glatte junge Haut.« (Lehnert, 2002,

S. 188) Deshalb müssen, so Lehnert, lesbisch lebende Frauen weniger Angst als Heterosexuelle haben, im Alter nicht als attraktiv zu gelten und allein zu sein (ebd.).

Zweifellos setzen die gängigen Schönheitsnormen Heterosexualität voraus. Der abwertende Blick auf den alternden Frauenkörper wurde denn auch von Männern geformt (vgl. zusammenfassend Tschirge & Grüber-Hrćan, 1999). Zum männlichen Blick auf ihre Attraktivität äußert sich Angelika Lehne recht drastisch: *Was ich als positiv empfinde beim Älterwerden und wenn man nicht mehr so attraktiv ist: Dass die Männer einen in Ruhe lassen. Das finde ich schon mal sehr gut! Also, früher bin ich sehr viel angemacht und belästigt und bedrängt worden. Und jetzt – das fällt mir in letzter Zeit eigentlich immer so auf – wenn ich dann zufällig mal irgendwie mit Männern zusammenkomme, dass die mich gar nicht mehr beachten. Im Gegensatz zu früher, wo sie immer mit mir geflirtet haben. Und das fällt mir sehr angenehm auf, das finde ich dann auch schön. Denke ich: »Gut, dass du alt und fett und hässlich bist! Dann wirst du wenigstens von den Typen in Ruhe gelassen.«*

Bisher sind keine Anzeichen erkennbar, dass sich ältere Frauen untereinander generell entlang ähnlich rigider Schönheitsnormen ansehen oder verhalten. Dennoch eignen sie sich diese Normen immerhin soweit an, dass sie sich kaum selbstbewusst als erotisch anziehend präsentieren – zumindest in der Öffentlichkeit.

Literatur

Akashe-Böhme, F. (Hrsg.). (1992). *Reflexionen vor dem Spiegel.* Frankfurt/M.: Suhrkamp.

Bochow, M. (2005). *»Ich bin doch schwul und will das immer bleiben«. Schwule Männer im dritten Lebensalter.* Hamburg: MännerschwarmSkript.

Böhmer, M. (2003). Sexuelle Gewalt in der Lebensgeschichte alter Frauen. In B. Seeberger & A. Braun (Hrsg.), *Wie die anderen altern. Zur Lebenssituation alter Menschen am Rande der Gesellschaft* (S. 193–204). Frankfurt/M.: Mabuse-Verlag.

Bührmann, T. (2000). *Faltenweise. Lesben und Alter.* Berlin: Krug & Schadenberg.

Daimler, R. (1991). *Verschwiegene Lust. Frauen über 60 erzählen von Liebe und Sexualität.* Köln: Kiepenheuer & Witsch.

Dennert, G. (2005). *Die gesundheitliche Situation lesbischer Frauen.* Herbolzheim: Centaurus.

Dettmann, K. (1963). *Der Mann und die Lesbische Liebe.* Hamburg: Hans W. Lassen Verlag.

Ebberfeld, I. (2003). Begehren wecken, aber kein Begehren zeigen. Ein Blick in die Kulturgeschichte zeigt, warum auch heute noch viele Frauen ihre sexuellen Begierden zügeln. *Psychologie heute, 30(6),* 26–30.

Gerlach, H., Knese, M., Ness, S. & Swoboda, J. (2002). *Gay and Grey – ältere Lesben und Schwule.* Hrsg. Kuratorium Deutsche Altershilfe. Köln: kda.

Hänsch, U. (2003). *Individuelle Freiheiten – heterosexuelle Normen. Handlungsmöglichkeiten und Sinnkonstruktionen in Lebensgeschichten lesbischer Frauen.* Opladen: Leske + Budrich.

Jäger, S. (1998). *Doppelaxt oder Regenbogen? Zur Genealogie lesbisch-feministischer Identität.* Tübingen: edition diskord.

Landeshauptstadt München (2004). *Unter'm Regenbogen. Lesben und Schwule in München.* München: Koordinierungsstelle für gleichgeschlechtliche Lebensweise.

Lehnert, G. (2002). *Wir werden immer schöner. Lesbische Inszenierungen.* Berlin: Krug & Schadenberg.

Plötz, K. (2005). Alles alte Lesben? Gedanken über die Vielfalt lesbischen Lebens. In: *Lesben und Alter – Dokumentation der bundesweiten Fachtagung 22.–24. Oktober 2004 in Hamburg* (S. 6–9). Hrsg. Intervention e.V., Hamburg.

Plötz, K. (2006). *Lesbische ALTERnativen. Alltagsleben, Erwartungen, Wünsche.* Königstein/Ts.: Ulrike Helmer Verlag.

Rimmler, U. (1998). Heterosexismus in der Psychotherapie. In U. Biechle (Hrsg.), *Identitätsbildung, Identitätsverwirrung, Identitätspolitik. Eine psychologische Standortbestimmung für Lesben, Schwule und andere.* Dokumentation des Fachkongresses 30.10.–1.11.1997 veranstaltet vom Verband lesbischer Psychologinnen und schwuler Psychologen e.V. (VLSP) sowie der Deutschen Aids-Hilfe e.V. in Mannheim (S. 162–172). Berlin: Deutsche Aids-Hilfe.

Röschmann, B. & Trampenau, B. (2005). Pflege.Andersrum. In: *Lesben und Alter – Dokumentation der bundesweiten Fachtagung 22.–24. Oktober 2004 in Hamburg* (S. 17). Hrsg. Intervention e.V., Hamburg.

Schmauch, U., Braukmann, S., Göttert, M., Habert, U., Schüller, E. & Knijff, C. (2007). *Lesbische Frauen im Alter – ihre Lebenssituation und ihre spezifischen Bedürfnisse für ein altengerechtes Leben.* Frankfurt/M.

Schmersahl, K. (1998). *Medizin und Geschlecht. Zur Konstruktion der Kategorie Geschlecht im medizinischen Diskurs des 19. Jahrhunderts.* Opladen: Leske + Budrich.

Seyler, H. (2004). Zugriff unter http:/lesbengesundheit.de/download.html (Januar 2008).

Stein-Hilbers, M., Holzbecher, M., Klodwig, B., Kroder, U. & Soine, S. (1999). *Gewalt gegen lesbische Frauen. Studie über Diskriminierungs- und Gewalterfahrungen.* Hrsg. Ministerium für Frauen, Jugend, Familie und Gesundheit des Landes Nordrhein-Westfalen.

Sydow, K. v. (1994). »Ich find's schön 70 zu sein«. Alterserlebnisse 50 – 91jähriger Frauen. In I. Fooken (Hrsg.), *Alter(n) – Umbruch und Kontinuität. Akzentsetzungen von Wissenschaftlerinnen* (S. 81–95). Essen: Die blaue Eule.

Tost, G. (1995). Lesbischer Sex – ein Tabu muss ans Tageslicht. In: *Lesbenjahrbuch 1. Rücksichten auf 20 Jahre Lesbenbewegung* (S. 255–258). Wiesbaden: Feministischer Buchverlag.

Tschirge, U. & Grüber-Hrćan, A. (1999). *Ästhetik des Alters. Der alte Körper zwischen Jugendlichkeitskult und Alterswirklichkeit.* Stuttgart: Kohlhammer.

Schwule Männer im dritten Lebensalter Ergebnisse einer qualitativen Studie

Michael Bochow

Dieser Beitrag[1] basiert auf einer qualitativen Studie über schwule Männer im dritten Lebensalter (Bochow, 2005). Das »dritte Lebensalter« ist ein in der Bevölkerungswissenschaft gebräuchlicher Begriff für das Alter zwischen 60 und 79 Jahren (Caradec, 2001; Kruse, 2001). Es existieren viele Spekulationen und Hypothesen, aber nur wenige empirische Studien über die Lebenssituation älterer schwuler Männer. Zu den Ausnahmen zählen die Diplomarbeiten von Gerlach (2002) und Gille (2003). Unsere aus Mitteln des Landes Niedersachsen geförderte qualitative Untersuchung bot die Gelegenheit, in explorativer Form einer Vielzahl der kursierenden Vorannahmen nachzugehen. Sie war Teil eines Projektes, das auch die Lebenssituation älterer lesbischer Frauen zum Gegenstand hatte (vgl. Plötz, 2006). Beide Studien erfolgten im Auftrag des »Schwulen Forums Niedersachsen«. Dies erklärt, warum (mit einer Ausnahme) alle Interviews mit schwulen Männern in Niedersachsen geführt wurden.

Fragestellungen

Im Zentrum der Interviews standen zwei Komplexe: *einerseits* die aktuelle Lebenssituation älterer Schwuler und die Art und Weise, wie sie ihr drittes Lebensalter gestalten, *andererseits* ihre Biografien als schwule Männer. Alle vor 1955 geborenen homosexuellen Männer hatten sich als Jugendliche und

[1] Der Beitrag wurde erstmals im Jahre 2006 in der Zeitschrift für Sexualforschung, Jhg. 19, Heft 3, S. 187–214 veröffentlicht.

junge Erwachsene mit der bedrohlichen Kriminalisierung von Homosexualität in den 1950er- und 1960er-Jahren und mit der weiter bestehenden Stigmatisierung in den 1970er- und 1980er-Jahren auseinander zu setzen (vgl. u. a. Balser, Kramp, Müller & Gotzmann, 1994; Kramp & Sölle, 1994; Hutter, 2002; Müller, 2002; Stümke, 2002; Wasmuth, 2002). Die Interviews sollten die Analyse und den Vergleich unterschiedlicher Bewältigungsstrategien ermöglichen. Welche Auswirkungen hatte die Entkriminalisierung männlicher Homosexualität und ihre partielle Entstigmatisierung in den letzten Jahrzehnten des 20. Jahrhunderts auf die Art und Weise, wie die Männer ihre Homosexualität leben? Hat der unterschiedliche Umgang mit dem Stigma Homosexualität einen Einfluss auf den individuellen Prozess des Älterwerdens und den Eintritt in das dritte Lebensalter? Im Gespräch mit den Interviewpartnern sollte deren subjektiven Relevanzstrukturen gefolgt und es sollten vor allem die Themenbereiche vertieft werden, die sie selbst ansprachen.

Eine weitere Frage der Studie zielte auf Zusammenhänge zwischen Stigma-Management (im Hinblick auf die eigene Homosexualität) und dem Vorhandensein sozialer Netzwerke. Ein bedeutsamer Anteil homosexueller Männer heiratete in den Jahrzehnten vor 1970. Der Einfluss von Ehe und Familie auf die Biografie schwuler Männer dieser Generation war deshalb von besonderem Interesse.

Die Gespräche wurden als halbstrukturierte Leitfadeninterviews konzipiert, die narrativen Elementen Raum gaben, um den spezifischen Relevanzstrukturen der Interviewpartner gerecht zu werden. Es ging darum, die handlungsleitenden Orientierungen der Interviewpartner im Umgang mit ihrer Homosexualität und dem dritten Lebensalter zu rekonstruieren (Anregungen zum methodischen Vorgehen ergaben sich u. a. durch Bohnsack, 1993, S. 11–33).

Interviewpartner und Interviews

Insgesamt wurden 29 schwule Männer über 55 Jahre interviewt.[2] Die Interviewpartner wurden über ein Netz von Kontaktpersonen in den niedersächsischen Städten Braunschweig, Göttingen, Hannover, Oldenburg und Osnabrück und außerdem über Kontaktpersonen in Berlin und Aachen gewonnen. Zusätz-

[2] Hinzu kommt ein 53-jähriger Frührentner, der aufgrund seines Status als Rentner in der Stichprobe belassen und der Gruppe der 55- bis 59-Jährigen zugerechnet wurde.

lich wurde in der Februarausgabe 2003 von »Hinnerk«, dem kostenlosen Magazin für Schwule in Norddeutschland, vom »Schwulen Forum Niedersachsen« eine Anzeige geschaltet, in der interviewbereite Männer gebeten wurden, sich unter einer Mail-Adresse bzw. unter einer Telefonnummer zu melden. Die Anzeige hatte nur geringe Resonanz. Es meldeten sich per Mail drei Männer, von denen einer in Hannover interviewt wurde.

Die Gespräche erfolgten in der ersten Jahreshälfte 2003 und wurden alle vom Autor geführt. 14 Interviewpartner befinden sich in der Altersgruppe über 65 Jahre (darunter fünf über 70), neun weitere in der Altersgruppe 60–65 und sieben in der Altersgruppe 55–59 Jahre. Der älteste Interviewpartner war 78 Jahre alt. Gerne hätte der Autor auch Gespräche mit Männern über 80 Jahren geführt, doch es fanden sich keine Interviewpartner in diesem hohen Alter. Um Generationsunterschiede herausarbeiten zu können, wurde eine Vergleichsgruppe von 12 schwulen Männern zwischen 32 und 39 Jahren interviewt. Auf die Ergebnisse dieser Interviews wird im Folgenden nur am Rande eingegangen. Es mag hier der Hinweis genügen, dass diese Interviews keinen Anlass zu der Vermutung geben, jüngere Schwule würden die Phase des Coming-out in der Regel problemloser als ältere erleben (vgl. Bochow, 2005).

Da in einem Großteil der Studien zu homosexuellen Männern Studenten und Akademiker stark überrepräsentiert sind, wurde besonderer Wert darauf gelegt, Nichtakademiker als Gesprächspartner zu finden. Dies ist weitgehend gelungen. Ein Drittel (10) der Männer im dritten Lebensalter hat die Volksschule und anschließend eine Lehre absolviert, weitere vier haben einen Realschul- und einen Lehrabschluss, zwölf einen Universitätsabschluss (zum Teil mit Promotion). Zum Zeitpunkt der Interviews waren sechs der über 55-Jährigen noch berufstätig, einer war arbeitslos, 21 Männer waren im Ruhestand, zwei Männer bezogen eine Erwerbsunfähigkeitsrente.

Wie eine Reihe von Erhebungen zeigt, ist oder war ein hoher Anteil von homosexuellen Männern der älteren Generationen verheiratet (bzw. geschieden), und ein nicht unbedeutender Anteil hat Kinder (Bochow, 1998, 2001b; Bochow, Wright & Lange, 2004). Entsprechend sind in unserer Stichprobe 14 der über 55-jährigen Männer jemals verheiratet gewesen (2 verheiratet, getrennt lebend; 9 geschieden; 3 verwitwet).

Zum Zeitpunkt des Interviews lebt die Hälfte der Befragten in einer festen Beziehung mit einem Freund, davon acht in einer gemeinsamen Wohnung. Vier von ihnen sind eine eingetragene Partnerschaft eingegangen. Drei Männer haben ihre Lebensgefährten durch Tod verloren (sind also »Witwer«), zwölf Männer haben keinen festen Freund zum Zeitpunkt des Interviews. Die Mehrheit (etwa zwei Drittel) der Interviewpartner ist nicht Mitglied in einer AIDS-

Hilfe, einer Schwulengruppe oder einem lesbischschwulen Verein. Die meisten Befragten gehören also nicht zu einer Kerngruppe organisierter schwuler Männer. Die Mitgliedschaften konzentrieren sich auf die Gruppen schwuler Väter und die Gruppen 40 +, die älteren Homosexuellen ein Forum bieten, sowie auf regionale Gruppen von »Homosexuelle und Kirche« (HUK). Eine Reihe von Männern gibt Mehrfachmitgliedschaften an.

Rezepte zum glücklichen Altern?

In einer viel beachteten Studie zu älteren schwulen Männern mit dem programmatischen Titel »Golden Men – The Power of Gay Midlife« haben Harold Kooden und Charles Flowers (2003) im Stil eines Graue-Panther-Manifests dazu aufgerufen, das Stereotyp der »lonely old queen« zu bekämpfen und das neue Millennium mit dem Leitbild einer neuen Generation von (erfolgreich alternden) schwulen Männern – den »goldenen Männern« – zu beginnen. Mit amerikanischem Pathos und Begeisterungs-Aktivismus verheißen sie älteren Schwulen, zu diesen »goldenen Männern« zu gehören, wenn sie folgende Imperative beherzigen: »Schätze deinen Körper und die dir eigene Attraktivität… Feiere die individuellen Unterschiede zwischen deinen Freunden. Bestimme und würdige deine Wahlfamilie… Entwickele deine Fähigkeit, dich um dich selbst zu kümmern. Werde ein Vorbild für andere schwule Männer… Höre auf, anderen zu gefallen zu versuchen, und lerne den einzigartigen Wert deiner eigenen Lebensführung zu schätzen… Hole den vergrabenen Schatz deiner eigenen Spiritualität hervor« (ebd., S. 23; Übers. M. B.). Andere US-amerikanische Studien zur Lebenssituation älterer homosexueller Männer wählen einen weniger enthusiasmierten Ton, die meisten versuchen jedoch implizit oder explizit Modelle des erfolgreichen Alterns (»successful aging«) bzw. Vorbilder des gut adaptierten (»well adjusted«) älteren Homosexuellen herauszuarbeiten (vgl. z. B. Adelman, 1991; Friend, 1991).

Solcher Art von Modellbildung fühlt sich diese Studie nicht verpflichtet. Angestrebt wurde die Beschreibung unterschiedlicher Lebensverläufe älterer homosexueller Männer, wobei besonderer Wert gelegt wurde auf die Analyse der Differenzen in den Bewältigungsstrategien analoger generationsbedingter Erfahrungen. Die Studie zielt nicht auf nomothetische Schlussfolgerungen, d. h. nicht auf biografische Gesetzmäßigkeiten. Dem erhobenen biografischen Material schien eine idiografische Betrachtung angemessener, d. h. ein Verfahren, das das Einmalige, Singuläre und Spezifische betont. Gemeinsamkeiten und Unterschiede sollten plausibel gemacht werden, die Untersuchung beansprucht jedoch nicht, psychische, biografische oder soziale Tiefenstrukturen freizulegen, die angeblich unerbittlich hinter dem Rücken der Akteure wirken. Dieses Vorgehen befindet sich im Dissens mit dem Ansatz Heinz Budes, der mit Nachdruck postuliert: »Soziologische Porträts zeigen, wie sich das Gesetz der Gesellschaft und der Geschichte, was auch immer die Leute machen und tun, erfüllt. Man mag jetzt fragen, ob diese melancholische Sicht in der Sache selbst oder in der Art und Weise ihrer Darstellungen begründet ist« (Bude, 1997, S. 14). Man könnte fragen, ob diese Sicht der Dinge nicht eher strukturfatalistisch oder deterministisch als melancholisch zu nennen wäre. Einige der Lebensberichte der Interviewpartner mögen den Leser angesichts der Fülle der verpassten Lebenschancen, die sie dokumentieren, melancholisch stimmen. Mindestens ebenso viele Interviews veranschaulichen jedoch den Lebensmut, die schwejkhafte Gewitztheit, das Durchhaltevermögen und den unerschütterlichen Eigensinn schwuler Männer in den Jahrzehnten der Kriminalisierung und Stigmatisierung nach dem Zweiten Weltkrieg. Hier wurde kein Gesetz der Gesellschaft exekutiert, sondern gegen den Strom geschwommen.

Folgenden biografischen Dimensionen kam in den Interviews eine besondere Bedeutung zu: Paarbeziehungen, Sexualität und Homosozialität im Alter, physische und psychische Gesundheit, materielle Versorgungslage, soziale Netzwerke, Kontakte zu Schwulengruppen und Schwulenszenen, Wohnmodelle, soziale Sichtbarkeit von älteren Schwulen und Lesben. Auf einige dieser Punkte soll im Folgenden ausführlicher, auf andere nur kursorisch eingegangen werden.

Paarbeziehungen

Im »Dritten Bericht zur Lage der älteren Generation« betonen Kuhlmey, Adolph und Engstler (2001, S. 211), dass bei älteren Menschen, die in einer Paarbeziehung leben, »der Partner mit Abstand die größte soziale Ressource« darstellt. Dieser Befund wird in der vorliegenden Studie auf eindrucksvolle Weise bestätigt.

Die Hälfte der über 55-jährigen Interviewpartner lebt, wie gesagt, zum Zeitpunkt des Interviews in einer festen Beziehung mit einem männlichen Partner. Ein Großteil der verheirateten, aber getrennt lebenden, oder geschiedenen Männer behält das in den zumeist langjährigen Ehen gelebte Konzept der monogamen Beziehung bei und realisiert es in der Partnerschaft mit einem

Mann. Da die meisten verheirateten Männer während ihrer Ehe sexuelle Kontakte mit Männern hatten, verwirklichen sie ihr Konzept einer monogamen Beziehung sogar in »reinerer« Form mit ihrem männlichen Partner als zuvor in ihrer Ehe. Bemerkenswert ist ebenfalls, dass die Männer, die in einer nicht als monogam definierten Paarbeziehung leben, sich faktisch eher monogam verhalten. Wichtiger als die Definition ihrer Beziehung als »monogam« oder »nicht monogam« ist für diese Interviewpartner jedoch das Bedürfnis nach Intimität mit ihrem Freund. Gegenseitiges Vertrauen, Zuneigung und Verlässlichkeit machen die Basis einer stabilen Beziehung aus, deren die Männer sich oft so sicher sind, dass ein gelegentlicher »außerehelicher« Kontakt diese nicht infrage stellen kann. Einige Interviewpartner unterscheiden ausdrücklich zwischen der Treue in ihrer Liebe zu ihrem Partner und den Sexualkontakten zu anderen Partnern, die für sie eine Form der Kommunikation mit anderen Menschen darstellen und die Kontinuität der Beziehung zu ihrem festen Freund in keiner Weise bedrohen. Charakteristisch in diesem Zusammenhang ist die programmatisch gemeinte Aussage eines 67-Jährigen:

> »Ich glaube, dass man sehr unterscheiden muss zwischen Sex und Liebe. Ist meine Einstellung. Und die anderen belügen sich. Also für mich waren beide [langjährige] Partner...Die liebte ich. Aber den Sex [mit anderen] – brauchte mein Freund mal, und den brauchte ich mal« (Interviewpartner 8).

Von den 15 Männern, die in einer festen Beziehung leben, geben fünf an, dass ihre Partner 20 oder mehr Jahre jünger als sie selbst sind (der größte Altersunterschied beträgt 27 Jahre). Ein Interviewpartner gibt an, dass sein Partner 13 Jahre jünger ist. Zwei Männer hingegen haben Partner, die 13 Jahre älter sind. In einer Analyse der vorliegenden (vor allem angloamerikanischen) Arbeiten zu den Lebensstilen schwuler Männer hat Harald Wernicke (2001, S. 69) hervorgehoben, dass verschiedene Studien eine Präferenz älterer Homosexueller für jüngere Partner zeigten. Unsere Untersuchung dokumentiert, dass die Partnerpräferenzen sehr viel komplexer sind. Häufig wird unterstellt, Beziehungen mit großen Altersunterschieden würden vor allem deshalb eingegangen, weil der jüngere Partner am Wohlstand und am höheren Sozialstatus des Älteren partizipieren möchte (z. B. Lee, 1991, S. XVII). Dies können wir nicht bestätigen. Der jüngere Partner hat entweder einen vergleichbaren sozialen Status wie der ältere Partner oder einen (leicht) höheren (gemessen am Bildungsniveau und Einkommen).

Im »Dritten Bericht zur Lage der älteren Generation« verweisen Kuhlmey et al. (2001) darauf, dass sich die Intimität der Paarbeziehung im Laufe der Dauer der Partnerschaft ändert. »Die wenigen relevanten Arbeiten zum Thema zeigen deutlich, dass Intimität im Alter sich zumeist nicht als ein quantitatives Mehr oder Weniger darstellt, sondern als eine qualitative Umstrukturierung. Im Alter werden in der Paarbeziehung stärker die Intimitätskomponenten emotionale Sicherheit und Loyalität betont und weniger der Aspekt der sexuellen Intimität. Gefühle der Zugehörigkeit haben eine höhere Bedeutung« (ebd., S. 225). Unsere Interviews mit den Männern weisen darauf hin, dass diese Tendenz auch für Paarbeziehungen älterer Schwuler gilt. Vor allem Männer, die einen langjährigen Partner durch dessen Tod verloren haben, bringen zum Ausdruck, welchen Verlust sie durch die abrupt beendete Beziehung erlitten haben. Der schon zu Wort gekommene 67-jährige Hannoveraner hat acht Jahre vor dem Interview seinen langjährigen Lebensgefährten verloren. Obwohl er zum Zeitpunkt des Interviews eine Affäre mit einem 40 Jahre jüngeren Studenten hat, klagt er über die Unersetzbarkeit seines verstorbenen Partners:

> »Und was so furchtbar ist, ich muss immer was tun, weil ich jetzt alleine bin. Und ich kenn einige…die haben das Glück…sind alle noch befreundet, was ja wunderbar ist. Also ich wäre jetzt mit Heiner in diesem Jahr 36 Jahre zusammen. Und Freunde, die merken gar nicht, wenn ich bei ihnen [zu Besuch] bin. Ich gehe immer wieder zurück. Und manchmal fällt mir das furchtbar schwer. Bin ich immer wieder alleine…Ist so schwer (*resigniert*), wenn man das Alter hat. Man ist nicht mehr so spontan. Wer hält es mit mir aus? Oder wer interessiert sich für mich?« (IP 8)

Der französische Soziologe Michel Bozon (2002) hat die Vermutung geäußert, dass ältere Homosexuelle seltener in Paarbeziehungen leben: »Das sexuelle Altern der Homosexuellen ist wenig bekannt. Der Anteil derer in einer Paarbeziehung scheint nach dem Alter von 45 Jahren deutlich zurückzugehen« (ebd., S. 61; Übers. M. B.). Wenngleich unsere qualitative Studie Einschätzungen wie diese weder belegen noch widerlegen kann, liefert sie hierfür keine bestätigenden Hinweise. Das erhobene biografische Material enthält allerdings Anhaltspunkte dafür, dass es schwulen Männern, die im dritten Lebensalter noch sehr verdeckt als Homosexuelle leben, schwerer fällt, einen Partner zu finden. Das Leben in einer Beziehung mit einem Mann wäre eine Offenlegung ihrer Homosexualität, die sie gerade verheimlichen wollen.

Die wenigen Erhebungen, die zur Sexualität von Menschen im dritten Lebensalter in Deutschland vorliegen, dokumentieren, dass sexuelle Aktivität (mit Ausnahme autoerotischer Betätigungen) in hohem Maße von dem Bestehen einer Ehe/Partnerbeziehung abhängig ist (Gunzelmann, Rusch & Brähler, 2004, S. 17–19; Merbach, Beutel & Brähler, 2003). Dies ist bei den interviewten schwulen Männern im dritten Lebensalter nicht der Fall. Auch eine Mehrheit der Männer, die zum Zeitpunkt des Interviews nicht in einer Paarbeziehung lebt, berichtet über mehr als sporadische Sexualkontakte. Dennoch wird von vielen Männern ohne Partner das Fehlen einer Paarbeziehung als Mangel erlebt.

Sexualität und sexuelle Identität im Alter

Selten dürften bei heterosexuellen Paaren Arrangements zu beobachten sein wie jenes, über das ein 75-jähriger Hochschullehrer berichtet. Er lebt seit über 20 Jahren mit einem 13 Jahre jüngeren Partner zusammen. Seit einigen Jahren hat sich ein dritter Partner hinzugesellt (der ebenfalls 13 Jahre jünger ist). Da der 75-Jährige sich seit einem Schlaganfall von den sexuellen Bedürfnissen seines langjährigen Partners überfordert fühlt, ist er sehr erleichtert, dass er ihn zur Befriedigung von dessen sexuellen Bedürfnissen an den »Nebenpartner« verweisen kann.

Fünf der nicht in einer festen Beziehung lebenden über 55-jährigen Männer haben regelmäßige Sexualkontakte mit Partnern, die für sie nicht den Status eines festen Freundes haben, zu denen sie jedoch eine »lockere« Beziehung pflegen, die über sporadische Treffen hinausgeht. Auch diese Art von Partnerschaften, die einen anderen (eher egalitären) Status haben als die Beziehungen verheirateter Männer zu ihren (meist heimlichen) Geliebten, dürfte bei heterosexuellen Männern seltener anzutreffen sein, besonders bei jenen im dritten Lebensalter. Einer der ältesten Interviewpartner (77-jährig zum Zeitpunkt des Interviews) berichtet von (nicht seltenen) Sexualkontakten mit jüngeren Männern, mit denen er befreundet ist (jünger bedeutet in diesem Fall, dass seine Freunde zwischen 55 und 65 Jahre alt sind). Dieses biografische Material scheint zunächst darauf hinzuweisen, dass schwule Männer Pioniere der »Alterssexualität« sind. Bei dieser Interpretation ist allerdings Vorsicht angebracht.

Michel Bozon (2002, S. 14) zufolge unterscheiden alle bekannten Kulturen zwischen zulässigen und unzulässigen Sexualpraktiken bzw. sexuellen Lebensstilen. Noch in der zweiten Hälfte des 20. Jahrhunderts wurde Sexualität im Alter als eine eher unzulässige Praxis angesehen, eine Praxis, die nicht verboten war, die den beteiligten älteren Menschen aber dem Stigma »unwürdige Greisin/unwürdiger Greis« aussetzte. Sexualität im Alter war zudem für Frauen wesentlich stärker tabuiert als für Männer. Wenn auch noch in vielen sozialen Milieus das Tabu der Alterssexualität kaum gelockert erscheint, sind in den meisten europäischen Gesellschaften deutliche Veränderungen festzustellen. Wie auch andere Sozialwissenschaftler hebt Bozon eine Verlängerung der sexuellen Biografie in (West/Nord-)Europa hervor: »Die Zeitdauer, während derer die Individuen sexuell aktiv sind, hat sich [...] verlängert, sowohl durch einen früheren Beginn in der Jugend als auch durch eine Verlängerung der sexuellen Aktivität in höhere Altersstufen« (Bozon, 2002, S. 43; Übers. M. B.). Die Verlängerung der sexuell aktiven Lebenszeit stellt ein markantes Merkmal des sozialen Wandels in den letzten Jahrzehnten des 20. Jahrhunderts dar. Diese wird u. a. durch die Erhöhung der Lebenserwartung und die Verbesserung des Gesundheitszustands im Alter ermöglicht sowie durch die Verbesserung der sozialen Situation älterer Menschen und die damit einhergehenden Optionen einer (familienunabhängigen) autonomen Soziabilität.

Die größere soziale Autonomie im dritten Lebensalter hat die traditionellen Einstellungen zur Sexualität im Alter jedoch nur modifiziert. Eine ablehnende Haltung gegenüber sexuellen Bedürfnissen betreuungs- und pflegebedürftiger Menschen bleibt zumeist aufrechterhalten: »Sexuelle Regungen bei Personen, die ihre soziale Autonomie verlieren, jene im ›vierten Lebensalter‹, jene in Heimen, bleiben weniger akzeptiert und werden als deplatziert und ›nicht mehr altersentsprechend‹ angesehen« (Bozon, 2002, S. 57; Übers. M. B.). Demzufolge hat sich die Tabuierung bzw. Ablehnung und Abwertung von »Alterssexualität« in unseren europäischen Gesellschaften nur verschoben. Während den jungen Alten, vor allem den gesunden, sozial autonomen 60- bis 70-Jährigen inzwischen das Ausleben sexueller Bedürfnisse konzediert wird, ist dies nicht mehr der Fall bei über 80-Jährigen, wenn der Betreuungsbedarf und damit die Wahrscheinlichkeit, in einem Altenheim untergebracht zu werden, steigt. Frieling-Sonnenberg (1997) hat nicht nur die Zustände in deutschen Altenheimen, sondern auch die Beschränktheiten der Altersforschung in diesem Zusammenhang kritisiert. »Vor dem Hintergrund einer so genannten ›ganzheitlich orientierten Altersforschung‹ ist es denn schon frappierend und aufschlussreich, wenn ausgerechnet zum Thema Sexualität im Alter und ganz besonders im Heim immer noch Relikte einer überholten, defizitorientierten Forschung der Sexualität zu beobachten sind, sinngemäß: Mit zunehmendem Alter würde pauschal das Bedürfnis nach gelebter Sexualität aufgrund eines biologischen Abbaus nachlassen. Entsprechend wird abfällig von ›Alterssexualität‹ gesprochen und dies ist doch nichts anderes als Hilflosigkeit dem Thema gegenüber [...]. [Ich möchte] Sexualität im Alter [...] nicht verniedlichen, wonach alte Menschen grundsätzlich nur noch einen anderen Menschen streicheln wollen und sonst gar nichts« (ebd., S. 21).

Es überrascht nicht, dass eine Reihe von Interviewpartnern traditionelle Einstellungen zur »Alterssexualität« teilt. Auch sie gehen vom Defizitmodell des Alterns aus, demzufolge nicht nur physische und psychische Fähigkeiten, sondern auch bestimmte Bedürfnisse schwinden. Ein Hannoveraner Straßenbahnfahrer (60 Jahre) bringt diese traditionelle Sichtweise beispielhaft zum Ausdruck.

> »Ich glaube eher, dass ganz allgemein bei älteren Menschen Sexualität nicht mehr stattfindet. Ich glaube, das ist ein springender Punkt. Das ist dann aber wieder nicht schwulenspezifisch, sondern das dreht sich darum, dass...alte Menschen...kein sexuelles Bedürfnis mehr haben...Und das gilt dann für uns, also für die Schwulen, genau wie für alle anderen auch, wie für die Heterosexuellen« (IP 3).

Einige Interviewpartner folgern aus dem unterstellten Verschwinden sexueller Bedürfnisse im Alter auch ein Schwinden der homosexuellen Identität. Gleichgeschlechtliche Aktivität wird hier mit psychosexueller Identität gleichgesetzt. Wird Erstere aufgegeben, kann Letztere nicht aufrechterhalten werden. So lautet die Begründung eines Interviewpartners, der es ablehnt, spezifische Forderungen für schwule Männer im Alter aufzustellen:

> »Das ist dann wieder dieser Sonderstatus. Das, finde ich, das muss nicht sein, irgendwas Besonderes...Wenn man älter ist, dann ist man ja in dem Sinne auch nicht mehr schwul« (IP 21).

Die Mehrheit der Interviewpartner hat eine diametral entgegengesetzte Einstellung. Wenn auch viele von einer Abschwächung sexueller Bedürfnisse im fortgeschrittenen Alter ausgehen, beharren sie darauf, dass ein geringeres sexuelles Aktivitätsniveau keine Rückschlüsse erlaubt auf ihre Selbstdefinition als schwuler Mann. Eine Abnahme sexueller Aktivitäten kann demnach nicht gleichgesetzt werden mit einer »Enthomosexualisierung« der Person. Allerdings werden Befürchtungen geäußert, dass mit dem Prozess des Älterwerdens ein Prozess der erzwungenen »Enthomosexualisierung« einhergeht. Ein Interviewpartner formuliert dies folgendermaßen:

> »Wo ich denn immer noch denke: na ja, man wird älter und immer weniger schwul« (IP 2).

Damit ein solcher Zustand nicht eintritt, fordert er eine größere soziale Sichtbarkeit (vor allem älterer) schwuler Männer (und lesbischer Frauen). Ein anderer Interviewpartner formuliert beschwörend:

»Also ich stell es mir furchtbar vor, als schwuler Mann in so ein ›Hetenhospital‹ [Altersheim] zu gehen, wo du vielleicht noch nicht mal deine Liebhaber auf die Frisiertoilette oder Kommode stellen kannst. Meinen Freund oder meine Freunde oder so. Oder kein Journal [Pornohefte] haben. Weil ich möchte mich doch mit den Dingen umgeben, die mich (mit Emphase) in meinem ganzen Leben beglückt, begeistert haben: also der Mann. Ich bin doch ein Schwuler. Und das will ich zum Tode auch behalten. So, und hatte da nie Schwierigkeiten mit!« (IP 8)

Physische und psychische Gesundheit

Eine Reihe von Männern mit starken gesundheitlichen Beeinträchtigungen brachte diese ohne Umschweife zur Sprache, bei anderen war ein sehr genaues Hinhören erforderlich, um in Nebensätzen versteckte Hinweise wahrzunehmen. Hier erfolgten dann in der Regel Nachfragen. Wieder andere brachte erst die Frage nach ihren Zukunftsplänen dazu, von einer Erkrankung zu berichten, die sich in der Zukunft verschlimmern könnte. Auffällig war, dass auch Interviewpartner mit gravierenden chronischen Erkrankungen die damit verbundenen Einschränkungen eher herunterspielten. Sie legten stattdessen größeren Wert darauf, über Fortschritte in der physischen und geistigen Mobilität oder im Allgemeinen körperlichen Wohlbefinden zu berichten. Durch das Herunterspielen gesundheitlicher Probleme wollten einige Männer ihre Situation entdramatisieren. Damit sollte auch zum Ausdruck gebracht werden, dass sie erfolgreiche Bewältigungsstrategien im Umgang mit ihrer Krankheit entwickelt haben. Hier mag jedoch noch ein anderer Aspekt hineinspielen. Die traditionelle Sozialisation männlicher Jugendlicher und junger Männer zielte auf das klaglose Erdulden von Anstrengungen, Strapazen und Schmerzen. Ein »richtiger Mann« hatte stoisch die Widrigkeiten des Lebens zu ertragen. Mit Sicherheit haben diese traditionellen Verhaltensnormen einen Teil der älteren Interviewpartner beeinflusst.

Unter den chronisch Kranken befinden sich zwei Männer mit Aids, ein Gesprächspartner ist gehbehindert aufgrund eines Schlaganfalls in den 1980er-Jahren, ein weiterer ist leicht sprachbehindert infolge eines vor wenigen Jahren erlittenen Schlaganfalls. Zwei Interviewpartner leiden an rheumatischer Arthritis, die die Sensomotorik beider zum Zeitpunkt des Interviews leicht beeinträchtigte. All diese Gesprächspartner thematisierten während des Interviews ihre chronischen Beschwerden. Ein Interviewpartner teilte erst nach dem Interview mit, dass er seit zwei Jahren an einer Multiplen Sklerose leide, die bislang aber gut in Schach gehalten werden konnte. Die Männer mit chronischen Beschwerden vermitteln im Interview den Eindruck, dass sie Routinen entwickelt haben, die Beeinträchtigungen ihrer Mobilität und Kommunikationsfähigkeit zu minimieren.

Kritischer werden Reaktionen auf die eigene Krankheit im Bekanntenkreis gesehen. Ein Interviewpartner, der seit einigen Jahren an einer Hyperinsulinämie (Störung der Bauchspeicheldrüse) leidet, lobt die treue Fürsorge seines Freundes, kritisiert aber heftig die Reaktionen in seinem schwulen Bekanntenkreis. Kranke Menschen würden in den Schwulenszenen ausgegrenzt, einzig Aids sei unter Schwulen eine respektable Krankheit.

> »Mit irgendwelchen Gebresten kann man ja bei Schwulen überhaupt nichts werden, aber Aids...die machen ja auch ein Gedöns drum, nicht. Natürlich ist es eine schwierige Krankheit...wir haben Glück gehabt, dass wir dran vorbeigekommen sind. Aber ich find das so unpassend, dass, wenn jemand an Krebs verstirbt, dass das dann nicht zur Kenntnis genommen wird, und alle alten Schwulen sterben ja irgendwann, und alle alten Schwulen sind ja irgendwann mal irgendwelche Pflegefälle, und kein Mensch kümmert sich drum« (IP 21).

Dieser Interviewpartner, der sich so heftig beklagt, lebt seit 22 Jahren mit seinem 24 Jahre jüngeren Freund zusammen. Bei ihm wie auch bei anderen chronisch Kranken stellt die Paarbeziehung eine wichtige Ressource für die Bewältigung ihres täglichen Lebens dar. Die »Privilegierung« von Aids als Krankheit unter schwulen Männern wird allerdings durch das Interview mit einem der beiden Aids-Kranken infrage gestellt. Er berichtet, dass sich fast sein ganzer Freundes- und Bekanntenkreis von ihm abgewendet habe, seitdem er an opportunistischen Infektionen leide.

Der Lebensalltag gestaltet sich sehr viel schwieriger bei den chronisch Kranken ohne feste Beziehung. Ohne die Beratungs- und Betreuungsangebote der AIDS-Hilfen, der Schwerpunktpraxen und der Kliniken wären die beiden Aids-Kranken in einer ausweglosen Situation; das Gleiche gilt für einen der beiden Männer mit rheumatoider Arthritis, dem die Hannoveraner HUK-Gruppe zu einem sozialen Refugium geworden ist.

Spezifische Probleme schwuler Väter

Mit Ausnahme der beiden Aids-Kranken und dem von Hyperinsulinämie Betroffenen berichten die Interviewpartner eher beiläufig von ihren chronischen Beschwerden. Dies gilt nicht für die Männer, die sich wegen akuter psychischer Probleme in psychotherapeutische Behandlung begeben mussten oder um psychosoziale Beratung nachsuchten. Es fällt auf, dass ein Großteil der schwulen Väter mitteilt, eine solche Hilfe in Anspruch genommen zu haben, während nur wenige Männer, die ihr schwules Leben als junge Erwachsene begannen, psychosoziale Beratung oder psychotherapeutische Behandlung suchten. Die schwulen Väter thematisieren in der Regel ausführlich die psychischen Krisen, in die sie gerieten, als ihnen in der Ehe ihre Homosexualität bewusst wurde oder als sie beschlossen, ihre Homosexualität nicht mehr zu verleugnen. Schwule Männer, die sich frühzeitig als homosexuell definieren und ihre Homosexualität leben, scheinen andere Bewältigungsstrategien und andere psychische Ressourcen zu entwickeln als homosexuelle Männer, die sich zunächst der kulturellen Norm der Heterosexualität unterwerfen.

Selbst diejenigen Männer, die ihre Homosexualität sehr lange verdeckt gelebt haben (und dies zum Teil zum Zeitpunkt des Interviews noch tun), schienen weniger auf psychotherapeutische Hilfe angewiesen zu sein als homosexuelle Ehemänner, die zumeist erst in ihren Vierzigern oder Fünfzigern begannen, als Schwuler zu leben. Sie erleben gleichgeschlechtliche Kontakte als etwas, was sie in ihr Leben als Ehemann und Familienvater nicht integrieren können. Die Welt der Homosexualität und der Homosexuellen ist für sie eine ganz andere, fremde Welt. Sich in sie hineinzubegeben vermittelt ihnen ein Gefühl der Exterritorialität. Zugleich fühlen sie sich als Fremde in ihrer familiären Lebenswelt, wenn sie ihrem Bedürfnis nach gleichgeschlechtlicher Sexualität nachgeben. Ist es für viele junge Schwule noch heute schwer genug, den Prozess ihres Coming-out unbeschädigt durchzustehen, so kumulieren diese Probleme bei homosexuellen Familienvätern. Fast alle trugen sich mit Suizidgedanken. Der biografische Bruch, den eine Umorientierung auf ein Leben als Homosexueller bedeutet, ist so tief, und die dabei durchlebten psychischen Krisen sind so gravierend, dass viele schwule Väter ihre Probleme nicht ohne psychotherapeutische/psychosoziale Hilfe bewältigen konnten.

Jürgen[3] (IP 5) beanspruchte von den befragten schwulen Vätern besonders lange psychiatrisch-klinische und psychotherapeutische Hilfe. Kurz nach ei-

[3] Alle Namen wurden geändert.

nem mehrmonatigen klinischen Aufenthalt in Hannover, der auf seine Selbstbewusstwerdung als schwuler Mann folgt, unternimmt er einen Selbstmordversuch, da er nicht damit fertig wird, wie seine Frau unter der bevorstehenden Trennung leidet:

> »Ich war ja entlassen worden aus der Klinik, ich krieg das chronologisch nicht mehr ganz hin, und denn bin ich hier ins Haus gekommen, [da] hat kein Mensch mehr mit mir gesprochen. Meine Tochter war ja schon ausgezogen...und denn hab ich meine Tabletten genommen...bin in den Wald gefahren, hab die Tabletten, 60 Stück genommen...und bin dann quietschvergnügt wieder aufgewacht...Ich hab gedacht, nicht mal das kannst du...Ich war gerade entlassen worden (lacht), den nächsten Tag war ich wieder im Krankenhaus. Dann hab ich noch mal sechs Wochen da Nachschlag gekriegt« (IP 5).

Das Hin-und-hergerissen-Sein zwischen dem Leben, das er meint führen zu müssen, und dem Leben, das er führen möchte, lösen bei ihm schwer erträgliche psychogene Symptome aus:

> »Ich hab wahnsinnige Drehschwindelanfälle gehabt, ich habe im Bett gelegen, und zwölf Stunden lang hat sich das Haus gedreht um mich herum. Das war wirklich schlimm. Und es ist auch so bemerkenswert, ein Vierteljahr nach der Trennung von meiner Frau war der letzte Drehschwindelanfall. Das war auch psychosomatisch. Das hat sich wiederholt, also selbst diese Verlassensängste, die ich immer hatte von meinem Freund. Also ich hab auch wahnsinnig geklammert« (IP 5).

Suizidgedanken und versuchte Suizide sind bei den befragten schwulen Vätern deutlich häufiger als bei den anderen Interviewpartnern. Einige von ihnen hatten geheiratet, obwohl ihnen ihr gleichgeschlechtliches Begehren bewusst war. Für sie bedeutete eine Eheschließung nicht nur den Versuch, ihre homosexuellen Neigungen zu überwinden. Vielmehr wollten sie auch das in der heterosexuellen »Normalbiografie« enthaltene Glücksversprechen einlösen; ihr Kinderwunsch spielte dabei eine bedeutsame Rolle. Die Ehescheidung wird von ihnen deshalb als Bedrohung und als Aufgeben ihres Lebensglücks wahrgenommen. So hadert Gunnar noch Jahre nach seiner Scheidung damit, die von ihm gegründete Familie verlassen zu haben. Dies kommt in einer heftigen Kritik an homosexuellen Familienvätern zum Ausdruck, die ihr gleichgeschlechtliches Begehren nur heimlich ausleben und nach außen die Rolle des glücklich verheirateten Ehemannes und Vaters spielen:

> »Ich hatte während meiner Ehezeit auch einen Mann kennen gelernt, verheiratet und ein Kind, den ich auch sehr mochte. Und wir haben uns auch immer

> mal so getroffen, abends, sind auch mal so übers Wochenende nach Berlin gefahren. Aber wenn er mich anrief, dann ging das schon los. Aus 'ner Telefonzelle! Und immer... es durfte ja seine Frau nicht wissen. Und das hab ich zu 'ner gewissen Zeit mitgemacht...und dann wollte ich das nicht mehr. Und dann brachte er mal Kuchen mit und...auch mal so 'n Geschenk...aber er hatte ja nur im Hinterkopf, dass wir dann auch ins Bett gingen, was ich aber nicht gemacht habe...Er sollte auch merken, dass man Nachteile hat...Man kann nicht alles haben, Familie, Status usw. und dann so seinen Betthasen auch noch irgendwo...Das hat mich manchmal richtig wütend gemacht. Die wollen auf nichts verzichten, aber zu Hause sollte auch heile Welt bleiben« (IP 7).

Die Wonnen des gewöhnlichen Familienlebens scheinen auf Gunnar eine solche Anziehungskraft auszuüben, dass er noch Jahre nach seiner Scheidung nur mit Wut und Neid auf die bisexuellen/homosexuellen Familienväter reagieren kann, die gleichgeschlechtliche Kontakte suchen, gleichzeitig aber nicht auf ihr Familienleben verzichten wollen. Diese Episode verdeutlicht, welche inneren Sperren homosexuelle Familienväter überwinden müssen, wenn sie sich zu einem offen schwulen Lebensstil entscheiden. Es ist keineswegs nur die Bewältigung des Stigmas Homosexualität, die ansteht; es ist auch der Verzicht auf die *promesse de bonheur*, als die das Leben in Ehe und Familie nach wie vor gilt.

Materielle Situation

Alter und chronische Krankheit sind oft gleichbedeutend mit Armut. Aufgrund der höheren Lebenserwartung und der niedrigeren Renten ist die Merkmalskombination Krankheit und Armut sehr viel häufiger bei älteren Frauen anzutreffen, beide Faktoren sollten jedoch auch bei Männern im dritten und vierten Lebensalter nicht unterschätzt werden. Unter den Interviewpartnern sind einer der beiden Aids-Kranken, einer der Männer mit rheumatoider Arthritis und ein Mann, der an schweren psychogenen Symptomen leidet, von Armut direkt betroffen. Sie leben von einer sehr niedrigen (Früh-)Rente bzw. von Sozialhilfe. Der zweite von Aids betroffene, ebenfalls von einer kleinen (Früh-)Rente lebende Interviewpartner ist von Armut bedroht und äußert die Befürchtung, dass die sich abzeichnende Gesundheitsreform chronisch Kranke finanziell überfordern wird. Keiner der von Armut betroffenen oder bedrohten Männer gehört zur Gruppe der An- und Ungelernten, eine Bevölkerungsgruppe, in der

Arbeitslosigkeit und soziale Bedürftigkeit besonders stark verbreitet ist. Das Problem der Armut im Alter ist vielen Interviewpartnern – auch denen, die mit ihrem Lebensstandard zufrieden sind – durch Informationen aus ihrem weiteren sozialen Umfeld sehr bewusst. Unter den sozialpolitischen Forderungen, die von den interviewten Männern gestellt werden, ist die Forderung nach einer hinreichenden Altersversorgung besonders häufig, zumeist verbunden mit dem Zusatz, dass diese Forderung natürlich für die gesamte Bevölkerung gelte und nicht nur für die Teilgruppe schwuler Männer. Folgende Bemerkung eines Hannoveraner Interviewpartners mag hier für viele andere stehen:

> »Da sind die Probleme bei beiden Gruppen doch dieselben, bei den Heterosexuellen genauso wie bei uns...Denen, die ihr ganzes Leben lang gearbeitet haben, dementsprechend auch die Rente geben und nicht mit ein paar Mark abspeisen« (IP 3).

Soziale Netzwerke

Älteren Schwulen wird häufig ein größeres Maß an sozialer Isolation und Einsamkeit unterstellt als jüngeren Schwulen oder gleichaltrigen heterosexuellen Männern (z. B. Buba & Weiß, 2003, S. 140f.). Ob diese Annahme für einen bedeutsamen Anteil älterer Schwuler zutrifft, kann mit den Mitteln einer qualitativen Studie nicht beantwortet werden. Sie war allerdings ein Anlass, in den Interviews besonders auf das Vorhandensein und die Dichte der sozialen Netzwerke zu achten, in denen sich die Gesprächspartner befanden.

Zu den sozialen Netzwerken wurden vor allem die Herkunftsfamilie, andere Verwandte und der Freundes- und Kollegenkreis gezählt. Wenn die Interviewpartner in einer Paarbeziehung leben, stellt der feste Freund – wie bereits hervorgehoben – eine besonders wichtige soziale Ressource innerhalb des Netzwerkes dar. Dieser zentrale Bestandteil des persönlichen Beziehungsgeflechts soll hier allerdings ausgeblendet werden, auch deshalb, weil lediglich die Hälfte der Gesprächspartner zum Zeitpunkt des Interviews in einer Paarbeziehung lebte.

Ein Großteil der Eltern der befragten älteren Schwulen lebt nicht mehr. Auch viele Geschwister sind schon verstorben. Vor diesem Hintergrund spielt die Herkunftsfamilie in den sozialen Netzwerken der meisten älteren Schwulen keine große oder gar keine Rolle mehr. Diese Tendenz wird dadurch verstärkt, dass einige Interviewpartner Einzelkinder waren und dass bei schwulen Männern der Freundeskreis offenbar eine viel bedeutendere Rolle spielt als Geschwister oder Cousins und Cousinen. Erwähnenswert ist, dass eine ganze Reihe der Befragten ihre Homosexualität gegenüber ihren Eltern – vor allem gegenüber ihrer Mutter – thematisiert hatte. Das Gespräch mit der Mutter erfolgte zuweilen erst, nachdem der Vater gestorben war. Nicht wenige hatten schon in den 1950er- und 1960er-Jahren mit der Mutter oder dem Vater über ihre Homosexualität gesprochen, also zu einer Zeit, als diese noch kriminalisiert und stark stigmatisiert wurde. Berücksichtigt man die hochgradige Tabuierung der Homosexualität in dieser Zeit, dann fällt auf, dass schon damals nur eine Minderheit der Eltern (vor allem Väter) mit scharfer Ablehnung reagierte. In der Regel wurden die Geschwister ins Vertrauen gezogen, ihre Reaktionen variieren zumeist zwischen Indifferenz und akzeptierenden Haltungen. Es wird jedoch auch berichtet, dass eine ablehnende Haltung zeitlebens bestehen blieb.

Wie schon hervorgehoben wurde, ist fast die Hälfte (14 von 30) der interviewten älteren Schwulen geschieden, verwitwet oder verheiratet. Der eigenen Familie kommt in den sozialen Netzwerken eine deutlich größere Bedeutung zu als der Herkunftsfamilie. Mit einer Ausnahme haben alle Männer, die verheiratet waren, auch Kinder. Fast alle schwulen Väter haben nach der Trennung von ihrer Ehefrau enge Bindungen zu ihren Kindern aufrechterhalten, zum Teil intensivierte sich das Verhältnis zu den eigenen Kindern nach der Ehescheidung oder Trennung. Die Kinder sind ausnahmslos über den Grund der Trennung informiert worden, wobei die Väter bei jüngeren Kindern besondere Anstrengungen unternahmen, sie altersgerecht über ihre Homosexualität zu informieren. Wenn auch die meisten schwulen Väter betonen, dass sie ihren Kindern nicht zur Last fallen wollen, sehen sie ihre Kinder zumeist doch als eine entscheidende soziale Ressource im Alter. Einige thematisieren die in ihren Augen privilegierte Situation, in der sie sich im Unterschied zu anderen schwulen Männern befinden, die keine Kinder haben. Viele schwule Väter sind schon Großvater. Zu den Enkelkindern haben die meisten von ihnen ebenfalls einen engen Kontakt. Die Aufrechterhaltung oder Entwicklung einer engen Beziehung zu den Kindern ist nicht denkbar ohne das Mitwirken der Mütter. Diese optierten in der großen Mehrzahl nach einer Phase der Enttäuschung, Kränkung und Wut für eine Kooperation mit dem geschiedenen Ehemann, um den gemeinsamen Kindern einen engen Kontakt zu ihrem Vater zu ermöglichen. Einzig bei den beiden schwulen Vätern, die wegen sexueller Kontakte mit Minderjährigen zu Gefängnisstrafen verurteilt worden waren, erzwangen die Mütter einen Abbruch der Beziehung der Kinder zum Vater.

Nicht selten entsteht nach einer Trennungsphase wieder ein eher entspanntes Verhältnis zwischen den geschiedenen Ehepartnern, in das nicht nur die gemeinsamen Kinder einbezogen sind, sondern auch die jeweiligen neuen Partner. Einigen der verlassenen Ehefrauen gelingt es nicht, einen neuen Partner zu finden, da sie an ihrem nun schwul lebenden ehemaligen Ehemann hängen (wie diese vermuten). Auch diese tragisch anmutenden Konstellationen verhindern nicht die Aufrechterhaltung einer Beziehung zu dem geschiedenen Ehemann, eine Beziehung, in der die gemeinsamen Kinder eine bedeutsame Rolle spielen. Diese soziale »Treue« der ehemaligen Ehefrauen stößt auf große Dankbarkeit und Anerkennung der Männer. Drei Interviewpartner haben sich von ihrer Frau nach der Trennung nicht scheiden lassen, um ihr eine angemessene Altersversorgung zu sichern.

Für einige schwule Männer hat das »Mehr« an sozialen Ressourcen, über die sie durch ihre eigenen Kinder verfügen, eine Kehrseite. Die Jahrzehnte, die sie als Ehemänner und Väter lebten, sind gleichbedeutend mit einer langen Lebensphase, in der sie keinen schwulen Freundeskreis bilden konnten. Sie kommen erst mit Ende Vierzig oder Ende Fünfzig dazu, einen solchen aufzubauen. Einigen Männern stellt sich dies als »Rückstand« dar, den sie nicht mehr aufholen können. Für manche wird dieser Mangel durch den Partner kompensiert, den sie gefunden haben und in dessen schwulen Freundeskreis sie aufgenommen werden. Schwule Väter, die keinen Partner gefunden haben, sind demgegenüber in einer schwierigeren Situation. Ihr heterosexueller Freundeskreis kann den Mangel an schwulen Freunden nicht kompensieren.

Umfang und Bedeutung des schwulen Freundeskreises der befragten Männer ist abhängig von der Offenheit, mit der sie ihre Homosexualität (zumindest seit den 1970er-Jahren) gelebt haben. Diejenigen, die heute noch eher »verdeckt« leben, haben eher einen kleinen Freundeskreis oder beschränken sich auf Kontakte mit Sexpartnern. Dagegen weisen jene Männer, die seit den 1950er- oder 1960er-Jahren (wie offen auch immer) selbstbewusst als Homosexuelle lebten, die dichtesten Netzwerke von schwulen Freunden auf. Eine ganze Reihe von Interviewpartnern, die einen großen schwulen Freundeskreis haben, verfügt auch über einen relativ großen heterosexuellen Freundeskreis. Bei vielen scheint ein selbstbewusstes Leben als schwuler Mann die soziale Kontaktfähigkeit insgesamt zu beeinflussen, unabhängig von der sexuellen Orientierung der Freundinnen und Freunde. Nicht selten gehören ehemalige schwule Partner zum Freundeskreis. Weeks, Heaphy und Donovan (2001) haben hervorgehoben, dass ehemalige PartnerInnen im Freundeskreis von Schwulen und Lesben, der schwullesbischen Wahlfamilie (»family of choice«), eine besondere Rolle spielen. Weeks et al. betonen die spezifische Bedeutung dieser »Wahlfamilie« für Schwule und Lesben, da deren Beziehungen zur Herkunftsfamilie (»family of blood«) oft distanziert, nicht selten gestört oder nicht mehr vorhanden seien (vgl. auch Bochow, 2001b). Ein Großteil der in unserer Studie interviewten älteren Schwulen sieht sich in der glücklichen Lage, sowohl zu ihrer Herkunftsfamilie (zumindest zu Geschwistern oder Cousins und Cousinen) wie zu ihrer schwul(lesbisch)en Wahlfamilie gute Kontakte zu pflegen. Offenbar sind jene Männer, die ihre Homosexualität frühzeitig innerlich annahmen und lebten, am erfolgreichsten im Aufbau eines schwul(lesbisch)en und heterosexuellen Freundeskreises. Der Grad der Offenheit, mit dem sie als Homosexuelle leben, ist dabei von geringerer Bedeutung als die Akzeptanz der eigenen Homosexualität. Die Selbstakzeptanz erlaubt auch eher verdeckt lebenden schwulen Männern eine vorsichtige Strategie des Sich-zu-erkennen-Gebens als »schwul« gegenüber engen heterosexuellen Freunden oder Verwandten, zu denen ein gutes Verhältnis besteht. Ein Interviewpartner bringt es auf den Punkt:

> »Das ist natürlich ganz klar...wenn man jetzt in jungen Jahren oder in jüngeren Jahren mit dem Schwulsein zurechtgekommen ist, dann hat man im Alter mit Sicherheit keine Probleme damit oder keine anderen Probleme als die heterosexuellen Altersgenossen« (IP 3).

Eine Reihe von Interviewpartnern in unserer qualitativen Studie verweist auf homosexuelle Altersgenossen, die sich – außer gegenüber wenigen Vertrauten – nie als homosexuelle Männer zu erkennen geben würden. Diese Männer, deren Zahl nicht unterschätzt werden sollte, würden sich niemals an einer Umfrage – sei diese nun quantitativ oder qualitativ – beteiligen. Thadeus berichtet von Männern in seinem Bekanntenkreis, die ihre traumatischen Erfahrungen in den 1950er- und 1960er-Jahren nicht überwinden können:

> »Viele, viele Jahre später im Home-Zentrum [dem damaligen schwullesbischen Zentrum von Hannover]...haben wir manchmal Ältere reingeholt. Als wir am Fenster sahen, dass einige ältere Herren auf und ab gingen. Die hatten immer noch Angst, diese Hemmschwelle war noch da. Und das haben sie auch geschildert. Die haben gesagt, das ist ja nett, aber besuchen geht nicht, was sollen denn die Leute denken. Ich habe gesagt, das kann doch auch ein Krankenpfleger sein. Nee, das ist so auffallend... Ja, was denken denn die Leute. Solche Gespräche hatten wir. Ängstliche Herren. Und hatte einen guten Beruf gehabt. Ich hatte jetzt so einen Fall, der ist 80, wohnt hier um die Ecke. Hat mit seiner Mutter zusammengelebt, bis...denn die verstorben ist. Denn ist der da nicht mit klargekommen, ist heute noch ein gebrochener Mann. Und zu Hause keinen Menschen!« (IP 8)

Auch im Hinblick auf unsere Studie ist davon auszugehen, dass Schwule mit erfolgreicheren Bewältigungsstrategien und einem (zumindest teilweise) gelingenden Stigma-Management eher für ein Interview gewonnen werden konnten als traumatisierte, einsame und mit ihrer Lebenssituation unzufriedene Männer. Es ist zu vermuten, dass Personen mit einer (subjektiv definierten) positiven Lebensbilanz eher interviewbereit waren als solche mit einer gebrochenen Biografie.

Auch in dieser Studie dürften sozial und sexuell aktive sowie gut ausgebildete Männer überrepräsentiert sein (obwohl besonders darauf geachtet wurde, möglichst viele Nichtakademiker zu rekrutieren). Als Bestandteil ihres sozialen Netzwerks sind Kontakte zu Schwulengruppen für viele der Interviewpartner so bedeutsam, dass diese in einem gesonderten Abschnitt dargestellt werden sollen. Während die Kontakte zu Schwulengruppen mit fortschreitendem Alter ihre Bedeutung behielten, trifft dies nicht zu für Kontakte zu verschiedenen Szenen der »Subkultur« schwuler Männer.

Kontakte zu Schwulengruppen

Vier der Interviewpartner sind Mitglied in einer Schwulengruppe (zumeist einer Gruppe 40 +, die sich an ältere Schwule wendet), vier in einer regionalen Gruppe von »Homosexuelle und Kirche« (HUK), ein bundesweites Netzwerk ökumenischer Gruppen für Schwule und Lesben, vier arbeiten in einer Gruppe schwuler Väter mit. Obwohl bei der Rekrutierung von Interviewpartnern darauf geachtet wurde, genug szene- und »bewegungsferne« Männer zu gewinnen, ist ein Drittel aktiv oder zumindest Mitglied in einer Schwulengruppe oder AIDS-Hilfe. Dem Umstand der Mehrfachmitgliedschaften ist es zuzuschreiben, dass zwei Drittel der Männer in keiner Schwulengruppe oder AIDS-Hilfe sind.

Bei den Gruppen 40 +, denen der schwulen Väter und den HUK-Gruppen beschränkt sich das Engagement zumeist nicht auf eine bloße Mitgliedschaft, sondern beruht auf einer regelmäßigen Teilnahme bzw. einem aktiven Mitwirken an der Programmgestaltung. Die Präsenz in den Gruppen erfüllt bei einigen Interviewpartnern (vor allem bei den schwulen Vätern) auch die Funktion, neue Bekanntschaften zu schließen und Freunde zu gewinnen. Dies dürfte ein wesentliches Motiv sein, Kontakt zu den Gruppen aufzunehmen. Diejenigen Interviewpartner, die am ehesten durch soziale Isolation gefährdet sind, profitieren in besonderem Maße von den durch eine Reihe von Gruppen vermittelten sozialen Diensten bzw. geschaffenen Kommunikationsmöglichkeiten. Ohne die von den AIDS-Hilfen bereitgestellten Angebote befänden sich die beiden Interviewpartner mit Aids in einer noch sehr viel schwierigeren sozialen Situation. Bei zwei Männern haben die Gruppen 40 + eine besondere Bedeutung für ihre soziale Einbindung; einem Gesprächspartner bot die Hannoveraner Gruppe der HUK nach einer langjährigen Haftstrafe eine soziale Heimat, die ihm nach eigener Auskunft den Beginn eines neuen Lebens ermöglichte. Für die Mehrheit der befragten schwulen Väter leisteten die regionalen Gruppen schwuler Väter eine nicht hoch genug zu schätzende Hilfe bei der Bewältigung des biografischen Bruchs, den die Trennung/Scheidung von der Ehefrau und der Beginn eines Lebens als schwuler Mann bedeuteten. Auch die bundesweiten Treffen der regionalen Gruppen in der »Akademie Waldschlösschen« spielten für das Knüpfen neuer Kontakte eine wichtige Rolle.

Eine Mehrheit der Interviewpartner verfügt demzufolge über sehr unterschiedlich zusammengesetzte soziale Netzwerke, die für sie bedeutsame Ressourcen zur Bewältigung ihrer Situation im dritten Lebensalter bereithalten. Eine Minderheit ist durch soziale Isolation und Einsamkeit gefährdet; diesen Männern gelang es jedoch, Hilfspotenziale (wenn auch zum Teil in nicht ausreichendem Umfang) für sich zu aktivieren. An dieser Gruppe von älteren Schwulen lässt sich aufzeigen, dass Hilfe zur Selbsthilfe ein schwieriger Prozess ist. Die von sozialer Isolation bedrohten Männer verfügten über ein Minimum an sozialer Kompetenz und an sozialem Kapital, Hilfsangebote zu finden und ihre Lebenssituation zu verändern. Über jene älteren homosexuellen Männer, die nicht über dieses Minimum an sozialer Kompetenz verfügen, kann im Rahmen dieser Studie nichts gesagt werden. Ihre soziale Situation macht sie für eine solche Art von Studien kaum erreichbar; die vorliegende Studie konnte nur deshalb realisiert werden, weil es möglich war, die Interviewpartner über eine Vielfalt formeller und vor allem informeller Netzwerke zu erreichen.

Kontakte zu Schwulenszenen

In den wenigen Publikationen zur Lebenssituation älterer Schwuler (u. a. Lee, 1991; Berger, 1996; Stümke, 1998) wird immer wieder auf den Jugendkult der Schwulenszenen hingewiesen, der zusätzlich zur sozialen Ausgrenzung älterer homosexueller Männer beitrage. Obwohl es an Kritik an den in den Schwulenbars und Klubs vorherrschenden Verkehrsformen nicht mangelt, steht in den Interviews der dort praktizierte Kult der Jugendlichkeit nicht im Vordergrund. Kritische Bemerkungen beziehen sich eher darauf, dass in der »Subkultur« die sozialen Interaktionen so stark durch die Suche nach sexuellen Interaktionen überformt sind, dass der Drang nach Sexualität die Qualität der »Homosozialität« überlagere.

Die meisten interviewten älteren Schwulen erwarten nicht, jüngere Schwule als Sexualpartner zu finden, sie bevorzugen eher Gleichaltrige. Als kränkend wird hervorgehoben, dass über 50-Jährige – wenn sie sich in den schwulen Szenen aufhalten – als nicht existent behandelt würden, dass durch sie gleichsam hindurchgeschaut würde. Häufiger und stärker ausgeprägt als solche Erlebnisse scheint allerdings die Befürchtung zu sein, als älterer Schwuler von der Mehrheit der Jüngeren abgelehnt zu werden. Am deutlichsten wird dies bei einem 75-jährigen emeritierten Professor, dem seit seinen Ehejahren die Orte des flüchtigen Sex für schwule Männer vertraut sind. Er äußert nicht die Befürchtung, in Schwulenbars nicht akzeptiert zu werden, diese sind für ihn überhaupt nicht von Interesse. Seine Befürchtung, als älterer Schwuler abgelehnt zu werden, bezieht sich vielmehr auf Wochenendseminare der »Akademie Waldschlösschen«, also einen sozialen Ort, der sich ausdrücklich als Alternative zu jugenddominierten schwulen Szenen in Großstädten versteht. Auch in Cruising-Gebieten stieß er, anders als in seinen jüngeren Jahren, auf Ablehnung. In diesem und anderen Berichten wird weniger unterschieden zwischen den Interaktionsformen in den sexualisierten Schwulenszenen (Bars, Sexklubs, Tanzklubs, Saunen etc.) und in den alternativen sozialen Räumen, die im Laufe der schwulen Emanzipationsbewegung seit den 1970er-Jahren geschaffen wurden, zu denen z. B. Schwulen- und Lesbenzentren, Vortragsreihen für Schwule (und Lesben) und die erwähnten Wochenendseminare des »Waldschlösschens« gehören. Dies zeigt, dass es nicht nur eines dichteren alternativen Angebots zu den auf kommerzieller Basis funktionierenden Schwulenszenen bedarf, sondern dass oft erst noch ein Bewusstsein geschaffen werden muss für die Bedeutung und Qualität alternativer sozialer Räume, die andere Interaktionsformen ermöglichen und hervorbringen als die traditionelle »Subkultur«.

Eine Reihe von Interviews illustriert den Bedeutungswandel, den der kommerzielle Bereich der »Subkultur« im Lebenslauf schwuler Männer erfährt. Dies kann selbstverständlich nur am Beispiel der Interviewpartner gezeigt werden, die seit dem jungen Erwachsenenalter Schwulenbars (bis in die 1970er-Jahre »Herrenbars« genannt) und Orte des flüchtigen Sex frequentieren. Auf die Mechanismen der sozialen Ausschließung über 40-jähriger oder 50-jähriger Männer in Schwulenszenen ist in den wenigen Publikationen, die dazu empirisches Material enthalten, verwiesen worden (Dannecker & Reiche, 1974, S. 67–131; Stümke, 1998; Dannecker, 2000; Bochow, 2001a, S. 29–35). Neuere Publikationen zum Thema zeigen jedoch, dass diese Prozesse auch auf einer »Selbstausschließung« der über 40-Jährigen beruhen, die anders zu bewerten sind als die Ausgrenzung aufgrund des (im gesellschaftlichen Mainstream verankerten) gnadenlosen Jugendkults der »In-Bars« und der Eventkultur. Die Distanzierung von diesen Orten nimmt ab Ende Dreißig spürbar zu (Bochow, 2001a, S. 32–34). Auch unsere Studie dokumentiert biografisch begründete »Sättigungsprozesse«, die für den Rückzug der 40- bis 70-Jährigen aus den meisten Schwulenszenen offenbar eine Rolle spielen. Der Besuch der Orte schwuler Geselligkeit hatte für die meisten interviewten Männer vor allem auch den Zweck, einen festen Freund zu finden. Wurde eine Partnerbeziehung eingegangen, hörte der Kontakt zu Schwulenszenen keineswegs schlagartig auf, die Frequenz der Besuche verringerte sich jedoch, und dies umso mehr, je länger die Beziehung bestand.

Selbst für die Männer, die nicht in einer festen Beziehung lebten oder leben, verloren die Schwulenszenen im Laufe der Jahre an Interesse. Für viele von ihnen gewinnt das entstehende Beziehungsgeflecht aus guten schwulen Freunden (nicht selten ehemalige Lover) – und häufig aus heterosexuellen Freundinnen – die Qualität einer »Wahlfamilie«. Auch für jene Männer, die eine positive Beziehung zu (Teilen) ihrer Herkunftsfamilie aufrechterhalten, ist eine solche »Wahlfamilie« von großer sozialer und affektiver Bedeutung (Weeks et al., 2001). Hat für Männer in den Zwanzigern (und Dreißigern) die Lieblingsbar oft die Funktion eines »schwulen Wohnzimmers«, so verlagert sich dieses im vorgerückten Lebensalter in das eigene Wohnzimmer. Ist ein Beziehungsgeflecht von schwulen Freunden, lesbischen und heterosexuellen Frauen (seltener heterosexuellen Männern) aufgebaut, so büßt die schwule Subkultur an Attraktivität spürbar ein. Dies gilt auch für Männer ohne feste Beziehung. Die Verkehrsformen der Schwulenszenen entsprechen von einem bestimmten Alter an nicht mehr den Erwartungen und Bedürfnissen, aber auch nicht mehr den Lebenserfahrungen der schwulen Männer. Junge Männer verlieren für viele Ältere aufgrund ihrer mangelnden Lebenserfahrung und den sehr unterschiedlichen Freizeitinteressen an Attraktivität. Zu einem Dialog zwischen den Generationen kommt es, wenn überhaupt, in den sozialen Räumen, die als Alternative zu den Schwulenszenen entwickelt wurden. Ein Treffen zwischen den unterschiedlichen Generationen ergibt sich am ehesten über gemeinsam interessierende Themen, ein gemeinsames Engagement (wie in den HUK-Gruppen) oder biografisch begründete Gemeinsamkeiten (wie in den Gruppen schwuler Väter oder den Gruppen 40 +).

In einem Artikel über das Stigma-Management und die Bewältigung des Alters durch ältere Lesben und Schwule hat Marcy Adelman (1991) zwischen den »Vor-Stonewall«- und den »Nach-Stonewall«-Generationen unterschieden.[4] Eine analoge Unterscheidung für die (west-)deutschen Lebenswelten schwuler Männer wäre die zwischen der Vor- und der Nach-68er-Generation. Nach dem von uns erhobenen biografischen Material erscheint diese Unterscheidung nicht besonders sinnvoll. Viel aussagekräftiger als Unterscheidungsmerkmal der Interviewpartner erweist sich der biografische Zeitpunkt, zu dem sie sich in der Lage sahen, ihre Homosexualität anzunehmen und ein Leben als schwuler Mann zu führen. Auch bei den Jüngeren sind, wie unsere Vergleichsgruppe der 30-Jährigen zeigt, Zeitpunkt und Ausmaß der Selbstakzeptanz ein besonders relevantes Unterscheidungsmerkmal schwuler Männer.

Wohnmodelle

Zum Zeitpunkt des Interviews ist keiner der Interviewpartner so betreuungs- oder pflegebedürftig, dass er einen ambulanten Pflegedienst beanspruchen müsste oder der Umzug in ein Alten-/Pflegeheim anstehen würde. Dies gilt auch für die sechs Interviewpartner, die aufgrund chronischer Erkrankungen unter gesundheitlichen Beeinträchtigungen leiden. Ein Großteil der Befragten ist mit seiner räumlichen Wohnsituation zufrieden bzw. sehr zufrieden. Einige Männer heben ihre privilegierte Wohnsituation hervor, vor allem, wenn sie in eigenen Häusern oder geräumigen Wohnungen leben. Auch jene, die weniger komfortabel wohnen, geben zu verstehen, dass sie so lange wie möglich in ihrer oft schon seit Jahrzehnten bewohnten Wohnung und in ihrem vertrauten Wohnumfeld bleiben möchten. Eine Verschlechterung des Gesundheitszustandes, die bestimmte Formen der Betreuung oder Pflege erforderlich machen würde, wird von einer Reihe von Männern antizipiert. In diesem Zusammenhang optieren sie eher für ambulante Pflegedienste. Viele ziehen es jedoch vor, sich mit dem Thema noch nicht zu befassen.

Dieses Ergebnis befindet sich in völliger Übereinstimmung mit Wahl (2001), der im »Dritten Bericht zur Lage der älteren Generation«, feststellt: »Aus Sicht der Älteren sind es objektive und subjektive Aspekte, welche das Ziel einer möglichst langen Bewahrung der eigenen Wohnung als ein sehr bedeutsames erscheinen lassen. Ältere wohnen im Durchschnitt besonders lange in ihren Wohnungen, und sie weisen eine besonders hohe emotionale

4 »Stonewall Inn« ist der Name der New Yorker Schwulenbar, von der im Juni 1969 als Reaktion auf wiederholte Polizeirazzien eine Revolte schwuler Männer ausging.

Verbundenheit mit ihrer Wohnung und ihrem Wohnumfeld auf [...]. Auch im Falle der Antizipation von Hilfe- und Pflegebedürftigkeit und des Angewiesenseins auf fremde Hilfe überwiegt eindeutig der Wunsch nach Beibehaltung einer eigenständigen Haushaltsform« (ebd., S. 254).

Der Widerstand dagegen, ein Leben in einem Alten- oder Pflegeheim zu erwägen, speist sich aus mehreren Motiven. Einige Interviewpartner kennen aus eigener Anschauung Altenheime, in denen Verwandte und Bekannte untergebracht sind. Sie finden die vorgefundenen Lebensumstände so bedrückend, dass sie alles unternehmen wollen, um eine Unterbringung in einem Alten- oder Pflegeheim zu vermeiden. Ein Interviewpartner behauptete sogar, einen Suizid einer Heimeinweisung vorzuziehen. Die Kritik an den Zuständen konzentriert sich auf die mangelnde personelle und materielle Ausstattung der Heime, die eine individuelle, sachgerechte Betreuung der Heimbewohner verhindere und nur eine »Versorgung am Fließband« ermögliche. Eine Reihe von Männern stellt auch die soziale Kompetenz des Pflegepersonals, mit homosexuellen Männern umzugehen, in Frage. Mehrfach wird die Befürchtung geäußert, bei einer Unterbringung in einem Altenheim die eigene Homosexualität verleugnen zu müssen, eine antizipierte Zwangssituation, die manche Männer besonders bitter stimmt, da sie zum Teil Jahrzehnte brauchten, bis sie sich trauten, offen als schwuler Mann zu leben. Für andere Interviewpartner ist die Unterbringung in einem Alten- oder Pflegeheim gleichbedeutend mit Siechtum und Aufgabe der individuellen Autonomie. Sie befürchten oft eine Verschärfung dieser ohnehin schon schwierigen Situation durch homophobe Reaktionen des Pflegepersonals, dem unterstellt wird, dass es die Besonderheiten der Pflegebedürftigen zu wenig respektiert. So sehen sich schwule Männer als besonders gefährdet, in die Rolle von Sündenböcken zu geraten, an denen sich ein überlastetes, fachlich zum Teil nicht hinreichend qualifiziertes Personal abreagiert. Die Annahme eines schwulen- und lesbenfeindlichen Klimas in Altenheimen ist nicht nur unter den Interviewpartnern dieser Studie verbreitet. Eine quantitative Befragung von Schwulen und Lesben im Ballungsraum München im Jahre 2003 (n = 2512, etwa zwei Drittel Männer, ein Drittel Frauen) ergab, dass drei Viertel der Befragten es für wahrscheinlich halten, in Altenhilfeeinrichtungen Ausgrenzungen und Benachteiligung als homosexueller Mensch zu erleben (Landeshauptstadt München, 2004, S. 5). Vor diesem Hintergrund ist es aufschlussreich, dass das Modell eines Altenheims für Schwule und Lesben (sei dieses nur für Schwule oder für Schwule und Lesben oder auch für interessierte Heterosexuelle konzipiert) nur von einer Minderheit der Interviewpartner ausdrücklich befürwortet wird.

Da Modelle eines schwullesbischen Altenheims schon seit Jahren immer wieder in den Magazinen für schwule Männer diskutiert werden, war ein Großteil der Interviewpartner mit solchen Überlegungen vertraut. Unter den als Vergleichsgruppe interviewten Dreißigern sind Konzepte schwullesbischer Altenheime oder auch Vorstellungen von Alten-Wohngemeinschaften sehr viel populärer als unter den älteren Gesprächspartnern. Eine Reihe der über 55-Jährigen kritisiert, dass mit Altenheimen für Schwule und Lesben ein neues homosexuelles Ghetto entstünde, dem man sein ganzes Leben doch habe entrinnen wollen. Politisch argumentierend fordern sie eine soziale Integration von Schwulen, gesonderte Einrichtungen sind für sie ein Hindernis auf dem Weg zur gesellschaftlichen Integration. Männer, die eher niedrige Renten erwarten oder schon beziehen, wenden ein, dass Altenheime, sei es mit schwullesbischem oder homosexuellenfreundlichem Profil, nur als Mittelschichtsoasen denkbar seien, die sie sich nicht werden leisten können. Die Zustimmung für Modelle von schwullesbischen Altenheimen hält sich demzufolge in Grenzen. Interviewpartner, die sich nicht gegen sie aussprechen, finden sie eher als sozialpolitische Modellversuche interessant und weniger, weil sie für sich selbst eine Perspektive darin sehen.

Auf ähnlich ambivalente Reaktionen stößt das Konzept von Wohngemeinschaften für ältere Schwule, wenn es überhaupt im Interview erwähnt wird. Auch hier überwiegt eine gehörige Portion Skepsis. Diese resultiert vor allem aus der Vermutung, dass ältere schwule Männer, die lange Jahre ihres Lebens allein gewohnt haben, Probleme mit dem späten Sich-Einfügen in eine Gemeinschaft haben könnten. Ein schon seit fast zwanzig Jahren mit einer Gehbehinderung lebender Hannoveraner beobachtet in seinem Umfeld, wie unverbindlich Modelle der 40+-Gruppen zum gemeinsamen Wohnen diskutiert werden:

> »Ja, was ich so beobachtet hatte, die Leute, die sich dafür stark gemacht haben, die das natürlich toll fanden...ob das nun im Endeffekt dann im Alter auch so klappen würde...die, die sich nun dafür stark gemacht haben, die kommen schon gar nicht mehr in die Gruppe. Dann frage ich mich, wenn die nun schon bei der Gruppe das Handtuch werfen, wie sieht das dann aus, wenn man täglich zusammen lebt...Zwar die Klappe aufreißen, ist alles toll, aber selbst in 'ner Gruppe klappt da einmal im Monat das Treffen nicht. Wie soll das dann klappen im täglichen Zusammenleben? Fand ich doch ein bisschen enttäuschend« (IP 11).

Das in der Münchener quantitativen Befragung von Schwulen und Lesben (Landeshauptstadt München, 2004) am meisten favorisierte Modell des gemeinsamen Wohnens mit FreundInnen im gleichen Haus bei getrennten Wohnungen und gegenseitiger Versorgung wird von den älteren Interviewpartnern nur selten angesprochen. Werden sie im Interview danach gefragt, dann zeigen unsere Interviewpartner eine ähnliche Zurückhaltung wie die schwulen Männer im Münchener Bericht: »Bei den vorgeschlagenen Wohnformen im Privatbereich [...] tendieren die Lesben deutlich stärker zu Formen gemeinschaftlichen Wohnens, Haus- und Wohngemeinschaft erhalten mehr Zustimmung als bei den Schwulen, das Wohnen in der eigenen Wohnung ohne Vorkehrungen für das Alter ist bei den Lesben dagegen mit nur knapp 58% Zustimmung versehen, bei den Schwulen jedoch mit über 75%« (ebd., S. 36; zur Diskussion der Vorstellungen über das Wohnen im Alter unter Schwulen und Lesben vgl. auch Wernicke, 2002).

Mangelnde Thematisierung schwuler und lesbischer Lebensweisen in der Öffentlichkeit

Bei Durchsicht der mit besonderem Nachdruck vorgetragenen Forderungen zur Verbesserung der Lebenssituation älterer Schwuler kristallisieren sich zwei unterschiedliche Argumentationslinien heraus. Eine Position läuft auf eine strikte Ablehnung spezifischer sozialpolitischer Forderungen hinaus. Die in den ersten beiden Jahrzehnten der Bundesrepublik erlebte Kriminalisierung und Stigmatisierung von Homosexuellen wird als negative Form einer Sonderbehandlung erlebt, in deren Tradition auch positiv intendierte Maßnahmen für schwule Männer stünden. Weit davon entfernt, keine Forderungen zu erheben, bestehen diese Interviewpartner auf Maßnahmen, die die Regelversorgung von älteren Menschen betreffen. Hierzu gehören ein Grundeinkommen (adäquate Mindestrente) im Alter, Qualitätsstandards für ambulante soziale Dienste, die hinreichend Zeit für die einzelnen betreuten Personen vorsehen, und eine räumliche und personelle Mindestausstattung von Altenheimen. Es geht dieser Gruppe um eine Verbesserung der Standards in der Regelversorgung für alte Menschen, unabhängig von der sexuellen Orientierung der Betroffenen. Einige der Interviewpartner, die diese Position vertreten, gehen davon aus, dass die Bedeutung der sexuellen Orientierung im Alter ohnehin abnimmt, da ein starker Rückgang sexueller Bedürfnisse angenommen wird.

Die Mehrheit der befragten Männer vertritt in diesem Zusammenhang eine deutlich andere Position: Ohne eine Verbesserung der Mindeststandards der Regelversorgung geringzuschätzen, fordern diese Männer soziale Räume, in denen den spezifischen Bedürfnissen älterer Schwuler Rechnung getragen wird. Gefordert wird ein sozial kompetentes Personal in der ambulanten und stationären Versorgung, das unvoreingenommen – und mit schwulen Lebensweisen vertraut – mit homosexuellen Männern umgehen kann. Modellprojekte der Betreuung, Unterbringung und Pflege älterer schwuler Männer werden befürwortet. Den Befragten ist bewusst, dass diese lediglich eine Ergänzung zur Regelversorgung darstellen können. Besondere Erwartungen richten sich auf die staatliche und kommunale Unterstützung von Selbsthilfeprojekten schwuler Männer, von denen gefordert wird, dass sie eine Ergänzung bzw. Alternative zu den klassischen Schwulenszenen darstellen. Ausgegangen wird davon, dass in den kommerziell betriebenen Teilen der Schwulenszenen (Cafés, Bars, Partyklubs) eine Klientel dominiert, deren Alter überwiegend unter 35 Jahren liegt. Ansätze zur Schaffung alternativer sozialer Räume – so viele Gesprächspartner – bestünden in den Gruppen 40 +, die versuchen, Orte der Kommunikation und Geselligkeit für Schwule anzubieten, welche dem Alter der Bar- und Klubszene entwachsen sind. Eine Unterstützung zur Verbreiterung dieser Angebote wird gefordert, ebenso der Ausbau von solchen Schwulen- und Lesbenzentren, die für ältere Schwule und Lesben konzipierte Veranstaltungen anbieten. Noch wichtiger ist einigen Befragten, dass der Dialog zwischen älteren und jüngeren Schwulen gefördert wird und hierzu spezifische Kommunikationsmöglichkeiten geboten werden.

Die meisten Interviewpartner sind realistisch genug, um zu sehen, dass die Schaffung solcher alternativer sozialer Räume einen Grad von Mobilisierungsbereitschaft unter schwulen Männern voraussetzt, der derzeit nicht gegeben ist. Als notwendig wird deshalb auch die Entwicklung von Aktivierungsstrategien unter schwulen Männern angesehen, um das Engagement in Selbsthilfeprojekten zu fördern. Kritisiert wird in diesem Zusammenhang eine Erwartungshaltung gegenüber kommunalen oder staatlichen Stellen, die diese nicht nur materiell, sondern auch konzeptionell überfordern würde. Ohne die Bereitschaft zur Selbsthilfe, so eine häufig geäußerte Einschätzung, werde es schwer sein, Kommunen und Länder zu bestimmten Maßnahmen oder finanziellen Unterstützungen zu motivieren. Hervorgehoben wird, dass hierzu auch eine (in Diskussionsprozessen unter Schwulen geförderte) Bedürfnis- und Interessenartikulation notwendig sei, die den Forderungen an Länder und Kommunen eine Legitimationsbasis gebe.

Von einer Reihe von Gesprächspartnern werden Grenzen dieser Bedürfnis- und Interessenartikulation benannt. Gerade unter älteren homosexuellen Männern seien die in der Kriegs- und Nachkriegszeit erlittenen Traumatisierungen so stark, dass viele von ihnen noch große Ängste und Widerstände hätten, sich als schwule Männer zu erkennen zu geben, geschweige denn öffentlich für ihre Interessen einzustehen. Die Grenzen der Interessenartikulation schwuler Männer werden jedoch als noch viel enger gesehen. Jenseits der effekthaschenden Berichterstattung in der Boulevardpresse und im kommerziellen Fernsehen seien Schwule (und Lesben) in der Öffentlichkeit kaum präsent. Hieran ändere auch die Tatsache nichts, dass die Bürgermeister der beiden größten Millionenstädte Deutschlands homosexuell seien. Klaus Wowereit und Ole von Beust seien möglicherweise ein Beleg dafür, dass die politische Klasse im sechsten Jahrzehnt der Bundesrepublik endlich auch Homosexuelle in ihren Reihen dulde, über die Lebenssituation der großen Mehrheit schwuler Männer sei damit jedoch noch gar nichts gesagt. Familien und Schulen, die wichtigsten Sozialisationsinstanzen, zielten auf eine »heterosexuelle Normalbiografie«, Homosexualität werde kaum thematisiert, und die Existenz von homosexuellen Schülern und Schülerinnen werde »vergessen« oder verleugnet. Diese Nichtthematisierung von Homosexualität setze sich im Erwachsenenleben fort, die meisten gesellschaftlichen Rituale und sozialen Statuspassagen setzen umstandslos eine heterosexuelle Orientierung der beteiligten Frauen und Männer voraus (von Schulabschlussfeiern bis hin zu Betriebsausflügen und anderen gesellschaftlichen Ereignissen). Die allgegenwärtige Präsenz von Schwulen und Lesben in allen möglichen Lebenszusammenhängen würde in keiner Weise zur Kenntnis genommen. So gesehen sei es auch nicht verwunderlich, wenn es dem heterosexuellen Personal von Krankenhäusern, Altenheimen und anderen Betreuungseinrichtungen an sozialer Kompetenz im Umgang mit Schwulen und Lesben fehle.

Schlussbemerkungen

Damit formulieren einige Interviewpartner strategische Vorstellungen, die bemerkenswerte Analogien zum Konzept der strukturellen Prävention der Deutschen AIDS-Hilfe aufweisen, einem Konzept also, das für den Bereich der öffentlichen Gesundheit entwickelt wurde. Dieses Konzept berücksichtigt auch die sozialen Voraussetzungen für das Gelingen der HIV-Prävention und folgt damit einer Denktradition in den deutschen Sozialwissenschaften, die darauf beharrt, dass Verbesserungen in einzelnen sozialen Bereichen ohne Veränderungen in der Gesamtgesellschaft nicht möglich sind. In der Präventionsarbeit für schwule Männer bedeutet dies, dass Gesundheitsförderung aussichtslos ist ohne die Förderung schwulen Selbstbewusstseins, den Abbau von

Ausgrenzung und Diskriminierung und die Erhaltung und Wertschätzung der schwulen Szenen (Etgeton, 1998, S. 72).

Diesen Gedanken gilt es bei der Konzeption von Maßnahmen für ältere Schwule zu radikalisieren. Wenn es nicht gelingt, die durch die schwulen Szenen gesetzten Begrenzungen der Reichweite von sozial- und gesundheitspolitischen Interventionen zu überwinden, werden in erster Linie die Männer erreicht, die vermutlich nicht zu jenen gehören, die ihrer am meisten bedürfen. Lautet das Ziel emanzipativer Gesundheitsförderung, die Selbstheilungs- und Selbsthilfepotenziale soweit irgend möglich zu wecken und zu unterstützen (ebd., S. 74), so gilt es für die Altenarbeit mit schwulen Männern besonders zu beachten, dass viele von ihnen weniger über die Netzwerke schwuler Männer, sondern eher über die etablierten Betreuungseinrichtungen von Ländern und Kommunen zu erreichen sind.

Der Autor dankt Hans Hengelein, Rainer Marbach und Thomas Wilde für die ermutigende Begleitung der Studie und die kritischen Anmerkungen zu dieser Zusammenfassung. Jeffrey Weeks und Kevin Porters Studie in Großbritannien »Between the Acts – Lives of Homosexual Men 1885–1967« (1991) gab manche Anregung für unsere Arbeit. Christoph Gille und Heiko Gerlach stellten ihre aufschlussreichen Diplomarbeiten zur Verfügung.

Literatur

Adelman, M. (1991). Stigma, gay lifestyles, and adjustment to aging. A study of later-life gay men and lesbians. In J. A. Lee (Ed.), *Gay midlife and maturity* (pp. 7–32). New York: Harrington Park Press.

Balser, K., Kramp, M., Müller, J. & Gotzmann, J. (1994). (Hrsg.), *Himmel und Hölle. Das Leben der Kölner Homosexuellen 1945–1969.* Köln: Emons Verlag.

Berger, R. M. (1996). *Gay and gray: The older homosexual man* (2., rev. ed.). New York: Harrington Park Press.

Bochow, M. (1998). Schwule über 44. In H. G. Stümke (Hrsg.), *Älter werden wir umsonst. Schwules Leben jenseits der Dreißig. Erfahrungen, Interviews, Berichte* (S. 220–231). Berlin: Verlag rosa Winkel.

Bochow, M. (2001a). *Schwule Männer, AIDS und Safer Sex. Neue Entwicklungen.* Eine Befragung im Auftrag der Bundeszentrale für gesundheitliche Aufklärung, Köln. AIDS-Forum DAH, Bd. 40. Berlin.

Bochow, M. (2001b). *Sozial- und sexualwissenschaftliche Erkenntnisse zur Homosexualität. Gleichgeschlechtliche Lebensgemeinschaften in sozialethischer und rechtlicher Perspektive.* Texte einer Tagung in der Evangelischen Akademie Bad Boll. Nr. 23–24, H.1: S. 42–50. epd-Dokumentation (Evangelischer Pressedienst).

Bochow, M. (2005). *Ich bin doch schwul und will das immer bleiben. Schwule Männer im dritten Lebensalter.* (Edition Waldschlösschen). Hamburg: Männerschwarm Skript Verlag.

Bochow, M., Wright, M. & Lange, M. (2004). *Schwule Männer und AIDS: Risikomanagement in Zeiten der sozialen Normalisierung einer Infektionskrankheit.* Eine Studie im Auftrag der Bundeszentrale für gesundheitliche Aufklärung, Köln. AIDS-Forum DAH, Bd. 48. Berlin.

Bohnsack, R. (1993). *Rekonstruktive Sozialforschung. Einführung in Methodologie und Praxis qualitativer Forschung.* Opladen: Leske und Budrich.

Bozon, M. (2002). *Sociologie de la sexualité.* Paris: Nathan/VUEF.

Buba, H. P. & Weiß, H. (2003). *Einsamkeit und soziale Isolation schwuler Männer. Schriften zum Themenbereich gleichgeschlechtliche Lebensweisen.* Düsseldorf: Ministerium für Gesundheit, Soziales, Frauen und Familie des Landes Nordrhein-Westfalen.

Bude, H. (1997). *Das Altern einer Generation. Die Jahrgänge 1938–1948.* Frankfurt/M.: Suhrkamp.

Caradec, V. (2001). *Sociologie de la vieillesse et du vieillissement.* Paris: Editions Nathan.

Dannecker, M. (2000). Über schwule Erwachsene, zum Fetisch Jugend und zur Midlife-Crisis bei schwulen Männern. In S. Meschig, Schwules Netzwerk NRW (Hrsg.), *Jung zu sein, das ist nicht schwer, erwachsen sein dagegen sehr* (S. 10–15). Köln.

Dannecker, M. & Reiche, R. (1974). *Der gewöhnliche Homosexuelle. Eine soziologische Untersuchung über männliche Homosexuelle in der Bundesrepublik.* Frankfurt/M.: Fischer.

Etgeton, S. (1998). Strukturelle Prävention als Konzept kritischer Gesundheitsförderung. In K. D. Beißwenger & C. Höpfner (Hrsg.), *Strukturelle Prävention. Ansichten zum Konzept der Deutschen AIDS-Hilfe.* AIDS-Forum DAH, Bd. 23, S. 71–79. Berlin.

Frieling-Sonnenberg, W. (1997). Sexualität im Altenheim. In Niedersächsisches Sozialministerium (Hrsg.), *Dokumentation. Lebenssituation älterer schwuler Männer. Bestandsaufnahme und Perspektiven.* Anhörung des Niedersächsischen Sozialministeriums am 13. Juni 1997 im Niedersächsischen Landtag (S. 20–28). Hannover: Niedersächsisches Sozialministerium.

Friend, R. A. (1991). Older lesbian and gay people: A theory of successful aging. In J. A. Lee (Ed.), *Gay midlife and maturity* (pp. 99–118). New York: Harrington Park Press.

Gerlach, H. (2002). Wie erleben homosexuelle Männer pflegerische Situationen? *Dokumentation Pflegewissenschaft, 55(9),* 2–6.

Gille, C. (2003). *Homosexuelle Männer im Alter.* Bd. 1. Diplomarbeit. Evangelische Fachhochschule Berlin, Studiengang Sozialarbeit/Sozialpädagogik. Berlin.

Gunzelmann, T., Rusch, B. D. & Brähler, E. (2004). Einstellungen zu Erotik und sexueller Aktivität bei über 60jährigen. *Gesundheitswesen, 66,* 15–20.

Hutter, J. (2002). Zum Scheitern der Politik individueller Wiedergutmachung. In B. Jellonnek & R. Lautmann (Hrsg.), *Nationalsozialistischer Terror gegen Homosexuelle. Verdrängt und ungesühnt* (S. 339–355). Paderborn: Schöningh.

Kooden, H. & Flowers, C. (2003). *Golden men. The power of gay midlife.* New York: Avon Books.

Kramp, M. & Sölle, M. (1994). §175 – Restauration und Reform in der Bundesrepublik. In K. Balser, M. Kramp, J. Müller & J. Gotzmann (Hrsg.), *Himmel und Hölle. Das Leben der Kölner Homosexuellen 1945–1969* (S. 124–154). Köln: Emons Verlag.

Kruse, A. (2001). *Ressourcen des Alters aus individueller und gesellschaftlicher Perspektive.* In: Dritter Bericht zur Lage der älteren Generation. Bericht der Sachverständigenkommission (S. 49–63). Hrsg. vom Bundesministerium für Familie, Senioren, Frauen und Jugend. Berlin.

Kuhlmey, A., Adolph, H. & Engstler, H. (2001). *Soziale Ressourcen.* In: Dritter Bericht zur Lage der älteren Generation. Bericht der Sachverständigenkommission (S. 211–240). Hrsg. vom Bundesministerium für Familie, Senioren, Frauen und Jugend. Berlin.

Landeshauptstadt München (2004). *Unter'm Regenbogen. Lesben und Schwule in München.* München: Koordinierungsstelle für gleichgeschlechtliche Lebensweisen.

Lee, J. A. (1991). *Gay midlife and maturity.* New York: Harrington Park Press.

Merbach, M., Beutel, M. & Brähler, E. (2003). Sexualität des alternden Mannes. *BZgA Forum Sexualaufklärung und Familienplanung, H.1/2,* S. 7–11.

Müller, K. (2002). Totgeschlagen, totgeschwiegen? Das autobiographische Zeugnis homosexueller Überlebender. In B. Jellonnek & R. Lautmann (Hrsg.), *Nationalsozialistischer Terror gegen Homosexuelle. Verdrängt und ungesühnt* (S. 397–418). Paderborn: Schöningh.

Plötz, K. (2006). *Lesbische ALTERnativen. Alltagsleben, Erwartungen, Wünsche.* Königstein/Ts.: Helmer.

Stümke, H. G. (1998). *Älter werden wir umsonst. Schwules Leben jenseits der Dreißig. Erfahrungen, Interviews, Berichte.* Berlin: Verlag rosa Winkel.

Stümke, H. G. (2002). Wiedergutmachung an homosexuellen NS-Opfern von 1945 bis heute. In B. Jellonnek & R. Lautmann (Hrsg.), *Nationalsozialistischer Terror gegen Homosexuelle. Verdrängt und ungesühnt* (S. 329–338). Paderborn: Schöningh.

Wahl, H. W. (2001). *Räumliche, infrastrukturelle und technische Umwelten als Ressource.* In: Dritter Bericht zur Lage der älteren Generation. Bericht der Sachverständigenkommission (S. 241–266). Hrsg. vom Bundesministerium für Familie, Senioren, Frauen und Jugend. Berlin.

Wasmuth, J. (2002). Strafrechtliche Verfolgung Homosexueller in BRD und DDR. In B. Jellonnek & R. Lautmann (Hrsg.), *Nationalsozialistischer Terror gegen Homosexuelle. Verdrängt und ungesühnt* (S. 173–186). Paderborn: Schöningh.

Weeks, J. & Porter, K. (1991). *Between the acts – Lives of homosexual men 1885–1967.* London: Routledge.

Weeks, J., Heaphy, B. & Donovan, C. (2001). *Same sex intimacies. Families of choice and other life experiments.* London: Routledge.

Wernicke, H. (2001). *Alt werden – schwul bleiben: Probleme, Projekte, Perspektiven.* Unveröffentl. Manuskr. Berlin.

Wernicke, H. (in Zusammenarbeit mit dem Schwulen Museum Berlin) (2002). *Soziale Projekte für Lesben und Schwule im Alter aus den USA, Großbritannien, den Niederlanden und Schweden.* Berlin: Schwules Museum.

Spätmoderne 60-Jährige

Gunter Schmidt und Silja Matthiesen

»Alterssexualität« gehört zu den Begriffen, die man am besten abschaffte. Dieser Begriff legt nahe, dass die Sexualität Älterer klar von der anderer Erwachsener abgrenzbar, essentiell vorgegeben und historisch unveränderbar ist, er dampft Vielfalt ein und suggeriert, dass die Sexualität im höheren Lebensalter vor allem durch eins bestimmt ist: durch das »physiologische« Merkmal Alter. Doch die Sexualität älterer Menschen ist so unterschiedlich wie die jüngerer und unterliegt wie bei diesen einer Vielzahl von Einflüssen und Umständen. Sie hängt vor allem davon ab, ob ein Mann/eine Frau alleine lebt oder in einer Beziehung und wie lange die Beziehung schon dauert; sie variiert mit der Schichtzugehörigkeit, den Lebensbedingungen, der Gesundheit, der individuellen Biografie, den kollektiven Einstellungen einer Generation und vielem anderen mehr. Sie hängt weiterhin von der Rigidität oder Offenheit kultureller Szenarios ab, die eine Gesellschaft für ein »adäquates« Leben Älterer vorgibt, und da diese sich ändern, ändert sich »Alterssexualität« von Generation zu Generation.

Wir wollen hier über eine Gruppe großstädtischer »junger Alter« berichten, nämlich über 258 60-jährige (Jahrgang 1942) Frauen und Männer aus Hamburg und Leipzig, die wir im Frühjahr 2002 im Rahmen unserer Studie »Beziehungsbiographien im sozialen Wandel« über ihre Beziehungsgeschichte und ihre Sexualität interviewten (Schmidt, Matthiesen, Dekker & Starke, 2006). Befragt wurden noch zwei andere Generationen, nämlich 45-Jährige (Jahrgang 1957, N = 255) und 30-Jährige (Jahrgang 1972, N = 263), die wir gelegentlich zu Vergleichen heranziehen werden.[1] Tabelle 1 zeigt einige Hintergrunddaten

[1] Die Adressen der Befragten wurden nach einem Zufallssystem von den Einwohnermeldeämtern in Hamburg und Leipzig aus den Populationen der 1942, 1957 und 1972 Geborenen gezogen. 30% der Männer und Frauen, die wir um ein Interview baten,

der Stichprobe 60-jähriger Männer und Frauen. Die meisten leben in festen Beziehungen. Ein für diese Generation ungewöhnlich hoher Prozentsatz hat die Hochschulreife; dies verweist darauf, dass Probanden mit höherer Schulbildung eher zu einem Interview bereit waren und unsere Stichprobe deshalb zur Mittelschicht verschoben ist. Etwa die Hälfte ist noch im Arbeitsprozess (mehr Männer als Frauen, mehr Hamburger als Leipziger), ein Fünftel ist berentet und ebenfalls ein Fünftel arbeitslos (mehr Leipziger als Hamburger). Jeder und jede Achte bewertet seinen beziehungsweise ihren Gesundheitszustand als »schlecht«.

Tabelle 1 Hintergrunddaten der befragten 60-Jährigen (in %)

	Männer (N = 125)	**Frauen** (N = 133)	**Hamburg** (N = 151)	**Leipzig** (N = 107)
gegenwärtig verheiratet	70	65	58	81
gegenwärtig in fester Beziehung	86	71	71	89
verwitwet, allein lebend	2	8	5	5
haben Kinder	84	77	74	90
leben mit Kindern	16	11	11	17
haben Enkelkinder	42	57	40	64
haben Abitur oder Äquivalent	41	23	28	36
Gesundheitszustand »schlecht«	13	13	13	12
arbeiten Voll- oder Teilzeit	55	44	55	41
Rentner/Rentnerin	22	21	21	23
arbeitslos	18	20	10	30

waren zur Mitarbeit bereit. Die Interviews, die im Durchschnitt etwa 75 Minuten dauerten, wurden von den MitarbeiterInnen des Projekts und von StudentInnen, die für die Befragung besonders geschult waren, erhoben (vgl. im Einzelnen Schmidt et al., 2006). Das Projekt wurde von der Deutschen Forschungsgesellschaft (Schm 261/7-1) gefördert. Der Beitrag wurde erstmals im Forum Sexualaufklärung und Familienplanung, Ausgabe 1/2-2003 veröffentlicht.

Die vorliberale Generation

Ein Faktor, der sexuelles Verhalten beeinflusst, ist selbstverständlich auch bei älteren Menschen die Generation, der sie angehören. Die von uns befragten 60-Jährigen, Jahrgang 1942, erlebten ihre Jugend in den späten 1950er und frühen 1960er Jahren. Sie waren junge Erwachsene und oft schon verheiratet, als die »sexuelle Revolution« begann. Man kann sie deshalb nach der Zeit ihres Heranwachsens die »vorliberale Generation« nennen.

Um die Besonderheit dieser Generation zu umreißen, wollen wir ihre frühen sexuellen und Beziehungserfahrungen mit denen der nur 15 Jahre später geborenen »Generation der sexuellen Revolution« vergleichen, die in den 1970er Jahren ihre Jugend verbrachte.[2] Abbildung 1 zeigt die generationsbezogenen Veränderungen anhand einiger Beispiele. Drei Tendenzen, die eng miteinander zusammenhängen, sind zu erkennen:

- Liberalisierung der (Jugend-)Sexualität: Jungen und Mädchen beginnen früher mit Masturbation und Geschlechtsverkehr
- »Gender equalisation«[3]: Der Liberalisierungsschub ist bei Mädchen stärker als bei Jungen; dadurch verringern sich traditionelle Geschlechtsunterschiede im Sexualverhalten (Masturbation) oder sie verkehren sich (Mädchen haben nun früher Koitus als Jungen). Dies signalisiert einen Abbau doppelmoralischer Vorschriften und eine Zunahme sexueller Selbstbestimmung von Frauen.[4]
- Zunehmende Beziehungsmobilität: Die Tendenz zum Wechsel von festen Partnerschaften im jungen Erwachsenenalter nimmt zu.

---

[2] Die kollektiven Erfahrungen dieser beiden Generationen lassen sich selbstverständlich nicht nur und vermutlich nicht einmal in erster Linie auf Unterschiede in der sexuellen Sozialisation reduzieren, wie wir es hier vereinfachend tun. So sind die 1942 Geborenen Kriegskinder, die 1957 Geborenen »Wirtschaftswunder«-Kinder. Eine der vielen Konsequenzen dieser Differenz ist zum Beispiel, dass von ersteren 26%, von letzteren 10% den Vater in ihrer Kindheit verloren.

[3] Dieser Begriff geht auf Haavio-Mannila, Kontula und Rotkirch (2002) zurück.

[4] Vgl. Schmidt (2003).

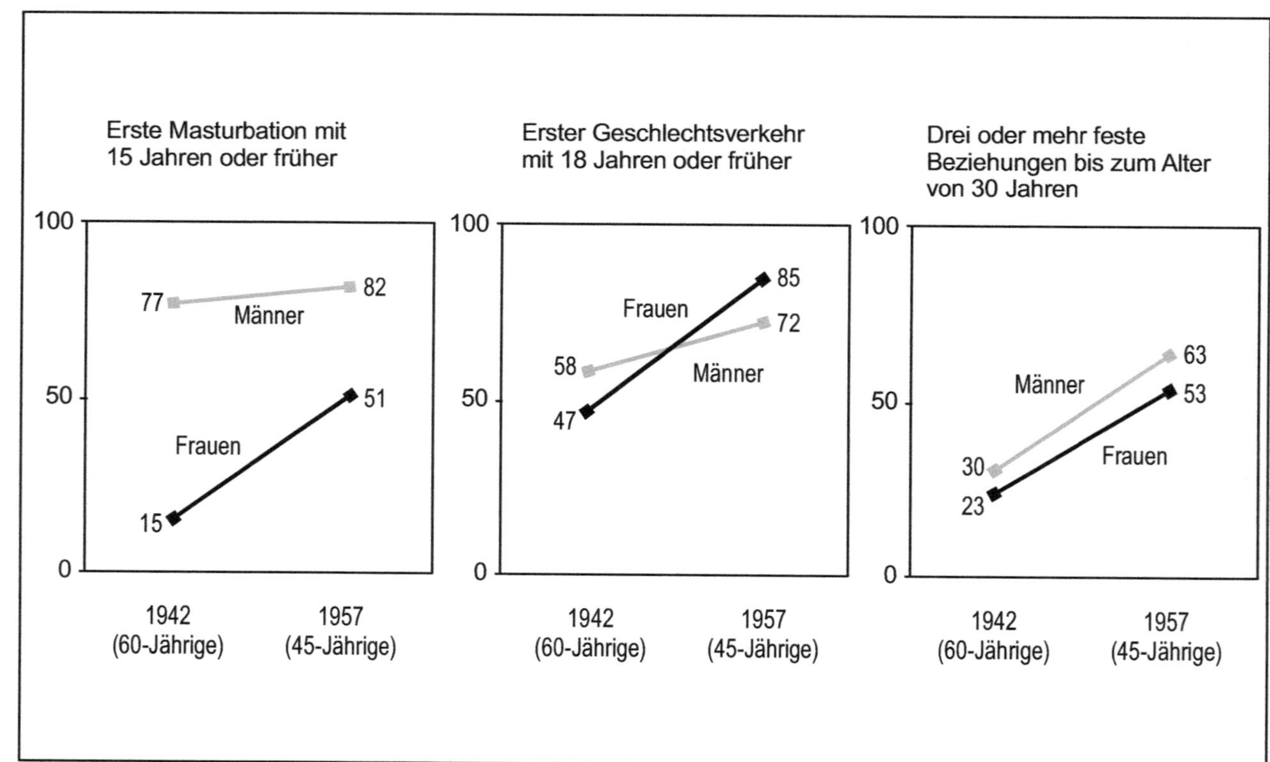

Abbildung 1: Frühe sexuelle und Beziehungserfahrungen der »vorliberalen Generation« (Jg. 1942) und der »Generation der sexuellen Revolution« (Jg. 1957) (in %)

Diese Modernisierungstendenzen lassen sich für Hamburger und Leipziger nachweisen, sie sind im Westen allerdings stärker ausgeprägt als im Osten. Insgesamt haben die heute 60-Jährigen also deutlich andere sexuelle Sozialisierungserfahrungen als die jüngeren Generationen. Der »sexuellen Revolution« waren sie erst im frühen Erwachsenenalter ausgesetzt. Wie stark hat sie dieses Ereignis später beeinflusst, wie weit ist es an ihnen vorbeigegangen?

Wir wollen dieser Frage im Hinblick auf das Beziehungsverhalten nachgehen. Aus den Angaben der Befragten zu ihrer Beziehungsgeschichte (Beginn und Dauer aller festen Beziehungen, Beginn und Dauer aller Single-Phasen) lassen sich ihre Beziehungsbiografien rekonstruieren und zu Typen zusammenfassen. Abbildung 2 veranschaulicht diese Biografietypen an jeweils einem Beispiel. Die Häufigkeitsverteilung dieser Typen (Tabelle 2) ist für unsere Frage relevant:

- Die meisten 60-Jährigen, nämlich 55%, haben eine Kontinuitätsbiografie; sie leben seit mindestens 25 Jahren (im Durchschnitt seit 37 Jahren) in einer festen Beziehung. Die »sexuelle Revolution« hat der Stabilität ihrer Beziehung offenbar nur wenig anhaben können.
- 31% der 60-Jährigen haben eine nicht-traditionelle Beziehungsbiografie. Männer und Frauen mit einer Umbruchsbiografie (17%) haben sich von einer Beziehung getrennt, die mindestens 15 Jahre (im Durchschnitt 23 Jahre) hielt; die meisten trennten sich im Alter zwischen 36 und 50 Jahren, fast alle hatten Kinder. Befragte mit einer Kettenbiografie (14%) hatten mindestens 3 (im Durchschnitt 4 bis 5) feste Beziehungen in ihrem Leben (wobei die Dauer dieser Beziehungen die Dauer der Single-Phasen übersteigt). Beide Gruppen verabschiedeten sich früher oder später aus einem traditionellen Lebensentwurf, und man kann vermuten, dass zumindest bei manchen von ihnen die »sexuelle Revolution« dazu beitrug.

Im Hinblick auf das Beziehungsverhalten legen unsere Daten also den Schluss nahe, dass viele 60-Jährige in ihren Traditionen verharrten und etliche die neuen Tendenzen assimilierten. Das »Verharren« war im Osten, das »Assimilieren« im Westen deutlich stärker, zwischen Frauen und Männern gibt es keine Unterschiede (Tabelle 2).

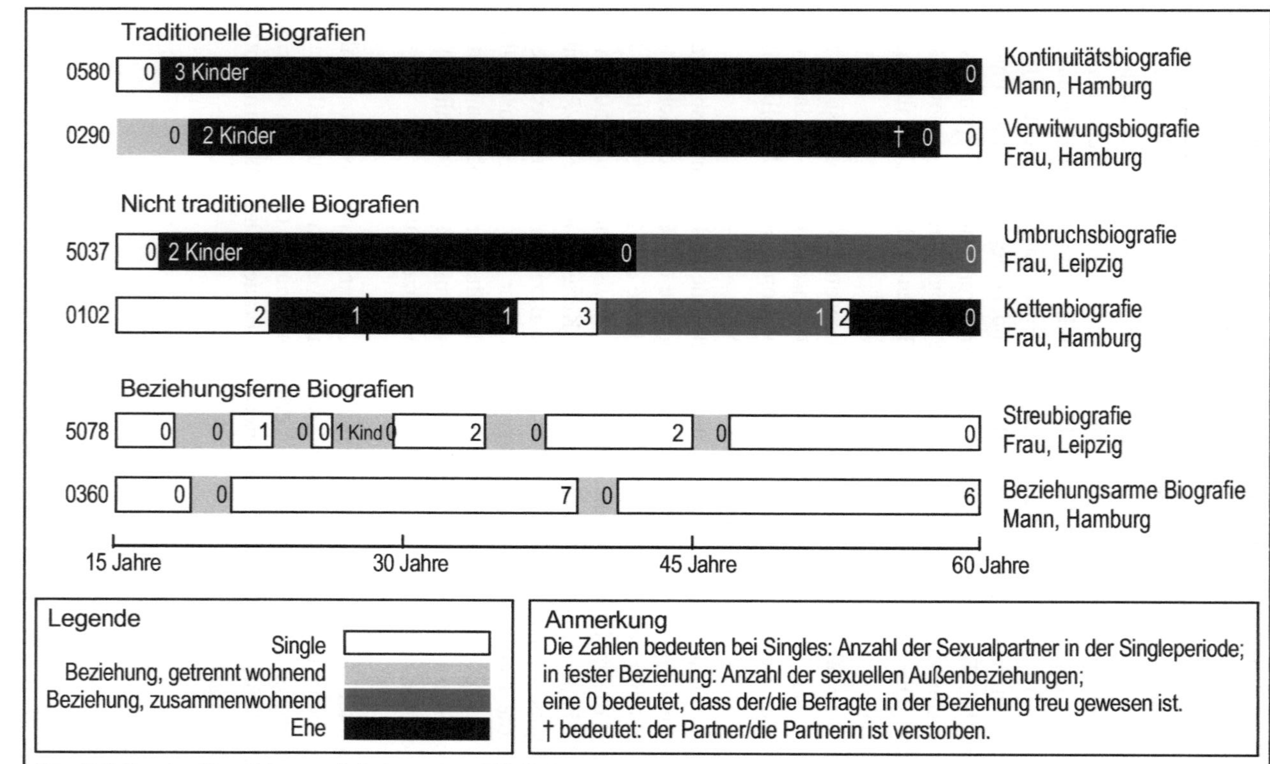

* Zur Definition der Biografietypen vgl. die Legende zu Tabelle 2.

Abbildung 2: Beziehungsbiografien 60-Jähriger, Beispiele für sechs typische Verläufe*

Tabelle 2 Beziehungsbiografien 60-Jähriger (in %)

	Männer (N = 125)	**Frauen** (N = 133)	**Hamburg** (N = 151)	**Leipzig** (N = 107)
Traditionelle Biografien				
Kontinuitätsbiografie[1]	58	53	44	71
Verwitwungsbiografie[2]	2	10	6	7
Nicht traditionelle Biografien				
Umbruchsbiografie[3]	18	17	25	7
Kettenbiografie[4]	15	13	17	10
Beziehungsferne Biografien				
Streubiografie[5]	1	5	3	2
Beziehungsarme Biografie[6]	2	2	3	2
Nicht einzuordnen	3	1	3	1

[1] Lebt seit mindestens 25 Jahren in einer festen Beziehung
[2] Eine Beziehung, die mindestens 15 Jahre dauerte, endete mit dem Tod des Partners
[3] Eine Beziehung, die mindestens 15 Jahre dauerte, endete mit einer Trennung
[4] Mindestens 3 Beziehungen, die Dauer aller Beziehungen übersteigt die Dauer der Single-Phasen
[5] Mindestens 3 Beziehungen mit einer Gesamtdauer von mehr als 10 Jahren, die Gesamtdauer unterschreitet die Dauer aller Single-Phasen
[6] Bisher keine Beziehungen oder die Gesamtdauer aller Beziehungen beträgt 10 Jahre oder weniger

Partnersituation und Sexualverhalten

Tabelle 3 fasst die Partnersituation der 60-Jährigen zusammen. Die meisten Männer und Frauen leben in sehr langen Beziehungen (30 Jahre und mehr), nur Minderheiten berichten über relativ kurze Partnerschaften (15 Jahre und weniger). Wie in anderen Erhebungen auch ist der Anteil der Singles bei älteren Frauen erheblich höher als bei älteren Männern. (Wir kommen darauf im Abschnitt »Singles« zurück.) Hamburger und Leipziger 60-Jährige unterscheiden sich beträchtlich in ihrer Partnersituation: Hamburger sind häufiger Singles und leben häufiger in kurzen Partnerschaften; Leipziger haben besonders oft sehr lange Partnerschaften. Das zeigt noch einmal, dass der soziokulturelle Wandel des Beziehungsverhaltens bei dieser Altergruppe im Osten Deutschlands geringer war als im Westen.

Tabelle 3 Partnersituation 60-Jähriger (in %)

	Männer (N = 125)	**Frauen** (N = 133)	**Hamburg** (N = 151)	**Leipzig** (N = 107)
Single	14	29	29	11
Feste Beziehung: bis 15 Jahre	18	11	19	8
Feste Beziehung: 16 bis 30 Jahre	22	16	18	20
Feste Beziehung: 31 und mehr Jahre	46	44	34	61

Die sexuelle Aktivität 60-Jähriger variiert enorm: Während 14% den Geschlechtsverkehr aufgegeben haben und ihn seit mindestens fünf Jahren nicht mehr praktizieren, haben 4% im letzten Monat mindestens dreimal wöchentlich mit ihrem Partner/ihrer Partnerin geschlafen. Diese große Varianz erklärt sich auch bei älteren Menschen vor allem durch den Partnerstatus (alleine, in fester Beziehung, siehe Tabelle 4). Der Einfluss der Partnersituation ist so stark, dass darüber hinaus andere Unterschiede (zwischen Männern und Frauen, LeipzigerInnen und HamburgerInnen) irrelevant werden beziehungsweise in ihnen aufgehen.

Tabelle 4 Sexuelle Aktivität (Geschlechtsverkehr) bei 60- und 45-Jährigen, nach Partnersituation (in %)

	Singles		**In fester Beziehung**	
	1942 (60-Jährige) (N = 57)	**1957** (45-Jährige) (N = 57)	**1942** (60-Jährige) (N = 201)	**1957** (45-Jährige) (N = 198)
Keinen Sex (seit mind. 1 Jahr)	72	46	14	3
Sporadisch Sex (1–10-mal im letzten Jahr)	12	20	11	10
Sexuell aktiv, niedrige Frequenz (1–3-mal im Monat)	12	25	25	24
Sexuell aktiv, hohe Frequenz (1-mal wöchentlich oder mehr)	4	9	50	63

45-Jährige sind generell etwas aktiver als 60-Jährige (Tabelle 4). Es wäre aber problematisch, diesen Unterschied allein auf das Alter zurückzuführen, denn die 60-Jährigen sind nicht nur älter, sondern sie leben auch in erheblich längeren Beziehungen (durchschnittlich seit knapp 30 Jahren im Vergleich zu etwa 15 Jahren bei den 1957 Geborenen). Die sexuelle Aktivität hängt aber deutlich von der Dauer der Partnerschaft ab: Sexuell aktiv mit hoher Frequenz sind

- 67% der 60-Jährigen in (für diese Altersgruppe) kürzeren Partnerschaften (bis 15 Jahre),
- 50% der 60-Jährigen in mittellangen Partnerschaften (16 bis 30 Jahre),
- 45% der 60-Jährigen in langen Partnerschaften (31 und mehr Jahre).

Partnerstatus und Dauer der Beziehung erlauben, statistisch gesehen, also genauere Voraussagen über das Sexualverhalten eines Menschen als sein Alter. Das gilt zumindest bis zu einer Altersgrenze von 60 Jahren, vermutlich aber deutlich darüber hinaus (vgl. dazu u. a. Kontula & Haavio-Mannila, 1995; Starke, 2000; Bucher, Hornung, Gutzwiller & Buddeberg, 2001; Bucher, 2002).[5]

Insgesamt sind die »spätmodernen 60-Jährigen«, sofern sie in Partnerschaften leben, sexuell bemerkenswert aktiv. Selbst bei denen, die seit drei Jahrzehnten und mehr zusammen sind, ist das Begehren und/oder das Begehrtwerden häufig lebendig. Es handelt sich bei diesen Paaren um Menschen, die zwischen 50 und 72 Jahre alt sind. Mit 60-Jährigen früherer Generationen können wir unsere Gruppe leider nicht vergleichen, so dass die Frage, ob sich bei ihnen eine andere Bewertung und Praxis der Sexualität im höheren Erwachsenenalter abzeichnet, unbeantwortet bleiben muss.

Die Bedeutung der Sexualität für die Beziehung

Zum Geschlechtsverkehr kann es kommen, wenn beide sich begehren oder wenn einer begehrt und der andere partizipiert – liebevoll, gelassen oder unwillig, aus freien Stücken oder unter Zwang. Als nicht reziprok erleben vor

[5] Das heißt selbstverständlich nicht, dass Alterungsvorgänge keine Rolle spielen. So sagt ein Viertel der 60-Jährigen, dass körperliche Krankheiten von ihnen selbst oder ihrem Partner/ihrer Partnerin ihr Sexualleben im letzten Jahr »häufig« oder »sehr häufig« beeinträchtigt haben. Bei den 45-Jährigen ist es nur jeder Achte.

allem ältere Frauen die Sexualität (vgl. dazu auch Kontula & Haavio-Mannila, 1995). 21% der 60-jährigen Frauen sagen, dass sie es beim letzten Mal »nur ihm zuliebe« gemacht haben, von den Männern haben es hingegen nur 8% »nur ihr zuliebe« getan. Bei den 45-jährigen Frauen sind es ebenfalls deutlich weniger, nämlich 9%. Die althergebrachte Vorstellung, dass die Sexualität vor allem etwas für den Mann ist, dass er »es« brauche, findet sich also noch relativ häufig in der älteren Frauengeneration.

Tabelle 5 Antworten 60-Jähriger auf die Frage »Welche Bedeutung hat die Sexualität für Ihre Beziehung?«

Frauen

»Ist sehr erfüllend und ausgleichend bei Problemen, im Alter ist die Sexualität erfüllender als in der Jugend.« (seit 29 Jahren in fester Beziehung)

»Sie bereichert auch in unserem Alter unser Zusammenleben. Die Sexualität hat einen anderen Stellenwert, als sie vorher hatte, sie ist nicht mehr impulsiv und heftig, sie gehört mit der Liebe zusammen. Das hat etwas mit dem Glücklichsein zu tun. Sex untermauert die Beziehung, sie ist nicht der Höhepunkt, aber sie ist sehr wichtig. Sexualität ordnet sich als ein Bestandteil unserer kurzen Zeit mit ein, es ist nicht mehr so, dass ich nach Hause fahre um Sex zu haben.« (seit 18 Jahren in fester Beziehung)

»Wir haben eine sehr schöne Zeit gehabt, was die Sexualität betrifft. Seit 1996 ist mein Mann impotent. Ich wünsche mir schon noch Sexualität. Wir machen aber nichts mehr miteinander. Mein Mann zieht sich zurück. Außer Geschlechtsverkehr, der nicht mehr möglich ist, möchte er nichts.« (seit 19 Jahren in fester Beziehung)

»Als ich ihn kennen lernte spielte die Sexualität eine sehr große Rolle. Er war der Mann, mit dem ich am besten Sex haben konnte, so richtig ideal. Sie ist lange gut gewesen. Dann hat es sich verändert, ich mochte plötzlich seine Zärtlichkeiten nicht mehr, ich kam in die Menopause, mein Interesse nahm ab, ich hatte keine Lust mehr. Da hat er sicher drunter gelitten. Mein Partner hat sehr viel Bauch bekommen, das mag ich nicht. Die Sexualität ist heute für mich unwichtig geworden. Für ihn nicht, und er leidet sicher darunter, er macht aber auch keine Versuche mehr.« (seit 23 Jahren in einer festen Beziehung)

»Für mich persönlich spielt sie keine Rolle. Wenn wir sexuelle Beziehung haben, ist es auch für mich schön. Ich könnte drauf verzichten, aber in dem Augenblick, wo wir es machen, finde ich es schön.« (seit 39 Jahren in fester Beziehung)

»(Sex spielt) keine große Rolle, das hat sich verschoben. Früher war sie meinem Mann wichtig, dann mir, und heute sind wir auf einem Gleichstand.« (seit 38 Jahren in fester Beziehung)

Männer

»Das ist ein Paradies, wie soll ich das beschreiben – ich mache das eben gerne. Mir wäre das auch lieber, wenn meine Freundin zu mir kommen würde und sagen: jetzt komm. Aber im Grunde geht das immer von mir aus.« (seit einem Jahr in fester Beziehung)

»Die Nähe, die Zärtlichkeit, das ist eine besondere Art von Nähe, die dann auch nachwirkt und den Alltag gleichsam ein wenig erleuchtet.« (seit 42 Jahren in fester Beziehung)

»Sex wird gepflegt, ist erfrischend und macht Spaß, ist noch nicht zu Ende, auch wenn nicht mehr so verrückt, wie als man ganz jung war.« (seit 43 Jahren in einer festen Beziehung)

»Für mich ist sie wichtig, für meine Frau ist sie weniger wichtig, aber sie macht gut mit. Es wäre schöner, wenn sie initiativer wäre. Ich habe einfach das Bedürfnis zum Kuscheln und zum Sex und fühle mich dann wohl – wobei mir das Kuscheln so wichtig ist wie der Höhepunkt.« (seit 42 Jahren in einer festen Beziehung)

»Für mich ist es sehr wichtig, aber von ihr nicht erwünscht. Sie hat Schmerzen und wenig Lust. Ich würde ein Vermögen dafür bieten, dass es anders wäre. Zu einem gesunden Körper gehört auch ein Sexualleben. Ich hätte gerne mehr Kinder.« (seit 37 Jahren in einer festen Beziehung)

»Sexualität ist unwichtig für die Beziehung, weil es sie seit Jahren nicht gibt. Es sind andere Dinge die zählen. Das fehlende Sexualleben ist ein Mangel, führt aber nicht dazu, die Beziehung abzubrechen. Alles kann man nicht haben.« (seit 15 Jahren in fester Beziehung)

»Die Sexualität ist vor zehn Jahren ausgelaufen und keiner hat sich beschwert. Wir haben das als gegeben hingenommen, keine Auseinandersetzungen deswegen, es ist für beide ok. Unseren Spaß bei gemeinsamen Sachen haben wir doch.« (seit 38 Jahren in einer festen Beziehung)

Dies wird noch deutlicher, wenn wir uns die Antworten auf die freie Frage »Welche Bedeutung hat die Sexualität für Ihre Beziehung« ansehen. Die Vielfalt der Antworten wird an den Beispielen deutlich, die wir in Tabelle 5 darstellen. Es kommt alles vor: Der Sex ist erfüllender oder weniger wild als früher; Er gilt als unverzichtbar oder man hat sich wehmütig, resignativ oder erleichtert von ihm verabschiedet; er macht beide zufrieden und glücklich – oder ist nur oder vor allem die Sache des einen, in der Regel die des Mannes. Die Beurteilungen der Frauen sind deutlich zurückhaltender als die der Männer. Dies zeigt sich auch, wenn wir die Antworten klassifizieren (Tabelle 6): Dass Sexualität ein wichtiger, schöner und verbindender Bereich ist und fraglos zum gemeinsamen Lebens gehört, betonen vorrangig Männer. Die 60-jährigen Frauen sind dabei deutlich zurückhaltender und beschreiben die Rolle der Sexualität mehrheitlich als eher zweitrangig und untergeordnet. Etwa ein Zehntel der Befragten thematisiert unterschiedlich ausgeprägte sexuelle Wünsche bei den Partnern, und wieder sind es mehrheitlich die Männer, die sich mehr oder häufiger Sex wünschen oder eine stärkere Initiative der Partnerin.

Tabelle 6 »Welche Rolle spielt die Sexualität für Ihre Beziehung?«, Antworten 60-Jähriger (in %)*

	Männer (N = 107)	**Frauen** (N = 95)	**Gesamt** (N = 202)
Sexualität spielt keine Rolle mehr	9	32	21
Sex spielt eine untergeordnete Rolle, sie hat an Bedeutung verloren	26	31	29
Sexualität ist wichtig, schön, verbindend, harmonisch, bedeutsam	46	24	35
Sexualität gehört zum gemeinsamen Leben einfach dazu	14	4	9
Sexualität ist wichtig für den einen Partner, den anderen nicht	8	11	10
Sexualität ist stark beeinträchtigt durch gesundheitliche Probleme	7	7	7
Zärtlichkeit ist wichtig, Sexualität (Geschlechtsverkehr) ist unwichtig	2	8	5

* Mehrfachnennungen möglich

Obwohl es in der Einschätzung der Wichtigkeit der Sexualität deutliche Unterschiede zwischen Männern und Frauen gibt, berichtet die überwiegende Mehrheit der Männer und Frauen, mit dem Partner oder der Partnerin eine für beide Seiten akzeptable Einigung gefunden zu haben – sei es, dass sich die Männer ohne allzu großes Bedauern an die Wünsche ihrer Partnerin anpassen, sei es, dass sich die Frauen auf die Initiative des Partners einlassen und dies dann oft auch als schön erleben. So beurteilen über 70% der Männer und Frauen übereinstimmend die Häufigkeit des Sex in den letzten vier Wochen als für sie »gerade richtig«.

Beziehungszufriedenheit und Sexualität

Selbst wenn man ein sehr strenges Kriterium[6] anlegt, sind fast zwei Drittel der Befragten, Männer wie Frauen, mit ihrer Beziehung sehr zufrieden. Abbildung 3 zeigt, dass die Häufigkeit des Geschlechtsverkehrs alleine keinen Einfluss auf die Zufriedenheit hat; wenn aber die hohe Frequenz einhergeht mit einer hohen Zufriedenheit mit der gemeinsamen Sexualität, dann sind sowohl Männer als auch Frauen besonders oft auch mit ihrer Beziehung sehr zufrieden. Es gibt also auch bei älteren Menschen eine deutliche Wechselwirkung zwischen Sexualität und Beziehung. Beinahe noch bedeutsamer aber ist, dass fast die Hälfte der Befragten auch dann mit ihrer Beziehung hoch zufrieden ist, wenn sie selten Geschlechtsverkehr hat oder mit der Sexualität wenig zufrieden ist. Wir haben oben beschrieben, dass viele Männer und vor allem Frauen sagen, dass die Sexualität in ihrer Beziehung eine untergeordnete Rolle spielt; wir können jetzt hinzufügen, dass dies bei etlichen ihr »Beziehungsglück« offenbar wenig stört.

---

[6] Drei Bedingungen mussten erfüllt sein, um die Befragten in die Kategorie »hohe Beziehungsbefriedigung« einzuordnen: (1) Sie fühlen sich zur Zeit sehr wohl mit ihrem Partner/ihrer Partnerin; (2) sie sind heute ebenso zufrieden oder zufriedener mit ihrer Partnerschaft wie/als am Anfang der Beziehung; (3) sie beantworten die Frage, ob sie sich heute noch einmal für ihren Partner/ihre Partnerin entscheiden würden, uneingeschränkt mit »ja«.

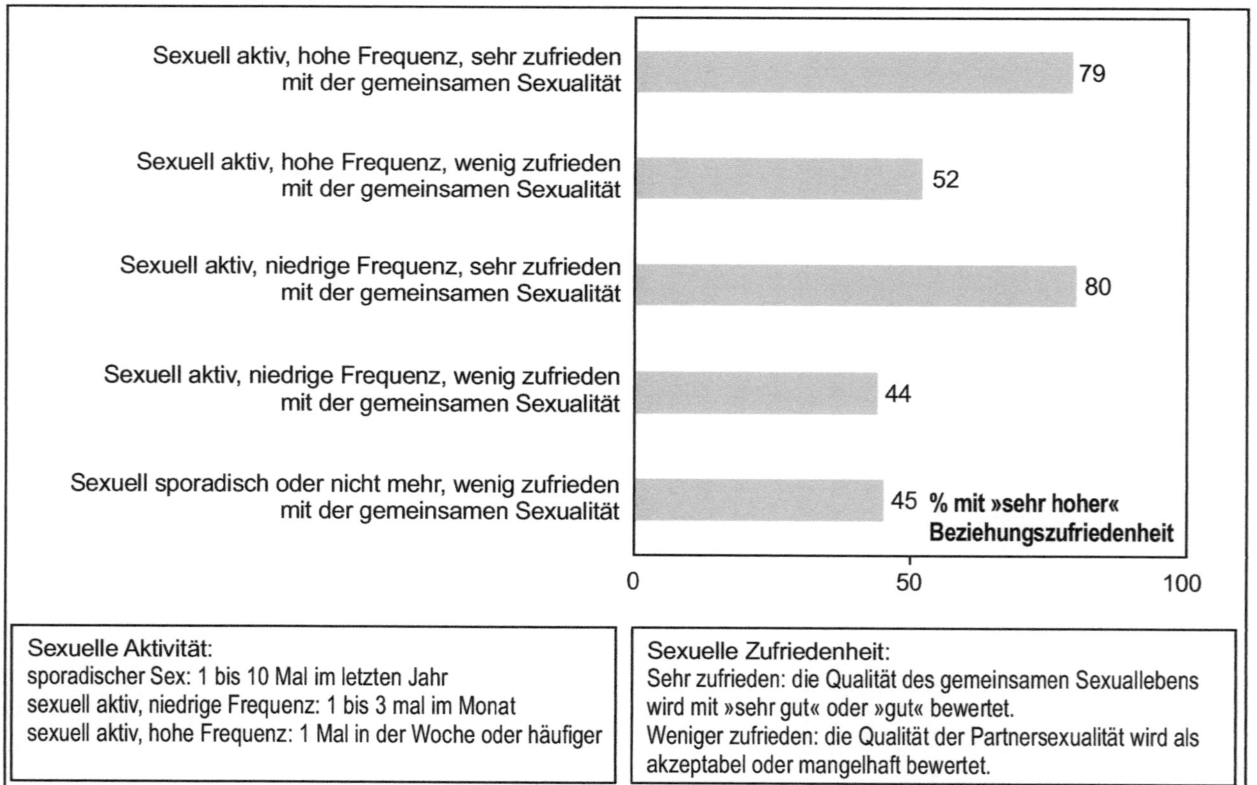

Abbildung 3: Hängt die Beziehungszufriedenheit mit der Häufigkeit des Geschlechtsverkehrs und der sexuellen Zufriedenheit zusammen?

Masturbation

Das Thema Masturbation bringt uns zurück zu Generationsbesonderheiten. Die »vorliberale Generation« unterscheidet sich in der Bewertung der Selbstbefriedigung erheblich von der »Generation der sexuellen Revolution« (Tabelle 7). Die meisten 60-Jährigen, Männer wie Frauen, lehnen die Masturbation in festen Beziehungen ganz ab oder akzeptieren sie bestenfalls als »Ersatz«, wenn der partnerschaftliche Geschlechtsverkehr nicht häufig genug ist. Für die meisten 45-jährigen Männer und Frauen hingegen ist die Masturbation eine eigene Form der Sexualität, die auch dann ausgeübt werden kann, wenn der partnerschaftliche Sex häufig und befriedigend ist. Die »Vorliberalen« verharren also auch hier stärker in traditionellen Auffassungen, allerdings sind Assimilierungstendenzen wahrscheinlich: Die Hamburger 60-Jährigen sind nämlich auch in dieser Frage liberaler als die Leipziger.

Tabelle 7 Einstellungen zur Masturbation in festen Beziehungen bei 60- und 45-Jährigen (in %)*

	1942 (60-Jährige) (N = 201)	**1957** (45-Jährige) (N = 198)
»Masturbation sollte in festen Beziehungen nicht vorkommen«	20	7
»Masturbation sollte in festen Beziehungen nur als Ersatz vorkommen«	44	27
»Masturbation ist eine eigenständige Form der Sexualität«	36	66

* Nur Befragte, die gegenwärtig in einer festen Beziehung leben

Abbildung 4 zeigt, dass 45-Jährige, die in festen Beziehungen leben, masturbationsaktiver sind als 60-Jährige. Der voreilige Beobachter könnte dies auf eine altersbedingte Abnahme des sexuellen Verlangens zurückführen. Unsere Daten über die Einstellungen zur Selbstbefriedigung legen aber den Schluss nahe, dass die Unterschiede zwischen den beiden Gruppen zumindest teilweise kulturell beziehungsweise generationsbedingt sind. Wir haben hier ein weiteres Beispiel dafür, dass die Reduktion auf die Dimension »Alter« dem Verständnis der Sexualität älterer Menschen nicht gerecht wird.

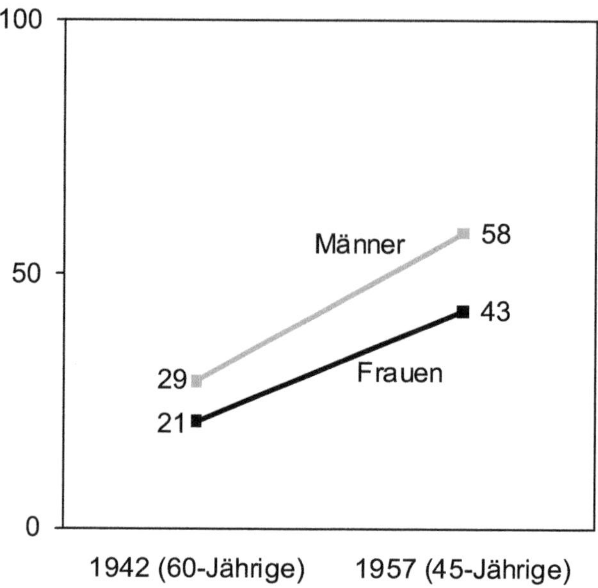

Abbildung 4: Vorkommen der Masturbation in den letzten vier Wochen bei 60-Jährigen und 45-Jährigen, die in festen Beziehungen leben (in %)

Singles

Wir haben schon darauf hingewiesen, dass die Partnersituation – Single/in fester Beziehung lebend – das sexuelle Verhalten entscheidend beeinflusst und dass gerade ältere Singles in der Regel ein karges Sexualleben haben. Weitere Aussagen über die Singles müssen notgedrungen kursorisch bleiben, da unsere Stichprobe der 60-Jährigen nur 57 allein stehende Männer und Frauen umfasst.

Der typische 60-jährige Single lebt schon lange, nämlich seit mehr als fünf Jahren, allein und geht davon aus, dass dies so bleiben wird, das heißt, er oder sie rechnet nicht mehr damit, noch einmal eine Partnerschaft einzugehen. Es gibt zwei etwa gleich häufige Untertypen: diejenigen, die das in Ordnung finden, und diejenigen, die damit hadern und sehr gerne wieder in einer Partnerschaft leben würden. Die »Abgeklärten« sind bei den Frauen, die »Hadernden« bei den Männern häufiger. 60-jährige allein lebende Frauen sind sehr viel häufiger sexuell abstinent als Männer[7], dennoch sind sie sexuell seltener frustriert als diese. Es fällt ihnen offenbar leichter, auf Sexualität zu verzichten, wenn sie keinen festen Partner haben.

Anders als bei den 45-Jährigen, bei denen männliche und weibliche Singles etwa gleich häufig sind, sind bei den 60-Jährigen doppelt so viele Frauen wie Männer allein (s. Tabelle 3). Dies hat zumindest drei Gründe: Zum einen sind Frauen dieser Altersgruppe häufiger verwitwet als Männer, da sie eher ältere Partner haben und die Lebenserwartung von Männern geringer ist; zum Zweiten haben es ältere Männer offenbar leichter als ältere Frauen, nach Verwitwung oder Trennung eine neue Partnerin zu finden, da sie auf dem Heiratsmarkt knapp sind und sie zudem häufiger als Frauen auch deutlich jüngere Partnerinnen wählen oder wählen können; und drittens können Frauen dieser Altersgruppe, wie wir erwähnt haben, offenbar besser ohne Beziehung auskommen als Männer und wählen das Single-Sein häufiger als akzeptable Alternative zu Beziehung oder Ehe.

Letzteres wird deutlich, wenn man die Frauen fragt, was sie am Single-Leben gut finden und was ihnen fehlt. Zwar sagen fast alle, dass sie etwas vermissen, vor allem miteinander Reden und Zeit verbringen, Vertrautheit, Geborgenheit, Zärtlichkeit und gelegentlich sogar Sex werden entbehrt. Doch in den Antworten nach den guten Seiten des Single-Lebens werden Freiheitsdrang und Unabhängigkeitsstreben genannt (Tabelle 8), sehr viel ausdrücklicher und auch vehementer als bei den gleich alten Männern. Auffällig oft thematisieren die Frauen, dass sie durch das Alleinleben den traditionellen Geschlechtsrollenverhältnissen entkommen können. Die Männer ihrer Generation sind dem Verlangen der 60-jährigen Frauen nach »gender equalisation« offenbar oft nicht gewachsen. Dies allerdings beklagen auch viele Frauen in festen Beziehungen.

[7] So haben zum Beispiel 61% dieser Frauen, aber nur 26% dieser Männer in den vier Wochen vor der Befragung sexuell abstinent gelebt, das heißt, sie hatten weder mit jemandem geschlafen noch masturbiert.

Tabelle 8 Antworten 60-jähriger Frauen auf die Frage »Was finden Sie gut daran, nicht fest gebunden zu sein?«

»Freiheit. Man kann tun und lassen, was man will.« (seit wenigen Monaten Single)

»Kann machen, was ich will. Es redet keiner rein. Schlimm, dieses Gemeckere und diese Vorschriften.« (seit 7 Jahren Single)

»Dass ich niemanden etwas sagen muss, tun kann, was ich will, alleine bestimmen kann. Dass ich mir etwas kaufen kann, ohne das besprechen zu müssen, dass ich morgen nach Mallorca fliegen kann, wenn ich will.« (seit 10 Jahren Single)

»Dass ich mich nicht mit Männern herum ärgern muss, die Erdrückung, die Nähe ist mir einfach ein bisschen viel.« (seit 3 Jahren Single)

»Kann die Tage besser einrichten, brauche keine Rücksicht zu nehmen. Ich lebe vier Jahre alleine, es ist unvorstellbar, dass ich mich noch einmal binde.« (seit 4 Jahren Single)

»Die sollen alle ihre Strümpfe alleine waschen! Frei und unabhängig sein, ich kann schlafen, essen und machen, was ich will. Ich kann heute meine Koffer packen und wegfahren.« (seit 10 Jahren Single)

»Man kann seinen Tagesablauf frei einteilen, das Essen muss nicht mehr pünktlich auf dem Tisch stehen. Ich kann bis ich weiß nicht wann schlafen, ich bin frei für Verabredungen, ich kann alles machen. Es ist alles sehr frei, die Kinder sind erwachsen.« (seit einem Jahr Single)

»Ich werde nicht ausgenutzt, ich muss nicht das Kindermädchen für andere spielen. Ich habe immer mehr verdient und sollte trotzdem den überwiegenden Teil der Arbeit machen. Nee, das nicht mehr.« (seit 17 Jahren Single)

»Dass ich meinen Hobbys nachgehen kann. Während meiner Ehe bin ich doch sehr auf meinen Partner eingegangen, vorher hatte ich keine Zeit dafür. Mein Mann war selbständig und ich habe bei ihm gearbeitet. Beide waren wir sehr eingebunden in die Arbeit.« (seit 2 Jahren Single)

»Freiheit, niemandem Rechenschaft schuldig zu sein. Ich muss nicht kochen, bin niemandem Rechenschaft schuldig, ich muss nicht funktionieren, ich muss nicht sauber machen für jemanden.« (seit 10 Jahren Single)

Fazit

Unsere Studie beschränkt sich auf 60-Jährige, also auf eine Gruppe »junger« älterer Menschen, und auf Großstädte, in denen liberale Entwicklungen und sozialer Wandel sicherlich auch von Älteren eher assimiliert werden als in kleinstädtischen und ländlichen Milieus. Soziale Faktoren beeinflussen das sexuelle Verhalten zumindest bis zum Alter von 60 Jahren wesentlich stärker als das Alter selbst. Studien, in denen auch größere Stichproben höherer Altersgruppen untersucht wurden (Kontula & Haavio-Mannila, 1995; Bucher et al., 2001; Bucher, 2002), zeigen aber, dass dies im Prinzip auch für über 60-Jährige gilt. Die wichtigsten sozialen Faktoren sind dabei Partnersituation und Beziehungsdauer sowie die Generationszugehörigkeit.

Die Partnermobilität der heute 45-Jährigen ist deutlich höher als es die der 60-Jährigen im Alter von 45 Jahren war. Man kann deshalb davon ausgehen, dass die 1957 Geborenen, wenn sie einmal 60 Jahre alt sind, sowohl häufiger in kürzeren Beziehungen als auch häufiger alleine leben werden als die von uns Befragten des Jahrgangs 1942. Das aber bedeutet, dass mehr ältere Männer und Frauen als heute besonders aktiv und auch mehr als heute relativ inaktiv sein werden, dass also die Variation der Sexualität älterer Menschen noch zunehmen wird.

Das Geschlechterverhältnis ist ein weiteres soziales Merkmal, das die Sexualität älterer Menschen beeinflusst. So ist die hohe Single-Rate älterer Frauen neben demographischen Faktoren auch dadurch begründet, dass das Alleinleben von etlichen Frauen als eine Möglichkeit erlebt wird, einengenden Geschlechtsrollenarrangements zu entkommen. Sie sind deshalb viel ambivalenter als Männer bei der Entscheidung, wieder eine Beziehung einzugehen. Das relativ hohe Vorkommen nicht-reziproker Sexualität bei älteren (heterosexuellen) Paaren – der Mann will mehr, der Mann ist initiativer – ist eine weitere Folge eben dieser Arrangements und wird vermutlich in dem Maße abnehmen, wie die »gender equalisation« in späteren Generationen zunimmt.

Literatur

Bucher, T. (2002). *Sexualität und Partnerschaft in der zweiten Lebenshälfte*. Diss. Univ. Zürich.

Bucher, T., Hornung, R., Gutzwiller, F. & Buddeberg, C. (2001). Sexualität in der zweiten Lebenshälfte. Erste Ergebnisse einer Studie in der deutschsprachigen Schweiz. In H. Berberich & E. Brähler (Hrsg.), *Sexualität und Partnerschaft in der zweiten Lebenshälfte*. Gießen: Psychosozial.

Kontula, O. & Haavio-Mannila, E. (1995). *Sexual pleasures. Enhancement of sex life in Finland, 1971–1992*. Brookfield Vt.: Dartmouth.

Haavio-Mannila, E., Kontula, O. & Rotkirch, A. (2002). *Sexual lifestyles in the Twentieth Century. A research study*. New York: Palgrave.

Schmidt, G. (2003). Zur Sozialgeschichte der Jugendsexualität in der zweiten Hälfte des 20. Jahrhunderts. *AIDS Infothek (Schweiz), 15(1)*, 4–9.

Schmidt, G., Matthiesen, S., Dekker, A. & Starke, K. (2006). *Spätmoderne Beziehungswelten. Report über Partnerschaft und Sexualität in drei Generationen*. Wiesbaden: VS Verlag für Sozialwissenschaften.

Starke, K. (2000). Lust ohne Ende? Älterwerden und Sexualität. *Sexualmedizin für den Arzt, 4*, 6–10.

Paartherapie mit älteren Paaren: Das schwierige Thema Sexualität

Astrid Riehl-Emde und Anette Bruder

Einleitung

Zwei kürzlich veröffentlichte Fallgeschichten zeigen eindrucksvoll, wie in einer sexualmedizinischen Sprechstunde mit älteren Paaren über deren Sexualität gesprochen werden kann (Brandenburg, 2008). Besonders eindrucksvoll ist in beiden Fällen, wie mutig, klar und authentisch die Paare miteinander sprechen. Denn für Menschen aller Altersstufen ist der Mut entscheidend, eigene Wünsche und Abneigungen zu zeigen und es auszuhalten, dass das Gegenüber darauf möglicherweise nicht positiv reagiert (Schnarch, 2006). Ohne diesen Mut schläft die Sexualität häufig ein. Nach von Sydow (2008) benötigen manche Menschen professionelle Hilfe, »um diesen Mut wieder zu wecken – andere aber finden manchmal auch ohne professionelle Hilfe nach Jahren mit einer ›eingeschlafenen Sexualität‹ den Mut dazu« (ebd. S. 57). Wir möchten aufgrund von Erfahrungen in unserer Spezialsprechstunde für ältere Paare ergänzen: Wieder andere Paare finden nie den Mut dazu! Zumal der Verzicht auf Sexualität dem Paar ermöglicht, dem der Sexualität immanenten Konfliktpotential auszuweichen.

Nach Befunden zur Sexualität im Alter, ausgewählt in Bezug auf ihre Relevanz für die Paartherapie, wird anhand einer Stichprobe von 30 Paaren aus unserer Spezialsprechstunde Einblick gegeben in die Anliegen dieser Paare an die Paartherapie. Ausführlich werden Ausschnitte eines Interviews dargestellt, in dem sich ein Paar der Sprechstunde, zum Zeitpunkt des Interviews 71 bzw. 73 Jahre alt und seit 44 Jahren verheiratet, rückblickend zum Stellenwert des Themas Sexualität in der Paartherapie geäußert hat.

1. Zur Sexualität im Alter, insbesondere in Langzeitbeziehungen

Mit dem Altern sinken zwar die sexuelle Appetenz und die sexuelle Reaktionsfähigkeit, doch Erregungs- und Orgasmusfähigkeit bleiben grundsätzlich erhalten. Ab dem 60. Lebensjahr kommt es allmählich, spätestens jedoch nach dem 70. Lebensjahr zu einer deutlichen Reduktion sexueller Kontakte. Sexuelle Aktivitäten, erotische Wünsche und Phantasien dauern oft bis in die hohen 80er Jahre und verschwinden auch danach nicht immer ganz, allerdings verändern sich Intensität, Formen und Inhalte. Bei der Mehrzahl älterer Männer und Frauen ist das sexuelle Interesse größer als die sexuelle Aktivität (»interest-activity-gap«) (Fooken, 2005). Solche Durchschnittswerte sind zwar hilfreich in der Arbeit mit Älteren, aber mit steigendem Lebensalter nimmt die interindividuelle Variabilität noch zu, die in sexuellen Belangen bereits bei Jüngeren sehr groß ist: Die körperlichen, psychischen und sozialen Fertigkeiten älterer und alter Menschen streuen also breiter als in jüngeren Jahren. Einerseits nehmen Plastizität und Gestaltungsmöglichkeiten zu, andererseits wächst auch die Wahrscheinlichkeit für Erstarrung und Stagnation.

In vielen Langzeitehen besteht die Tendenz, die paarbezogene Sexualität zu beenden, bevor die sexuellen Möglichkeiten erschöpft sind.

1.1 Altersbedingte Veränderungen

Männer und Frauen müssen sich auf altersbedingte Veränderungen ihrer sexuellen Möglichkeiten einstellen. Die veränderten Reaktionsmuster von Mann und Frau spielen eine Rolle[1], auch wenn man deren Auswirkungen nicht zu Lasten der Paar- und Psychodynamik überschätzen sollte.

---

[1] Ausführlicher z. B. bei:

- Brähler & Unger (1994): Repräsentative Mehrthemenumfrage, incl. Daten zur sexuellen Aktivität bei 3047 Probanden, 14–92 Jahre.
- Bucher, Hornung, Gutzwiller & Buddeberg (2001): Sexualität in der zweiten Lebenshälfte. Erste Ergebnisse einer Studie in der deutschsprachigen Schweiz (857 Frauen, 641 Männer), 45–91 Jahre.
- Lindau et al. (2007): Repräsentativ-Befragung aus den USA an 3500 Probanden (1550 Frauen, 1455 Männer), 57–85 Jahre.

- *Männer* erleben weniger dramatische Hormonumstellungen als Frauen, ihre sexuellen Funktionen sind aber störanfälliger, die altersbedingten Veränderungen dadurch oft umfassender und einschneidender (Berberich, 2004; Brandenburg, Sperling, Hartmann, Truß & Stief, 2002). Besonders störanfällig sind Männer, die sich stark an dem von Jugendlichkeit, körperlicher Fitness, Stärke und Ausdauer geprägten männlichen Rollenideal orientieren. Für ältere Männer hat die sexuelle Befriedigung über den Koitus eine viel zentralere Bedeutung für das Erleben von Intimität in der Paarbeziehung als für Frauen.
- Obwohl *Frauen* mit größeren Hormonumstellungen zu rechnen haben als Männer, wirken sich diese Umstellungen weniger stark aus; psychosoziale Faktoren (Selbsteinschätzung, Verarbeitungsmodi) stehen im Vordergrund. Für Frauen sind die Akzeptanz ihres Körpers und eine liberale Einstellung zu sexuellen Erlebens- und Ausdrucksformen, aber auch Zärtlichkeit und Austausch im Gespräch besonders wichtig für die Aufrechterhaltung von sexuellem Interesse und Zufriedenheit (ebd.).

Die gängige »Bewältigungsform« der altersbedingten Veränderungen führt vielfach zur Beendigung von Sexualität, bisweilen sogar zur Beendigung von zärtlicher Interaktion. Der Stereotyp vom Alter ohne Sexualität, der inzwischen als Mythos entlarvt ist, dient eben auch dazu, eine störende oder wenig befriedigende Praxis abzubrechen. Männer können damit eine alterstypische Sexualhemmung rationalisieren, indem sie die Dysfunktion nicht für eine Störung, sondern für einen normalen, altersangemessenen Rückzug von der Sexualität halten. Der Verzicht auf Sexualität ermöglicht es einem Paar, sexuellen Konflikten auszuweichen und erschwert gleichzeitig einen anderen Umgang damit.

1.2 Kommunikation über die gemeinsame Sexualität

Altersbedingte Veränderungen erfordern einen konstruktiven Umgang miteinander, der besser gelingt, wenn beide ihre sexuellen Wünsche und Bedürfnisse mitteilen können (Frick-Bruder, 1997). Wer beispielsweise vor Ausbruch einer schwerwiegenden Erkrankung ein zufriedenstellendes Sexualleben führte, lernt sich im Allgemeinen auch danach wieder zu arrangieren. Eine gewisse Paradoxie der sexuellen Beziehung liegt darin, dass ihre Kontinuität – und damit auch die Sexualität als Teil der Identität – nur zu erhalten ist, wenn ihre Diskontinuität akzeptiert wird (Peters, 2004, S. 160). Hemmend wirken sich natürlich auch im Altern individuelle Themen wie Schuld, Scham, Angst, Dominanz, Unterwerfung, Aggressivität und Bemächtigung, Kontrollverlust, aber auch das mehr oder weniger komplizierte Verhältnis zum Körper aus. Kommt es bei älteren Paaren zu einer auffälligen Reduktion der Sexualität – auffällig in Bezug auf die eigene sexuelle und erotische Beziehungsgeschichte, weniger in Hinblick auf statistische Durchschnittswerte – spielen neben den im Altern veränderten Reaktionsmustern beider Geschlechter meist paardynamische Gründe eine Rolle.

Sowohl Beginn und Beendigung als auch Dauer und Intensität der paarbezogenen Sexualität in heterosexuellen Beziehungen werden meist von den Bedürfnissen des Mannes bestimmt und haben mit der mangelnden Kommunikationsfähigkeit über sexuelle Themen zu tun, die sich nicht nur auf den verbalen, sondern auch auf den nonverbalen Austausch beziehen kann: »Schweigen schafft Tabus, Tabus schaffen Scham. Scham verhindert ein gesundes Sexualleben« (Brandenburg et al., 2002, S. 348). Ein anderer paardynamischer Grund liegt vermutlich in der unterschiedlichen Sexualität beider Geschlechter: Mit der erektilen Funktion ist der aktive Part des Eindringens verbunden, der von beiden Geschlechtern oft so verstanden wird, dass der Mann dafür zu sorgen hat, dass die Frau Lust hat und genießen kann. Insofern ist es nicht verwunderlich, dass Männer sich zurückziehen, wenn sie sich ihrer Potenz nicht mehr sicher sind, und Frauen angeben, ihre Sexualität habe nachgelassen, weil die des Partners sich verändert hat (Frick-Bruder, 1997).

Offenbar gibt es auch die Tendenz, dem Sexualleben ein Ende zu setzen, wenn Paare Großeltern werden (Bucher, 2005); dies allerdings nicht, weil die Wünsche und Fähigkeiten auf null sinken, sondern meist wegen der Vorstellung, Großeltern sollten kein Sexualleben mehr haben. Natürlich sind viele Menschen auch in jüngeren Jahren nicht besonders an Sexualität interessiert und fühlen sich dann mit zunehmendem Alter weniger verpflichtet, Interesse an Sexualität zu zeigen. Dann ist es nur konsequent bzw. ein emanzipatorischer Akt, zu sagen: »Wissen Sie, wir ziehen heute ein Glas Wein vor« (ebd.).

1.3 Beziehungsdauer vs. Lebensalter

In der empirischen Forschung wurde der Einfluss des Lebensalters auf die sexuelle Aktivität lange Zeit erheblich überschätzt: Eine umfangreiche Erhebung in Großbritannien (Johnson, Wadsworth, Wellings & Field, 1994) zeigt, dass die Sexualität eines Paares mindestens bis zum Alter von 50 Jahren – vermutlich aber deutlich länger – sehr viel stärker durch die Dauer der Beziehung als durch das Alter der Partner gedämpft wird. Die sexuelle Aktivität hängt also weniger davon ab, ob jemand 25, 40 oder 60 Jahre alt ist, sondern mehr davon, ob die Beziehung seit einem, fünf, zehn Jahren oder länger besteht. Ältere Paare in jungen Beziehungen führen in der Regel ein deutlich aktiveres Sexualleben als ältere Paare in Langzeitbeziehungen.

Sexualität im Alter ist darüber hinaus vor allem von folgenden Merkmalen abhängig:

- vom Vorhandensein eines sexuell interessierten Partners;
- von der gesundheitlichen Verfassung der Partner;
- von der sexuellen Sozialisation in jungen Jahren.

2. Spezialsprechstunde für ältere Paare am Institut für Psychosomatische Kooperationsforschung und Familientherapie

An unserem Institut wird eine Spezialsprechstunde für ältere Paare angeboten, von denen mindestens ein Partner zwischen 60 und etwa 75 Jahre alt ist. Welche Paare wenden sich an uns? Mit welchen Anliegen kommen sie? Eine konsekutiv zusammengestellte Stichprobe von 30 Paaren zeigt folgendes Bild:

Soziodemographie: Bei Therapiebeginn waren die Männer im Durchschnitt 66 Jahre, die Frauen 61 Jahre alt (Tabelle 1). Bei fast allen Paaren ist der Mann der Ältere entsprechend der traditionellen Norm, wobei die Altersdifferenz im Durchschnitt 5,2 Jahre (maximal 16 Jahre) beträgt. Nur sechs Paare sind unverheiratet, von diesen leben drei räumlich getrennt. Die Paare leben mehrheitlich in Langzeit-Beziehungen, 30% sind zwischen 31 bis 40 Jahren verheiratet, 33% seit über 40 Jahren. Die Gruppe besteht knapp zur Hälfte aus Paaren, von denen mindestens eine Person über einen universitären oder über einen Abschluss auf Fachhochschulniveau verfügt; diese Gruppe ist mehrheitlich noch berufstätig. Unter den Paaren mit abgeschlossener Lehre als höchstem Abschluss befinden sich zwei ehemals selbständig tätige Paare. Knapp zwei Drittel der Frauen waren oder sind überwiegend berufstätig, 1/5 von ihnen im Lehrerberuf. Hier zeigt sich, dass Paare, die eine Paartherapie aufsuchen, überwiegend höheren Bildungsschichten angehören. Eine weitere Besonderheit dieser Stichprobe besteht darin, dass bei fünf Paaren (16,7%) mindestens einer der Partner ärztlich oder therapeutisch tätig ist/war.

Tabelle 1 Soziodemographische Daten (n = 30 Paare)

	Mann	**Frau**
Alter		
Mittelwert	66,1	60,8
Spanne	60–82	45–73
Geburtsjahrgänge	1924–1944 (Md. 1939)	1928–1960 (Md. 1945)

	n	**(%)**
Familienstand der aktuellen Beziehung		
verheiratet	24	(80,0)
davon: in 1. Ehe	18	
in 2./3. Ehe	6	
unverheiratet	6	(20,0)
davon: räumlich getrennt	3	
Ausbildungsstand (höchster Abschluss pro Paar)		
Universität/Fachhochschule	18	(60,0)
Lehre	12	(40,0)
Arbeiter	-	(-)

Anmeldekontext: Die Initiative zur Anmeldung erfolgte in mehr als der Hälfte der Fälle durch die Frau, je zweimal unterstützt von einer Tochter oder Schwester bzw. vermittelt durch eine Freundin der Frau. Zu 13% wurde die Anmeldung von den Männern, zu 10% von beiden Partnern initiiert. Bei Überweisung durch eine Fachperson, die in 1/5 der Fälle vorlag, handelte es sich entweder um den Hausarzt oder den Einzeltherapeuten eines Partners. In 1/4 der Paare verfügten beide Partner bereits über *Vorerfahrungen mit Psychotherapie*, in 1/3 nur die Ehefrau, zumeist im Einzelsetting; 1/3 hatte keinerlei Vorerfahrungen mit Psychotherapie.

Anliegen: Die wichtigsten Anliegen, die ältere Paare in die Paarambulanz führten, lassen sich folgenden Kategorien zuordnen:

– Probleme in zeitlichem Zusammenhang mit dem Übergang in den Ruhestand (Nähe-Distanz-Probleme, Außenbeziehungen, eskalative Streitigkeiten);

- Sorge um ein erwachsenes Kind bzw. intergenerationelle Konflikte;
- Belastung durch Krankheit und Rollenumkehr bzw. asynchrone Alternsprozesse;
- Zunehmende Bedeutung von Erinnerungen bzw. das Auftauchen unerledigter früherer Konflikte;
- Eheliches Burnout und die Unauflösbarkeit der Bindung;
- Unbefriedigende Situationen in der partnerschaftlichen Sexualität.

Sexuelle Unzufriedenheit besteht bei der Mehrzahl der Paare, auch wenn sie bei Anmeldung nur von drei Paaren, zumindest von einem der Partner, als Problem benannt wird. Von vier Paaren wird die gemeinsame Sexualität als sehr befriedigend, sogar als leidenschaftlich bezeichnet, sie droht allerdings von Dauerstreitigkeiten in Mitleidenschaft gezogen zu werden.

In den Gesprächen mit neun Paaren wurde die Sexualität nicht thematisiert, sei es, dass sie wegen intergenerationeller Konflikte oder im Rahmen kurzer Kriseninterventionen in die Sprechstunde gekommen waren. 21 Paare lassen sich aufgrund des klinischen Eindrucks der Paartherapeutin in Bezug auf die Sexualität den folgenden sechs Clustern zuordnen:

(1) Machtkampf mit Instrumentalisierung der Sexualität, auch in Verbindung mit eingeschränktem Gesundheitszustand eines Partners (fünf Paare);
(2) Geschlechtstypische Polarisierung der Bedürfnisse nach Sexualität vs. Zärtlichkeit bzw. schwieriger Umgang mit unterschiedlichen Bedürfnissen (drei Paare);
(3) Vermeidungsmuster, bestehend aus der Angst des Mannes vor seiner nachlassenden Potenz in Verbindung mit der Angst der Frau vor ihrer nachlassender Attraktivität (fünf Paare);
(4) Zu viele Verletzungen und Kränkungen, so dass die körperliche Nähe nicht mehr zugelassen werden kann (fünf Paare);
(5) Probleme, sexuelle Wünsche auszudrücken bzw. eine schweigende Erwartungshaltung (zwei Paare);
(6) Sexualität als Ressource (ein Paar).

In der folgenden Kasuistik wird ein Paar retrospektiv zum Stellenwert des Themas Sexualität in den zurückliegenden Paargesprächen befragt; zusätzlich zum Interview werden die Ergebnisse zweier Fragebögen zur Partnerschaft und zur Beurteilung des eigenen Körpers dargestellt.

3. Kasuistik: Arbeitskontext und Methoden

Die Eheleute sind in den Jahren 1934 bzw. 1936 geboren. Sie sind zum Zeitpunkt des Interviews 73 bzw. 71 Jahre alt und seit 44 Jahren verheiratet. Das Interview fand gut zwei Jahre nach Beendigung der Therapie statt, die sechs Paargespräche und zwei Einzelgespräche mit der Ehefrau umfasste und sich insgesamt über 1 1/4 Jahre erstreckte. Sowohl zur Zeit der Therapie als auch beim Interview wirkte der Ehemann sehr vital, bis auf einen medikamentös behandelbaren Bluthochdruck ohne nennenswerte körperliche Erkrankungen oder Behinderungen. Die Ehefrau hatte im Jahr vor Beginn der Paartherapie ein Mamma-Karzinom, das mit einem Anti-Östrogen-Präparat sowie Bestrahlung erfolgreich behandelt worden war; darüber hinaus klagte sie über Grübeleien, Durchschlafstörungen, Herzrhythmusstörungen sowie Rückenschmerzen und litt unter einer infolge Hornhauttrübung eingeschränkten Sehfähigkeit eines Auges, weshalb sie nur noch ungern Auto fahre. Wegen Schmerzen des Bewegungsapparates sei sie bewegungsmäßig eingeschränkt, könne z. B. nicht mehr an längeren Wanderungen oder sonstigen sportlichen Aktivitäten ihres Mannes teilnehmen.

Das etwa einstündige Interview wurde von einer dem Paar nicht bekannten Mitarbeiterin des Instituts im häuslichen Kontext geführt. Es orientierte sich an einem speziell für die Fragestellung entwickelten Leitfaden. Zunächst wurde das Paar zu einem Rückblick auf die Paartherapie angeregt (Anmeldegrund, Themen), dann zum Stellenwert der Sexualität in der Therapie befragt: Wurde über Sexualität gesprochen, und wenn ja, wie? Wenn nein, warum nicht? Außerdem wurde nach der aktuellen Bedeutung der Sexualität für die Paarbeziehung gefragt. Die Auswertung des Interviews erfolgte durch Transkription und anschließende rekonstruktive Analyse des Textes; hierbei wurde nach einer integrativen texthermeneutischen Analysemethode vorgegangen, die ausführlich bei Kruse (2008) dargestellt ist. Insgesamt waren drei auswertende Personen gemeinschaftlich an der Analyse des Interviews beteiligt, um einer intersubjektiv übereinstimmenden Interpretation Rechnung zu tragen.

Im Anschluss an das Interview füllten die Eheleute unabhängig voneinander den Fragebogen zum Körpererleben (FBeK, Strauß & Richter-Appelt, 1996) und den Partnerschaftsfragebogen (FPD) (Hahlweg, 1996) aus. Zu beiden Fragebogen liegen die Daten altersentsprechender Vergleichsgruppen vor.

4. Kasuistik: Ergebnisse

4.1 Ergebnisse des Fragebogens zur Beurteilung des eigenen Körpers (FBeK)

Beide Eheleute beschreiben ein besseres Körperselbstbild als die altersentsprechende Vergleichsgruppe (N = 566, > 60 Jahre) (Gunzelmann, Brähler, Hessel & Brähler, 1999): *Attraktivität und Selbstvertrauen* in Bezug auf die Zufriedenheit mit dem eigenen Körper sind erhöht, *Unsicherheit/Besorgnis* gegenüber körperlichen Vorgängen niedriger als in der Vergleichsgruppe. Im Normbereich liegen beide in Bezug auf die *Akzentuierung des körperlichen Erscheinungsbildes*, womit eine besondere Betonung des Aussehens und Freude an der Beschäftigung mit dem eigenen Körper umschrieben wird. Lediglich in Bezug auf *körperlich-sexuelles Missempfinden* sowie Aspekte von Scham im Zusammenhang mit dem körperlichen Erleben liegt eine Polarisierung vor: Der Ehemann beschreibt kaum *körperlich-sexuelles Missempfinden*, während seine Frau tendenziell erhöhte Werte angibt.

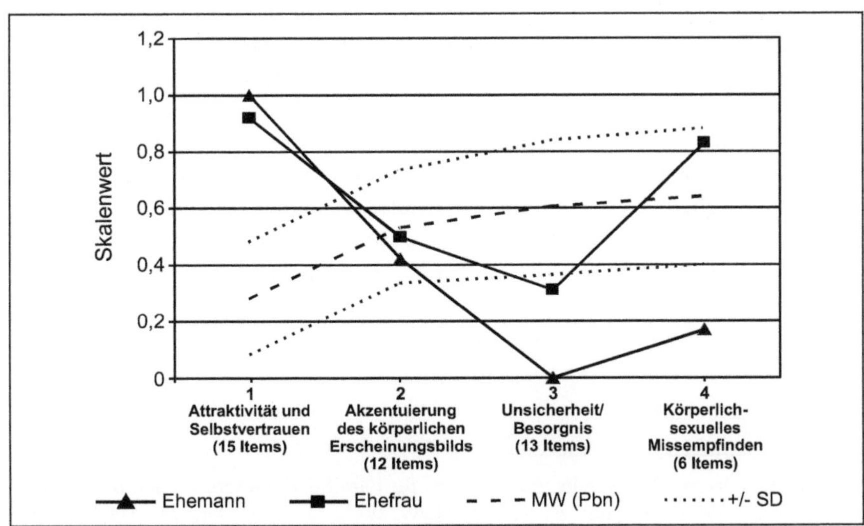

Abbildung 1: Körpererleben des Paares anhand des Fragebogens zur Beurteilung des eigenen Körpers (FBeK)
Dargestellt sind die Werte von Mann und Frau sowie Mittelwert (MW) und Streubereich (+/- SD) des Vergleichskollektivs

Nicht nur dieses Paar, sondern auch andere Paare unserer Sprechstunde beschreiben tendenziell ein besseres Körpererleben als die gleichaltrige Zufallsstichprobe der Bevölkerung. Die Probleme bzw. Konflikte beziehen sich ganz eindeutig auf den zwischenmenschlichen Bereich und entfalten sich in der interaktionellen Dynamik des Paares (vgl. Bruder & Riehl-Emde, 2006).

4.2 Ergebnisse des Partnerschaftsfragebogens (FPD)

Da der FPD lediglich Vergleichsdaten von Paaren vorhält, die im Schnitt zwischen 35 und 40 Jahre alt und gut 10 Jahre verheiratet sind und somit als Vergleichsgruppe für Ältere ungeeignet sind, werden eigene Daten zum Vergleich herangezogen: Im Rahmen der Interdisziplinären Längsschnitt-Studie des Erwachsenenalters (ILSE), eine stratifizierte Stichprobe, hatten wir zum dritten Messzeitpunkt (2005/2007)[2] die Probanden der Jahrgangskohorte 1930/32 und erstmals ihre Partner bzw. Partnerinnen zu ihrer Beziehung befragt.[3] Keines dieser 63 Paare war je in Eheberatung oder Paartherapie, 90% der Stichprobe lebten in Ehen von 30 bis 50 Jahren Dauer.

Im Vergleich zu 63 ILSE-Paaren berichten die Eheleute deutlich mehr Streitverhalten und weniger Zärtlichkeit. Die Ehefrau bewertet die Beziehung insgesamt deutlich schlechter als ihr Mann, dessen Bewertung der Gemeinsamkeit/Kommunikation durchaus im Normbereich liegt, während sie diesen Bereich deutlich schlechter bewertet und in dieser Einschätzung deutlich tiefer als die ILSE-Probanden liegt. Der FPD-Gesamtwert von beiden ist niedriger – der Wert der Ehefrau nochmals deutlich tiefer als der des Mannes –, womit sie ihre Beziehung als weniger befriedigend beschreiben als die ILSE-Gruppe. Er bewertet die Beziehung als »eher glücklich (4)«, sie als »eher unglücklich (3)«.

---

[2] Mit Unterstützung des Bundesministeriums für Familie, Senioren, Frauen und Jugend (BMFSFJ). Projektleitung: A. Kruse, H.-W. Wahl, J. Schröder, M. Schmitt und M. Martin.

[3] Wie eine frühere Untersuchung (Schmitt, 2000) an den ILSE-Probanden zeigt, ist die Kohorte 1930/32 von t1 zu t2 unzufriedener geworden mit der Intimität/Sexualität; die Männer beschrieben sich noch unzufriedener als die Frauen (unabhängige Stichprobe).

Tabelle 2 Ergebnisse zum Partnerschaftsfragebogen (FPD)

Skalen	**Therapiegruppe** (Hahlweg 1996) N = 301 MW (+/- SD)		**Kontrollgruppe** (Hahlweg 1996) N = 235 MW (+/- SD)		**ILSE-Proband/in + Partner/in** N = 137 MW (+/- SD)		**Paar A** MW (+/- SD) Mann	Frau
S: Streit	12.6	(7.2)	5.4	(4.6)	4.3	(4.2)	10	10 (2 Missings)
Z: Zärtlichkeit	13.3	(6.5)	20.1	(5.0)	15.8	(6.0)	9	8
GK: Gemeinsamkeit/ Kommunikation	13.2	(6.0)	20.1	(4.7)	18.2	(5.4)	18	10
Gesamtwert (30-S) + Z + GK	44.1	(15.5)	64.9	(10.5)	58.6	(12.9)	47	38
Item 31*					4.0	(0.9)	4	3
Soziodemographie								
Alter	38.3	(8.3)	35.1	(6.9)	73.0	(4.4)	73	71
Ehedauer	13.1	(7.7)	10.2	(6.4)	43.4	(14.3)	44	

* Item 31: Wie glücklich würden Sie Ihre Partnerschaft im Augenblick einschätzen? (3 = eher unglücklich; 4 = eher glücklich)

4.3 Ergebnisse des Interviews

Im Folgenden werden die wichtigsten Motive des Interviews, also die wiederholt auftauchenden Argumentationsstrukturen und Positionierungen der Eheleute im Zusammenhang mit dem Thema Sexualität dargestellt. Die Bündelung der Analyseergebnisse erfolgte anhand der Hauptfragen des Interviews zum *Stellenwert des Themas Sexualität in der zurückliegenden Therapie*, zum *aktuellen Stand der gemeinsamen Sexualität* und zu den *Vorstellungen zur Sexualität im Alter*. Das Paar äußert außerdem Positionen zum *Sprechen über Sexualität*, sei es zum Sprechen miteinander oder in der Paartherapie.

In den aufgeführten Zitaten zeigen Worte in durchgängigen Großbuchstaben eine besondere Akzentuierung durch die Sprechenden an. Satzausschnitte, die zur Erläuterung der Interpretation besonders anschaulich sind, erscheinen fett gedruckt.

4.3.1 Nicht Sexualität ist Thema, sondern der Streit über das Ausmaß von Gemeinsamkeit

Bereits in den ersten Sätzen mit dem Ehepaar werden recht fulminant wesentliche Strukturen deren Umgangs mit Dritten und einer konfrontativen Paarkommunikation inszeniert. Der Ehemann ist Arzt; er hat die Interviewerin bereits vor Aufnahme des Gesprächs zu ihrer beruflichen Position und wissenschaftlichen Erfahrung befragt. Auch im Interview will er das Heft in der Hand behalten. Nach den einleitenden Worten der Interviewerin äußert er, ohne die erste Frage abzuwarten, Verfahrenskritik gegenüber der Therapeutin: Es habe keine ordentliche Anamnese und am Ende der Therapie keine »Evaluation» stattgefunden.

> **Frau:** *(unterbricht)* »Ja, das [eine Evaluation] hat aber aus dem Grund nicht stattgefunden, weil die Frau Doktor am Schluss sagte, ob wir jetzt – **denn wir hatten uns nicht über Sexualität äh unterhalten, wir hatten uns ganz anders unterhalten** – ob wir jetzt vielleicht das Thema äh Zärtlichkeit äh noch vielleicht beha..., sie war sehr vorsichtig dabei, behandeln wollten und dann hat mein Mann gesagt, ach, ich bin dafür, dass wir jetzt mal eine Pause machen. Und dann is' er eben nicht mehr mit hingegangen.«

Die Ehefrau markiert das Thema des Interviews, nämlich die Sexualität, die in der bereits 2 ½ Jahre zurückliegenden Paartherapie nicht thematisiert worden sei, ohne dass die Interviewerin bereits eine Frage dazu gestellt hatte.

Sie berichtet, die Anmeldung zur Paartherapie sei auf ihre Initiative erfolgt, ihr Mann habe sich »bereit erklärt mitzugehen«. Ihr Anliegen bezog sich auf den Wunsch, im Ruhestand mehr Gemeinsamkeit mit ihrem Mann zu pflegen, insbesondere im Bezug auf häufigere gemeinsame Aktivitäten.

> **F:** »[…] der Grund war der, dass ich, **von meinem Rentendasein hatte ich ganz was anderes erwartet.** Wir hatten sehr viel davon gesprochen, was wir alles machen wollten, wenn wir in Rente gehen, wie schön das sein sollte und so weiter, und dann fing mein Mann an, ein Nachbar von uns hat ihn dazu animiert, ganz begeistert Wanderungen mit X. [Name eines Reiseveranstalters] zu machen. Und mein Mann hat dann insgesamt zehn solcher Wanderungen in der Gruppe gemacht, wo ich hier zu Hause war, denn ich konnte nicht mitlaufen [aus gesundheitlichen Gründen] [....] Kurz und gut, ich saß dann eben zu Hause, [...]. Ich lag dann, da ich schlecht schlafe, lag ich manchmal stundenlang im Bett und hab mir überlegt, warum ich 'nen Mann hab, dem es solchen Spaß macht, mit anderen lustig zu sein, Gesellschaft zu haben, **genau des, was ich mir, was ich mir erhofft AUCH hatte, irgendetwas Geselliges.**«

4.3.2 Thema Sexualität in der Paartherapie: Einzel- oder Paarsetting?

Beide erinnern als Thema der Paartherapie hauptsächlich die Auseinandersetzung um die Wandertouren des Ehemanns und die damit verbundene Enttäuschung der Ehefrau. Die Relevanz dieser Auseinandersetzung wird auch in der Erzählgestalt des Interviews deutlich: Immer wieder kommt das Paar auf die Wandertouren des Ehemanns zurück, während die Interviewerin etwas von der Sexualität des Paares erfahren möchte. Im Rückblick auf die Therapie wird jedoch das Thema Zärtlichkeit erwähnt, das die Ehefrau bereits in der Eingangpassage mit der Beendigung der Therapie in Verbindung bringt. Sie unterstreicht später nochmals ihre These, dass ihr Mann das Thema verhindert habe:

> **Interviewerin:** »Gibt's denn was, worüber NICHT gesprochen wurde in der Paartherapie, und wovon Sie aber im Nachhinein denken, es wäre eigentlich wichtig gewesen, darüber zu sprechen?«
>
> **F**: *(Pause)* »Ja, ich hab gesagt, ich find, **ich hab gemerkt, dass du nicht über Zärtlichkeit sprechen wolltest**, das war für dich der Grund, um das Ganze abzubrechen, dass ich das Thema vielleicht schon aufgegriffen hätte.«
>
> **Mann**: »Das ist ein Punkt, wo wir beide uns vorher abgesprochen hatten jetzt und der Meinung sind, das müssten mehr Einzelgespräche sein. Bestimmte Sachen, die so in die Sensibilitätssphäre hineingehen, **sollten** doch, zumindest anfangs **erst mal mit dem einzelnen Partner besprochen werden** und dann mit dem anderen und dann kann man's zusammenführen.«

Der Ehemann fasst die Bemerkung seiner Frau nicht als Kritik an ihm auf, sondern kontert erneut mit Methodenkritik, indem er das Setting der Paartherapie anspricht. Diesbezüglich ist das Paar einig: Bereits an anderer Stelle hat die Ehefrau ihrer beider Enttäuschung darüber angemerkt, dass alle Gespräche zu zweit stattgefunden haben; dabei herrsche ihrer Meinung nach nicht »die volle Offenheit«. Ganz am Ende des Interviews geht sie erneut auf das Setting ein:

> **F**: »Ja, ich finde eben, wenn Sie mit Paaren diese Gespräche machen...dann würde ich eben auch vorschlagen, wie mein Mann vorhin, dass Sie also **mindestens jeden Partner mal auch alleine sprechen**.«
>
> **I**: »Mhm, mhm. Worin sehen Sie die Vorteile?«
>
> **F**: »Ja in der Offenheit (*lacht*). Also, man is', man ist immer in gewisser Weise vorsichtig, **vorsichtiger in seiner Ausdrucksweise oder im Ansprechen eines bestimmten Themas**, wenn man zu zweit da sitzt. Vielleicht gibt's andre Leute, bei denen das nich' so ist [**M** (*zustimmend*): Mhm.], aber für MICH würd' ich das schon sagen. Und du, für dich?«

M: »Ja eben, da spielt **Erziehung und Höflichkeit** mit hinein und auf der anderen Seite hat man auch persönlich auch eine gewisse **Privatsphäre**, die der andere vielleicht nur vom Rande her kennt und über die man da dann nicht so sprechen will und pfhhhh…«

Auch das Interview wird im Wechsel zwischen Paar- und Einzelgespräch inszeniert: Der Ehemann zieht sich kurz nach Beginn des Interviews zurück, um einen Brief zu Ende zu schreiben, unmittelbar nach der Bemerkung seiner Frau, sie sei einmal alleine zur Paartherapeutin gegangen. Im Verlauf verlässt er noch mehrere Male aufgrund äußerer Anlässe das Zimmer. Als die Interviewerin ihn zu seiner individuell gelebten Sexualität befragt, murmelt er zunächst etwas Unverständliches und ruft dann umgehend mit zärtlicher Stimme nach der Katze, die gerade zur Tür hereinkommt. Daraufhin verlässt die Ehefrau das Zimmer, um der Katze ihr Futter zu zeigen, das wie immer in der Küche steht. Tatsächlich verläuft das Gespräch in Abwesenheit eines Partners ruhiger und die Interviewerin fühlt sich im besseren Kontakt, während sie sich sonst wie eine Randfigur im Schlagabtausch der Eheleute vorkommt.

4.3.3 Vorstellungen zur Sexualität im Alter: Psychologisches vs. medizinisches Modell

Das Paar berichtet dann doch noch etwas zur gemeinsamen Sexualität und lässt die jeweilige Konzeption von Sexualität im Alter erkennen. Die Ehefrau konstatiert die Wichtigkeit von Zärtlichkeit und die abnehmende Bedeutung von geschlechtlicher Sexualität, da ihre Schleimhäute durch Altersveränderungen und Hormoneinnahme dünn und empfindlich geworden seien.

I: »Welchen Stellenwert hat Sexualität für Sie heute?« *(längere Pause)*

F: »Ja wie gesagt die **Wärme und die Zärtlichkeit** und, äh so Kuscheln. Der reine *(kurze Pause)* Akt, **der Beischlaf, das is' für mich nich' mehr wichtig**, wie gesagt, weil es mir ja auch unangenehm ist.«

I: »Kommt es vor, dass Sie miteinander schlafen?«

F: »Also, jetzt is' es schon monatelang *(lacht ein wenig)* nimmer vorgekommen.«

M: »Aus Kenntnis dieser Tatsache [dass es für sie schmerzhaft ist] muss ich ja AUCH Konsequenzen ziehen, auch wenn's andersrum vielleicht..«. *(Sie unterbricht)* **F:** »Ja aber dann… *(gleichzeitig)* **M:** »...besser wäre, aber **das kann ich nicht verantworten**.« **F:** »..war wie gesagt **völlige Sense, Sendepause**, weil er mich so gekränkt hatte [M: Ja äh. *(atmet laut aus)*] und jetzt

> wie gesagt hab ich doch gesagt, woll'n wir doch wieder bissel zärtlicher sein und en bissel kuscheln miteinander und **nich' auf ALLES verzichten**.«

Der Ehemann argumentiert als Arzt: Er verzichte auf Geschlechtsverkehr (»andersrum wäre es besser«) in Rücksichtnahme auf die Beschwerden seiner Frau und stellt dies als Zeichen seiner Verantwortlichkeit dar. Sie wiederum wünscht sich »wenigstens Kuscheln« zu erhalten, wenn schon »das andere« nicht mehr geht, womit sie der Zärtlichkeit an dieser Stelle eine etwas minderwertige Ersatzrolle zuschreibt.

Der Einwurf der Ehefrau zur zurückliegenden »Sendepause« nimmt Bezug auf ein Ereignis, das an anderer Stelle des Interviews größeren Raum einnimmt: Sie berichtet dort, vor etwa einem halben Jahr durch eine Bemerkung ihres Mannes (vermutlich über ihr Aussehen) so gekränkt worden zu sein, dass sie sich hätte »überhaupt nicht von ihm anfassen lassen wollen«. Erst durch das Gespräch mit ihrer Therapeutin, die sie bestärkt habe, mit ihrem Mann über die Kränkung und die fehlende Zärtlichkeit zu sprechen, habe sie wieder Kontakt zu ihm gesucht und gefunden. Der Ehemann wiederum bringt mehrfach seine ärztliche Überzeugung ein, dass die Lust seiner Frau durch die antihormonelle Behandlung ihrer Krebserkrankung zurückgegangen sei. Was die Gründe der abnehmenden Paar-Sexualität betrifft, argumentiert sie eher psychologisch (Kränkung/Beziehung), er biologisch bzw. medizinisch (nachlassende Triebe, Krankheit).

> **M** (*seufzt*): »Es ist manchmal gut, wenn man älter wird, und dann auch die Kräfte und Triebe nachlassen. [**I:** Aha, inwiefern ist das gut?] **Man passt besser zusammen**. [...]«

> **I**: »Hab ich Sie richtig verstanden, dass Sie sagen würden: Sie passen besser zueinander, weil auch Ihr Bedürfnis nicht mehr so groß ist?«

> **M**: »So ist es, und ich nehme aus diesem Grunde bewusst auch, fh, *(lachend)* lieber ein Viertel Rotwein mehr zu mir, ich schlafe dann hervorragend. [...] Naja, gut, also fhhh, **ich nehme es zur Kenntnis, dass ich drauf verzichten muss** und, ich habe einen sehr gepflegten Weinkeller, ich gehe gern zum Essen, ich mache gerne Wanderungen, [...].«

Der Ehemann formuliert die Idee, dass Mann und Frau im Alter besser zusammenpassen, da die Triebe nachlassen und die Sexualität sozusagen nicht mehr »stört«. Er spricht zwar von Verzicht, den er üben müsse, wirkt aber gleichzeitig auch zufrieden mit seinen Kompensationsmöglichkeiten.

4.3.4 Paartherapie: Sprechen und Veränderung

Die Sexualität war weder Anliegen noch Thema, doch bereits im Zusammenhang mit dem niedrigschwelligeren Thema Zärtlichkeit erlebten die Eheleute das Paarsetting als hemmend. Durften Konfliktthemen überhaupt angesprochen werden? Beide haben unterschiedliche Vorstellungen über die Möglichkeit, in einer Paartherapie durch Sprechen Veränderungen herbeizuführen:

> **M**: »[...] Ich war ja sowieso von Anfang an der Zögernde. Der sagt, bei all diesen Sachen, Sie können die Vergangenheit nicht ändern, die die Persönlichkeit um so mehr prägt, je älter man geworden ist und auch was das Verhalten zueinander hat, die Flexibilität, **die Möglichkeiten im Alter aufeinander einzugehen**, oder da Wünschen nachzukommen, die der Eine hat und der Andere, **das lässt AUCH nach**, die Bandbreite, und dass, dadurch ist der Einfluss aus dem Gespräch etwas aufzudecken, bewusst zu machen und dann in Handlung umzusetzen doch **sehr gering**. Doch sehr gering.«
>
> **F**: »Also das würde ich NICH' sagen, so sehe ich das NICH' [**I**: Wie sehen Sie's?] …wenn eine gewisse Entfremdung eingetreten ist zwischen dem Paar, dass dann jemand der außen stehend ist, der damit viel häufiger ja zu tun hat und auch schon Erfolge erlebt hat, oder Misserfolge und überlegt, wie könnte man die beiden wieder etwas dazu bewegen aufeinander zuzugehen, woran liegt das, dass sie äh nicht mehr so gut miteinander korrespondieren, **da finde ich hat so ne äh Paar, diese Paargespräche können da schon sicherlich hilfreich sein**.«

Die hier dargestellten Positionen korrespondieren mit weit verbreiteten Zweifeln von insbesondere älteren Paaren, ob Paartherapie (noch) hilfreich sein könne.

4.3.5 Zusammenfassung: Positionierung des Paares in Bezug auf die Thematisierung der Sexualität

Die Eheleute inszenierten ihr Schweigen über Sexualität: Diese gehöre – weil zu intim – weder in ein Interview, noch in die Paartherapie, allenfalls in eine Einzelsitzung. Zwar steuert die Interviewerin mehrfach das Thema Sexualität an, aber das Paar kommt immer wieder auf sein Streitthema zurück, das sie auch in die Paartherapie geführt habe. Bei intimen Fragen werden durch teils zufällige, teils bewusst hergestellte Störungen prompt Einzelgespräche inszeniert.

Die Ehefrau betrachtet das Gespräch über Paarprobleme, auch über Zärtlichkeit, zwar grundsätzlich als hilfreich, sie sei mit dem Ergebnis der Therapie aber nicht zufrieden. Ihr Mann habe die Gespräche abgebrochen, als die Therapeutin »vorsichtig« nach der Zärtlichkeit zwischen beiden gefragt habe. Während er im Interview die Rolle des dozierenden Arztes einnimmt und damit Distanz wahrt, äußert sie Wünsche und Unzufriedenheiten. Er meint, dass sich die eheliche Anpassung im Alter mangels Flexibilität im Verhalten allenfalls auf biologischem Wege vollziehen könne: Die Triebe lassen nach, so dass sich unterschiedliche sexuelle Bedürfnisse früher oder später angleichen. Er hat für sich offenbar einen Weg gefunden, loyal zu seiner Frau zu stehen und seine Freizeit teilweise mit ihr, teilweise aber auch mit anderen zu verbringen – er setzt ihren Wünschen nach noch mehr gemeinsamer Zeit aktiven Widerstand entgegen und hält ihre Wünsche für übertrieben: Sie hingegen ist enttäuscht und gekränkt über seine Aktivitäten mit anderen, von denen sie sich ausgeschlossen fühlt und die sie als freudvoller bewertet als die gemeinsamen Aktivitäten. Er nimmt sie überwiegend als Patientin wahr, mit der er distanzierend, schonungsvoll, aber auch höflich und galant umgeht.

5. Paartherapie mit älteren Paaren: Ist die Thematisierung der Sexualität sinnvoll, schädlich oder überflüssig?

Die Eheleute und die Interviewerin bildeten ein Dreieck, das aus zwei Frauen und einem Mann bestand, ein zur ehemaligen Paartherapie äquivalentes Setting. Der Text zeigt einen Gesprächsverlauf, der in Bezug auf den Umgang mit dem Thema Sexualität für die Jahrgangskohorten der zwischen 1930 und 1940 Geborenen aus Langzeitbeziehungen nicht ganz ungewöhnlich ist, wenn man die Paare unserer Spezialsprechstunde als Vergleichsmaßstab heranzieht. Insgesamt sind die Schwierigkeiten bei der Thematisierung sexueller Belange in dieser Altersgruppe deutlich größer als bei später Geborenen, insbesondere im Paargespräch.

5.1 Vor- und Nachteile des paartherapeutischen Settings

Einerseits beinhaltet das paartherapeutische Setting ein großes Potential, wenn in einem Paargespräch Entwicklungsanstöße von beiden Partnern aufgenommen und daher Veränderungen bei beiden angestoßen werden können (vgl. Brandenburg, 2008); andererseits können sich Hemmungen und Barrieren beider Partner gegenüber einem Thema aber auch potenzieren und mögliche Entwicklungen blockieren. Ganz allgemein bedeutet Offenheit im Paargespräch mehr Risiko als im Einzelgespräch, da alles, was in Anwesenheit des Partners gesagt, geklagt oder ausphantasiert wird, Auswirkungen auf den gemeinsamen Alltag haben kann. Insofern ist der Raum im Paargespräch weniger geschützt, die Offenheit in der Regel begrenzter als in Einzelgesprächen. Die Angst vor Bloßstellung und Beschämung, allgemein vor unangenehmen Gefühlen oder Konflikten, die ein Individuum oder ein Paar in den gemeinsamen Alltag mitnimmt, die dann nachhängen und überfordern können, ist berechtigt und benötigt viel Einfühlung und Geschick auf Therapeutenseite.

Aufgrund der Erfahrungen in der Sprechstunde wissen wir, dass ältere Frauen allein viel offener als im Paargespräch über ihre Wünsche, Sehnsüchte und Enttäuschungen sprechen, auch über sexuelle Missempfindungen, Abneigungen und über das, was sie beim Ehepartner stört. Im Einzelgespräch können dann bisweilen Anstöße für das Paar gegeben werden: Auch in der hier vorgestellten Kasuistik gab es eine Situation, in der die Ehefrau mit therapeutischer Unterstützung eine Kränkung durch den Ehemann überwinden konnte und sich ermuntern ließ, mit ihm unter vier Augen über ihre Verletzung zu sprechen. Beide vereinbarten, zukünftig wieder mehr Zärtlichkeit leben zu wollen.

Das Ehepaar plädiert im Interview sehr klar für Einzelgespräche über Sexualität. Bereits in der Paartherapie kam die Frau zwischenzeitlich zu zwei Einzelgesprächen, nachdem die Vor- und Nachteile des Settingwechsels gemeinsam mit beiden Partnern erörtert worden waren. Der Ehemann wollte kein Einzelgespräch für sich, befürwortete dieses jedoch für sie und erhoffte sich von einem »Gespräch unter Frauen« eine Entlastung von den Ansprüchen seiner Frau. Er brachte seine Frau jeweils zum Termin und besuchte währenddessen das Grab eines verstorbenen Familienangehörigen. Sie nutzte die beiden Einzelgespräche, um über ihre Enttäuschungen und Sehnsüchte in Hinblick auf Zärtlichkeit und Sexualität zu sprechen. Trotz Ermutigung wollte sie das Thema im Paargespräch allerdings nicht ansprechen, weil sie befürchtete, ihren Mann zu kränken oder zu beschämen. Es wurde jedoch vereinbart, dass die Therapeutin das Thema ansprechen kann, was ganz im Sinne der Befürchtungen der Ehefrau dazu führte, dass er die Paargespräche beendete, denen gegenüber er von Anfang an ambivalent eingestellt gewesen war.

In der Regel ist in der Paartherapie der Fortbestand des zu therapierenden Systems sehr viel leichter in Frage gestellt als in der Familien- und Einzeltherapie. Paare denken zwar auch noch mit Anfang 70 an die Möglichkeit einer Trennung, doch sie tendieren dazu, die Paartherapie zu beenden, bevor die Ehe dort ernsthaft auf den Prüfstand geraten könnte. Auch wenn sie unzufrieden sind und sich unglücklich fühlen, stellen Zugehörigkeit und Loyalität – auch wenn es sich um eine leidvolle Loyalität handelt – zentrale Werte dar, die es zu schützen gilt.

5.2 Zum Gespräch über Sexualität mit älteren Paaren

Unabhängig vom Lebensalter bleibt die Sexualität wichtig zur Definition des Paares als Liebespaar und für das Selbsterleben von Mann und Frau. Sie behält auch im Altern ihre zentrale Bedeutung zur Regulierung des Selbstwertgefühls, für das Erleben von Geborgenheit, Nähe und Bindung, und sie stellt eine wichtige Quelle von Vitalität, Wohlbefinden und Partnerbezug dar. Selbst wenn die paarbezogene Sexualität eingestellt ist, bleibt das Thema oft virulent und beschäftigt die Partner weiter.

Fragen nach der Sexualität gehören nach unserem Verständnis zum Erstgespräch in der Paartherapie, so wie sich Therapeuten auch über andere Beziehungsbereiche sachkundig machen (Riehl-Emde, 2006). Bei der Erfragung des Lebenskontexts des Paares wird in der Sprechstunde die Sexualität in der Regel aktiv angesprochen, um zumindest einen ersten Eindruck zu gewinnen, ob das Paar noch in sexuellem Kontakt zueinander steht, und um zu signalisieren, dass dieses Thema in der Paartherapie einen Platz haben kann. Die Reaktion des Paares ist bereits ein erstes Signal, ob das Thema möglicherweise wieder zur Sprache kommen kann oder nicht. »Ist der Zeitpunkt günstig, darüber zu sprechen? Oder später? Oder gar nicht?« »Verstehe ich richtig, dass Sie darüber jetzt nicht (gar nicht) sprechen wollen? Weshalb lieber nicht? Was könnte passieren?«. Bisweilen bietet es sich auch an zu deklarieren, dass es zunächst ein Thema gibt, über das bei Bedarf später, vielleicht aber auch gar nicht gesprochen werden kann. Wie kommt ein Paar mit der gelebten oder auch mit der nicht (mehr) vorhandenen Paar-Sexualität zurecht? Aus einer Befragung Älterer ist bekannt, dass die Bilanz der lebensgeschichtlichen Sexualität insgesamt eine wichtigere Rolle für die Zufriedenheit einer Person spielt als die Frage, ob Sexualität noch aktiv praktiziert wird oder nicht (Bucher, 2005). Bei älteren und alten Paaren sind Zärtlichkeit und Körperkontakt auch sehr wesentlich in Hinblick auf den Umgang mit der potentiellen Krankheit und Pflegebedürftigkeit eines Partners.

Die allgemeine Frage, ob noch eine sexuelle Beziehung zwischen beiden Partnern besteht und wie es um Zärtlichkeiten bestellt ist, wird von manchen Paaren genutzt, Schwierigkeiten anzudeuten, die später wieder aufgegriffen werden können. Andere Paare lehnen es implizit oder explizit ab, im Paargespräch über ihre Sexualität zu sprechen. Vermutlich wird das Thema in unserer allgemeinen Sprechstunde für ältere Paare weniger leicht ansprechbar sein als in einer sexualmedizinischen Einrichtung, wo ein Paar sich schon mit der Anmeldung darauf einstellen kann.

In der Literatur wird mehrfach darauf hingewiesen, dass Voreinstellungen, Haltungen und Gefühle der zumeist jüngeren Psychotherapeuten gegenüber älteren Patienten in der Regel komplexer sind als gegenüber jüngeren, ja dass die (Gegen-)Übertragungsprobleme jüngerer Therapeuten gegenüber älteren Paaren sogar größer sind als die Probleme älterer Paare gegenüber jüngeren Fachpersonen (Hirsch, 1997; Radebold, 1992). Kurz zusammengefasst: Die Erschwernisse auf Therapeutenseite haben im wesentlichen mit Gefühlen von Hilf- und Hoffnungslosigkeit zu tun bzw. mit Zweifeln an Nutzen und Sinn der Therapie; mit dem Wiedererwachen schwieriger Gefühle gegenüber den eigenen Eltern bzw. Großeltern, insbesondere in Zusammenhang mit der Sexualität (der »Blick durch das Schlüsselloch« ins Schlafzimmer der eigenen Eltern); mit den Unterschieden sozialer Rollen-, Norm- und Wertevorstellungen; auch mit eigenen Altersängsten, die in der Paartherapie natürlich zusätzlich die eigene Paarbeziehung betreffen. Aufgrund unserer klinischen Erfahrung ist das Gespräch mit älteren Paaren über sexuelle Themen schwieriger als das Gespräch mit jüngeren, wobei wir die Schwierigkeiten seitens der Paare inzwischen als größer einschätzen als die Schwierigkeiten auf Therapeutenseite.

Der klinische Eindruck, dass die Sexualität in der Alterskohorte der zwischen 1930/35 bis 1945 Geborenen in Langzeitbeziehungen ein heikleres Thema darstellt als bei den später Geborenen und als bei den Paaren, die in jungen Beziehungen leben, wird durch die empirischen Ergebnisse der o. g. ILSE-Studie unterstützt. Die Paare ließen in der Fragebogen-Untersuchung zur Partnerschaft die Fragen zu sexuellen Inhalten besonders häufig unbeantwortet[4]. Nun muss dies nicht unbedingt an den Jahrgängen dieser Paare liegen, die

[4] Bei den ILSE-Paaren ergab sich in der Skala »Zärtlichkeit« des FPD (Hahlweg, 1996), die auch Fragen nach der Sexualität beinhaltet:

- Ein besonders hoher Anteil von fehlenden Angaben (bei 13 bis 19% der Paare hat

oftmals verschlossener sind, wenn es um den Ausdruck von Gefühlen geht oder darum, Intimitäten aus dem Binnenraum von Paar- und Familienbeziehungen mit Dritten zu besprechen; es könnte auch sein, dass die heute noch jüngeren Paare sich weniger leicht auf das Thema einlassen werden, wenn ihre Paarbeziehung einmal älter und vor allem konfliktreich älter geworden ist.

5.3 Paar-Sexualität – ein Sammelbecken für viele Konflikte?

Die bereits bei jüngeren Paaren bekannte geschlechtstypische Polarisierung in Sexualität vs. Zärtlichkeit (Schmidt, 1998) wird auch von älteren Paaren beklagt: Der Koitus behält für ältere Männer eine viel zentralere Bedeutung für das Erleben von Sexualität und Intimität in der Paarbeziehung als für Frauen, denen Zärtlichkeit und Austausch im Gespräch meist wichtiger sind für die Aufrechterhaltung von sexuellem Interesse und Zufriedenheit.

Immer wieder begegnen uns Frauen der jetzigen Generation 60+, die gelernt haben, Sexualität als eheliche Pflicht zu begreifen und die dies trotz sexueller Liberalisierung auch weiterhin tun. Mit Rückgriff auf das Alter haben sie sich davon befreit, kommen aber in ihrem Bedürfnis nach Zärtlichkeit zu kurz und können dies ihren Partnern nicht vermitteln oder haben Partner, die darauf nicht eingehen können. Wir sehen auch Paare, die kaum in der Lage sind, ihre Abneigungen zu verbalisieren, geschweige denn gelernt haben, ihre sexuellen Wünsche auszudrücken. Die Konfliktdynamik ist tief in der Beziehungsgeschichte verankert und lässt sich bisweilen sogar leichter mit einem neuen als mit dem vertrauten Partner lösen. Denn die gesamte Beziehungsgeschichte kann in ein negatives Licht geraten, wenn Wünsche und Abneigungen ausge-

---

mindestens ein Partner nicht geantwortet) auf die Fragen mit explizit sexuellen Inhalten: Beide Geschlechter schweigen gleichermaßen!

- Zum Sprechen über sexuelle Wünsche komme es bei 62% der Paare – mindestens nach Auskunft eines von beiden Partnern – »nie oder selten«. Das Item »Sprechen über sexuelle Wünsche« ist dasjenige mit der höchsten Übereinstimmung: In 71% der Paare haben Mann und Frau identisch geantwortet. 54% der Paare geben an, es komme nie oder selten dazu, dass sie sich »vor dem Einschlafen im Bett aneinander (schmiegen)«.
- Allerdings werden die folgenden Items mit »oft oder sehr oft« von 62 bis 71% der Paare (mindestens nach Auskunft eines von beiden Partnern) bejaht: »Ich merke, dass er/sie mich körperlich attraktiv findet«; »Er/sie sagt mir , dass er/sie zufrieden ist, wenn er/sie mit mir zusammen ist«; »Er/sie berührt mich zärtlich, und ich empfinde es als angenehm«.

sprochen werden, die bereits jahre-, oder sogar jahrzehntelang verschwiegen wurden.

Der Grundkonflikt fast aller Störungen des sexuellen Begehrens besteht darin, dass auf sexuelle Selbstrealisierung (Authentizität) zugunsten der Beziehung verzichtet wird (Clement, 2004; Schnarch, 2006). Die zugrunde liegende individuelle Konfliktdynamik besteht in der Schwierigkeit, die existenzielle Differenz und Getrenntheit des Partners zu ertragen bzw. ihm die eigene existentielle Getrenntheit zuzumuten. Die Paradoxie der gemeinsamen Entwicklung – ein zentrales Element von Beziehungswandel, auch von erotischer Entwicklung – besteht darin, dass die bisherige Gemeinsamkeit (der Kompromiss) erst einmal aufgekündigt werden muss, damit sie auf einer anderen Ebene neu entwickelt werden kann. Dieser Entwicklungsschritt geht mit Risiken einher, ist hochgradig ängstigend und stellt hohe Anforderungen an die seelische Kompetenz der Einzelnen. Er wird in der Regel nicht freiwillig gemacht, sondern ausgelöst durch äußere Ereignisse oder Krisen, denen ein Paar nicht mehr ausweichen kann. Ältere Paare wollen diese Risiken oft nicht mehr eingehen bzw. wenn sie diese eingehen, dann bei Themen, die sie sehr existentiell betreffen. Dies kann im Einzelfall die Sexualität sein, bei den Paaren, die in unsere Spezialsprechstunde kommen, ist sie es in der Regel nicht. Rechtfertigen die Qualität der Beziehung und das Entwicklungspotential des Paares, sich dem Risiko bzw. der Chance zu stellen?

Häufig geht es bei der Therapie älterer Paare in Langzeitbeziehungen um bereits lange schwelende Konflikte, um weit zurückliegende Verletzungen und Kränkungen, die sich vermehrt in eskalierenden Streitigkeiten entladen. Wenn dann (auch noch) eine problematische Paar-Sexualität zur Sprache käme, bestünde die Gefahr, die Beziehung noch zusätzlich in Frage zu stellen. Ein Leben mit reduzierter oder sogar ohne Sexualität, kann sich als die beste Lösung für ein solches Paar erweisen, selbst wenn darüber geklagt wird. Therapeuten sollten diesen Lösungen mit viel Respekt begegnen. Da die Vorteile sexueller Begegnungen nicht ohne die gleichzeitige Akzeptanz ihrer Risiken zu haben sind (Frick-Bruder, 1997, S. 296), kann der Verzicht auf sexuellen Kontakt mit dem Partner bzw. eine sexuelle Störung im fortgeschrittenen Alter bedeuten, dass Menschen den Risiken des Verletztwerdens nicht anders zu begegnen wissen und auf diese Weise ihren Kompromiss zwischen Wunsch und Angst gefunden haben.

Literatur

Berberich, H. (2004). Sexualität im Alter. *Urologe, 43,* 1076–1081.

Brähler, E. & Unger, U. (1994). Sexuelle Aktivität im höheren Lebensalter im Kontext von Geschlecht und Persönlichkeitsaspekten – Ergebnisse einer repräsentativen Befragung. *Zeitschrift für Gerontologie, 27,* 110–115 (zitiert in: Berberich, 2004).

Brandenburg, U., Sperling, H., Hartmann, U., Truß, M. C. & Stief, C. (2002). Sexualität im Alter. *Urologe (A), 41,* 346–349.

Brandenburg, U. (2008). Die sexuelle Welt älterer Menschen. *Psychotherapie im Dialog, 9(1),* 59–62.

Bruder, A. & Riehl-Emde, A. (2006). »Dann komm ich noch mal ins Bett …«: Paarbeziehung, Sexualität und Körpererleben bei älteren Paaren. *Psychotherapie im Alter, 3(4),* 9–35.

Bucher, T. (2005). Sexualität nach der Lebensmitte. Wünsche, Wirklichkeit und Wege. *Psychotherapie im Alter (PiA), 3,* 79–94.

Bucher, T., Hornung, R., Gutzwiller, F. & Buddeberg, C. (2001). Sexualität in der zweiten. Lebenshälfte. Erste Ergebnisse einer Studie in der deutschsprachigen Schweiz. In H. Berberich & E. Brähler (Hrsg.), *Sexualität und Partnerschaft in der zweiten Lebenshälfte. Beiträge zur Sexualforschung* (S. 31–59). Gießen: Psychosozial-Verlag.

Clement, U. (2004). *Systemische Sexualtherapie.* Stuttgart: Klett-Cotta.

Fooken, I. (2005). Eros und Sexualität im mittleren und höheren Erwachsenenalter. In S.-H. Filipp & U. M. Staudinger (Hrsg.), *Entwicklungspsychologie des mittleren und höheren Erwachsenenalters* (S. 715–238). Göttingen: Hogrefe.

Frick-Bruder, V. (1997). Der Mensch altert, wie er geliebt hat. Überlegungen zur Psychotherapie sexueller Störungen bei älteren Menschen. *Sexualmedizin, 11,* 294–297.

Gunzelmann, T., Brähler, C., Hessel, A. & Brähler, E. (1999). Körpererleben im Alter. *Zeitschrift für Gerontopsychologie & -psychiatrie, 12(1),* 40–54.

Hahlweg, K. (1996). *Fragebogen zur Partnerschaftsdiagnostik (FPD).* Göttingen: Hogrefe.

Hirsch, R. D. (1997). Übertragung und Gegenübertragung in der Psychotherapie mit alten Menschen. In E. Wenglein (Hrsg.), *Das dritte Lebensalter. Psychodynamik und Psychotherapie bei älteren Menschen.* Göttingen: Vandenhoeck & Ruprecht.

Johnson, A. M., Wadsworth, J., Wellings, K. & Field, J. (1994). *Sexual attitudes and lifestyles.* Oxford: Blackwell.

Kruse, J. (2008, März). Reader »Einführung in die Qualitative Interviewforschung«, Freiburg. (http://www.soziologie.uni-freiburg.de/kruse).

Lindau, S. T., Schumm, L. P., Laumann, E. O., Levinson, W., O'Muircheartaigh, C. A. & Waite, L. J. (2007). A Study of Sexuality and Health among Older Adults in the United States. *The New England Journal of Medicine, 356(8),* 762–774.

Peters, M. (2004). *Klinische Entwicklungspsychologie des Alters. Grundlagen für psychosoziale Beratung und Psychotherapie.* Göttingen: Vandenhoeck & Ruprecht.

Radebold, H. (1992). *Psychodynamik und Psychotherapie Älterer.* Heidelberg: Springer.

Riehl-Emde, A. (2006). Paartherapie für ältere Paare. State of the Art. *Psychotherapie im Alter, 3(4),* 49–66.

Schmidt, G. (1998). »Wir sehen immer mehr Lustlose!« Zum Wandel sexueller Klagen. *Familiendynamik, 23,* 348–365.

Schmitt, M. (2000). Ehequalität in langjährigen Beziehungen. In P. Martin, M. Martin, M. Schmitt & U. Sperling (Hrsg.), *Interdisziplinären Längsschnittstudie des Erwachsenenalters (ILSE) – Abschlußbericht über den 2. Untersuchungsdurchgang. Forschungsbericht Nr. 8,* DZFA Heidelberg, S. 101–118.

Schnarch, D. (2006). *Die Psychologie sexueller Leidenschaft.* Stuttgart: Klett-Cotta.

Strauß, B. & Richter-Appelt, H. (1996). *Fragebogen zur Beurteilung des eigenen Körpers (FBeK). Handanweisung.* Göttingen: Hogrefe.

von Sydow, K. (2008). Sexuelle Probleme und Störungen im höheren Alter. *Psychotherapie im Dialog, 9(1),* 53–58.

Die Autorinnen und Autoren

Berberich, Hermann J., Dr. med., Praxis für Urologie, Andrologie, Psychotherapie & Sexualmedizin, Kasinostraße 31, D-65929 Frankfurt a. M., drberberich@t-online.de

Beutel, Manfred E., Prof. Dr. med., Dipl.-Psych., Klinik und Poliklinik für Psychosomatische Medizin und Psychotherapie, Universitätsklinikum Mainz, Untere Zahlbacher Str. 8, 55131 Mainz, beutel@psychosomatik.klinik.uni-mainz.de

Bochow, Michael, Dr. rer. pol., Wissenschaftszentrum Berlin für Sozialforschung, Reichpietschufer 50, D-10785 Berlin, bochow@wzb.eu

Brähler, Elmar, Prof. Dr. rer. biol. hum., Selbständige Abteilung für Medizinische Psychologie und Medizinische Soziologie der Universität Leipzig, Philipp-Rosenthal-Str. 55, D-04103 Leipzig, elmar.braehler@medizin.uni-leipzig.de

Bruder, Anette, Dipl.-Sozialpäd., Institut für Psychosomatische Kooperationsforschung und Familientherapie, Zentrum für Psychosoziale Medizin, Universitätsklinikum Heidelberg, Bergheimer Str. 54, D-69115 Heidelberg, anette.bruder@med.uni-heidelberg.de

Bucher, Thomas, Dr. phil., Ressort Prävention MSM & MSW, Aids-Hilfe Schweiz, Postfach 1118, CH-8031 Zürich, thomas.bucher@aids.ch

Matthiesen, Silja, Dr., Dipl.-Soz., Abteilung für Sexualforschung, Psychiatrische Klinik der Universität Hamburg, Martinistraße 52, D-20246 Hamburg, smatthie@uke.uni-hamburg.de

Plötz, Kirsten, Dr., Historikerin, Weckenstr. 19, D-30451 Hannover, info@die-andere-biografie.de

Re, Susanna, Dr. phil., Dipl.-Psych., Dipl.-Gerontol., Institut für Gerontologie der Universität Heidelberg, Bergheimer Str. 20, D-69115 Heidelberg, susanna.re@gero.uni-heidelberg.de

Riehl-Emde, Astrid, PD Dr. phil., Institut für Psychosomatische Kooperationsforschung und Familientherapie, Zentrum für Psychosoziale Medizin, Universitätsklinikum Heidelberg, Bergheimer Str. 54, D-69115 Heidelberg, astrid.riehl-emde@med.uni-heidelberg.de

Schmidt, Gunter, Prof. Dr. phil., Abteilung für Sexualforschung, Psychiatrische Klinik der Universität Hamburg, Martinistraße 52, D-20246 Hamburg, schmidt.gunter@superkabel.de

Siedentopf, Friederike, Dr. med., Frauenklinik der DRK-Kliniken Westend, Spandauer Damm 130, D-14050 Berlin, f.siedentopf@drk-kliniken-westend.de

von Sydow, Kirsten, PD Dr. phil., Psychologische Psychotherapeutin & Kinder- & Jugendlichenpsychotherapeutin, Universität Hamburg, Psychologisches Institut, Von-Melle-Park 5, D-20146 Hamburg, kirsten.von.sydow@uni-hamburg.de und: Psychotherapeutische Praxis, Osterstr. 163, D-20255 Hamburg, kirsten.von.sydow@t-online.de

2008 · 603 Seiten · Broschur
ISBN 978-3-89806-741-6

Das Rätsel des Masochismus ist mehrschichtig. Da ist das oberflächliche und relativ leicht zu beantwortende Rätsel, warum jemand Befriedigung und sogar sexuelle Lust aus Schmerz und Leid, aus Erniedrigung und Scham ziehen kann und deshalb sogar dieses Leiden aufsucht. Schon schwieriger zu beantworten ist die Frage: Wie kann der Schmerzsüchtige sich selbst achten?

Dieses Buch richtet sich vornehmlich an Therapeuten und zeigt Wege auf, wie man einem derart Schmerzsüchtigen helfen kann. Durch die therapeutische Erfahrung wie auch die umfassende Bildung von Léon Wurmser ist dieses Buch nicht nur für therapeutisch mit dem Problem befasste Leser eine Bereicherung.

2008 · 278 Seiten · Broschur
ISBN 978-3-89806-843-7

Dieses Buch nähert sich dem Phänomen Sadomasochismus, dem Paradoxon von der Lust am Schmerz, an der Demütigung und der Ohnmacht, aus theologisch-kunsthistorischen, kulturtheoretisch-subkulturellen und psychologisch-psychiatrischen Perspektiven. Die Autoren aus sehr unterschiedlichen Disziplinen gehen u.a. der Frage nach, wann Sadomasochismus eine Lebensform, wann eine Störung ist und welche Beiträge er zum Selbstverständnis einer Kultur und eines Individuums leistet.

2006 · 330 Seiten · Broschur
ISBN 978-3-89806-470-5

Norbert Elb dokumentiert die Selbstorganisation und Emanzipation der SM-Bewegung in den letzten fünfzehn Jahren sowie die sozialen Vorgänge innerhalb der Szene, die mit jener der Schwulen und Lesben vergleichbar ist. Die SM-Bewegung ordnet sich selbst den Neuen Sozialen Bewegungen zu und versteht sich als zivilgesellschaftliches Projekt. Im Zentrum steht dabei der Einsatz für eine selbstbestimmte Sexualität verbunden mit der Kritik repressiver gesellschaftlicher Strukturen. Da der Autor selbst Mitglied der SM-Szene ist, verfolgt er einen nicht-objektivistischen Forschungsansatz und beschäftigt sich damit, wie SM beschrieben und verstanden werden kann, welche soziale Rolle diese Subkultur für die in ihr involvierten SMlerInnen spielt und welche Rückwirkungen die SM-Subkultur auf die Entwicklung der Sexualität und Identität erzeugt.

2005 · 267 Seiten · Broschur
ISBN 978-3-89806-482-8

Volkmar Sigusch, einer der angesehensten Sexualforscher der Gegenwart, gewährt mit dieser Sammlung seiner besten und bisher nur verstreut publizierten Essays Einblicke in die Fragen, mit denen sich die Sexualwissenschaft befasst – vom Strukturwandel der Sexualität über die Frage, ob Säuglinge einen Orgasmus haben können, bis hin zum Wechsel des Geschlechts.

Besonders reizvoll an diesem Buch ist die Spannung, die dadurch erzeugt wird, dass Sigusch neben leicht lesbaren Traktaten, wie »Von der Kostbarkeit Liebe«, theoretisch anspruchsvolle Beiträge, wie den »Satz vom ausgeschlossenen Geschlecht«, präsentiert. Ein lustvolles Lesevergnügen.

PSV
Psychosozial-Verlag

Goethestr. 29 · 35390 Gießen · Tel. 0641/9716903 · Fax 77742
bestellung@psychosozial-verlag.de
www.psychosozial-verlag.de

2008 · 509 Seiten · gebunden
ISBN 978-3-89806-473-6

Anthony W. Bateman und Peter Fonagy dokumentieren in ihrem ersten gemeinsamen Buch die aktuelle interdisziplinäre Erforschung der sogenannten Borderline-Persönlichkeitsstörung und beschreiben ein therapeutisches Verfahren, das sie in den vergangenen Jahren entwickelt haben. Das Krankheitsbild, das (mit steigender Tendenz) ca. 2% der Bevölkerung aufweist, ist durch Impulsivität, Identitätsstörungen, Suizidalität, Selbstverletzungen, Gefühle innerer Leere sowie durch Beziehungen charakterisiert, die extrem affektintensiv und gleichermaßen instabil sind. Die Autoren haben eine psychoanalytisch orientierte Behandlung entwickelt, die sie als »mentalisierungsgestützte Therapie« bezeichnen, und in randomisierten kontrollierten Studien nachgewiesen, dass diese Methode anderen therapeutischen Verfahren deutlich überlegen ist.

2003 · 351 Seiten · gebunden
ISBN 978-3-89806-090-5

Peter Fonagy ist einer der wichtigsten zeitgenössischen Vertreter der Psychoanalyse in Großbritannien. Er verknüpft in seinen Arbeiten drei bedeutende Theorien der klinischen Psychologie: Bindungstheorie, Psychoanalyse und Neurowissenschaften (Neuropsychoanalyse).

Dieser Band liefert in Form übersichtlicher Artikel einen Ein-/Überblick in die Arbeiten der Gruppe um Peter Fonagy. Praxisnahes Wissen wird vor dem Hintergrund theoretischer Bezüge vermittelt, das macht das Buch für Praktiker (z. B. praktizierende Therapeuten) ebenso interessant wie für Wissenschaftler.

www.ingramcontent.com/pod-product-compliance
Ingram Content Group UK Ltd.
Pitfield, Milton Keynes, MK11 3LW, UK
UKHW040025200726
13854UKWH00001B/357

9 783898 067607